国家社科基金重大项目"完善经济社会发展考核评价体系研究"（项目编号：14ZDA013）

上海市教育委员会科研创新计划重大项目"现代化经济体系统计监测评价指标、方法及应用研究"（项目编号：2021-01-07-00-02-E00127）

基于"五位一体"总体布局的经济社会发展综合评价及非均衡研究

李旭辉 ◎ 著

中国财经出版传媒集团
经济科学出版社
Economic Science Press

图书在版编目（CIP）数据

基于"五位一体"总体布局的经济社会发展综合评价及非均衡研究/李旭辉著. —北京：经济科学出版社，2021.7
ISBN 978-7-5218-2531-2

Ⅰ.①基… Ⅱ.①李… Ⅲ.①中国经济-经济发展-研究 Ⅳ.①F124

中国版本图书馆 CIP 数据核字（2021）第 080501 号

责任编辑：程辛宁
责任校对：刘　娅
责任印制：王世伟

基于"五位一体"总体布局的经济社会发展综合评价及非均衡研究

李旭辉　著

经济科学出版社出版、发行　新华书店经销
社址：北京市海淀区阜成路甲 28 号　邮编：100142
总编部电话：010-88191217　发行部电话：010-88191522
网址：www.esp.com.cn
电子邮箱：esp@esp.com.cn
天猫网店：经济科学出版社旗舰店
网址：http://jjkxcbs.tmall.com
北京季蜂印刷有限公司印装
710×1000　16 开　15 印张　2 插页　260000 字
2021 年 7 月第 1 版　2021 年 7 月第 1 次印刷
ISBN 978-7-5218-2531-2　定价：78.00 元
（图书出现印装问题，本社负责调换。电话：010-88191510）
（版权所有　侵权必究　打击盗版　举报热线：010-88191661
QQ：2242791300　营销中心电话：010-88191537
电子邮箱：dbts@esp.com.cn）

前　言

改革开放40多年来，我国经济社会发展取得了举世瞩目的成就。但是，发展的过程中也出现了一些问题：粗放式增长带来的资源、环境压力不断增大，低端产能过剩与高端供给不足的结构性矛盾日益突出，治理效能与法治水平仍需进一步提升，教育卫生、生活质量、社会福利等供需矛盾突出，文化投入力度和规模相对于经济发展和人民生活水平提高还存在一定的差距，资源环境问题日益凸显，这些经济、政治、文化、社会、生态文明建设领域中的问题严重阻碍了中国经济社会高质量发展进程。中共十八大首次提出了全面推进经济建设、政治建设、文化建设、社会建设、生态文明建设"五位一体"总体布局，中共十九大进一步明确从经济、政治、文化、社会、生态文明五个方面，制定了新时代统筹推进"五位一体"总体布局的战略目标。因此，必须以"五位一体"总体布局为引领，全面推进经济社会发展进程，统筹推进基于经济建设、政治建设、文化建设、社会建设、生态文明建设"五位一体"总体布局的经济社会协调均衡发展。

在中国经济高速增长的背后，中国经济社会

还面临严峻的区域发展非均衡问题。经济社会发展持续的区域非均衡给国家统一、社会稳定、人民福利及经济可持续发展带来严重隐患。发展不平衡不充分问题已成为我国经济社会发展新的瓶颈，着力解决好发展不平衡不充分问题是新时代全面和统筹推进基于"五位一体"总体布局的经济社会发展的根本要求。由此，本书应用经济学与统计学理论，从"五位一体"总体布局的视角深入研究经济社会发展的综合评价和非均衡问题，揭示出经济社会发展进程和协调发展规律，从而为解决发展不平衡不充分问题提供决策依据。

解决发展的不充分问题就是要从经济、政治、文化、社会、生态文明"五位一体"总体布局全面推进经济社会发展。那么基于"五位一体"总体布局的经济社会发展各子系统（经济建设、政治建设、文化建设、社会建设、生态文明建设）以及整体发展的状况和进程如何？处于什么发展阶段？呈现出何种时空变化规律？根据综合评价理论，可以从以下两个方面进一步展开研究。一方面，如何科学、合理构建基于"五位一体"总体布局的经济社会发展评价指标体系？更进一步，采用何种定性和定量筛选方法和指标有效性、合理性、可靠性检验方法，保证评价指标体系构建的科学性和合理性？另一方面，为了克服单一评价方法导致评价结论不一致的缺陷，采用何种评价方法提升综合评价结果的准确性？采用何种统计检验方法确保综合评价结果的稳健性？而解决上述问题，关键是要对基于"五位一体"总体布局的经济社会发展综合评价问题进行深入、系统的研究。

解决发展的不平衡问题就是要从系统内和区域间两个维度统筹推进基于"五位一体"总体布局的经济社会协调发展。一方面，要实现统筹推进系统内均衡发展，那么经济建设、政治建设、文化建设、社会建设、生态文明建设五大子系统是否实现了系统内均衡发展？更进一步，如何测算基于"五位一体"总体布局的经济社会发展系统内耦合协调水平？其非均衡状态呈现出何种演变趋势及等级分布规律？另一方面，要统筹推进区域间均衡发展，那么基于"五位一体"总体布局的经济社会发展是否实现了区域协调均衡发展？根据区域经济空间结构理论和区域非均衡发展理论，该问题的解决可从以下三个角度进行系统、全面的探究。一是全国及四大板块省域间经济社会发展是否存在显著的区域差异？差异水平如何测度？如何识别区域差异的具体来源和贡献？二是经济社会发展区域差异呈现何种分布动态特征和等级变化规律？如何引入空间地理因素，考察区域间时空转移规律的交互影响和空间溢出效应？三是经济社会发展区域非均衡性是否会随时间的推移逐渐收敛？经济社会发展水平较低的地区能否实现对发展水平较高地区的追赶？如果可能，在何种条件下能够实现？各省域之间的差距在长期内是否保持一个相对平稳的变化路径？如何将空间尺度效应纳入经济社会发展收敛性分析框架，从而考虑空间因素对经济社会发展收敛的影响？因此，有必要从系统内部非均衡和区域间非均衡两个维度对基于"五位一体"总体布局的经济社会发展非均衡问题进行深入研究。

基于上述由发展不平衡、不充分所引发的问题，本书对"五位一体"总体布局引领下经济社会发展的综合评价和非均衡问题进行深入研究。具体来说，本书从两条逻辑主线进行深入研究。第一条主线从"五位一体"总体布局的视角对经济社会发展五大子系统和整体发展进行综合评价；在综合评价研究基础上进一步延伸，第二条主线从系统内和区域间非均衡两个维度对"五位一体"总体布局引领下经济社会发展非均衡问题进行深入探究。

"五位一体"总体布局战略是我国经济社会发展的基本遵循，是在今后时期内统筹推进区域协调发展战略的重要指引，涉及经济学、社会学、统计学、管理科学等多个研究领域，在经济建设、政治建设、社会建设、文化建设和生态文明建设实践中一定会不断涌现出新问题，因此后续研究工作还有很多。同时，由于受到知识水平能力等限制，本书有很多不足和有待完善的地方，本书的研究成果还希望得到同行专家和各界人士的指导，以便在后续的研究中日臻完善。

目 录

| 第1章 | 绪论 / 1

    1.1 研究背景 / 1

    1.2 研究意义 / 3

    1.3 理论基础 / 5

    1.4 文献综述 / 14

    1.5 逻辑框架 / 22

    1.6 研究内容与技术路线 / 24

    1.7 研究创新 / 27

| 第2章 | 基于"五位一体"总体布局的经济社会发展评价指标体系构建 / 30

    2.1 评价指标体系构建的理论依据 / 30

    2.2 评价指标体系构建的初级设计 / 45

    2.3 评价指标的筛选 / 55

    2.4 评价指标的检验 / 82

    2.5 评价指标体系的最终框架 / 85

    2.6 本章小结 / 89

| 第3章 | 基于"五位一体"总体布局的经济社会发展综合评价及结果分析 / 90

    3.1 评价方法 / 90

    3.2 研究对象、数据来源及预处理 / 109

    3.3 基于"五位一体"总体布局的经济社会发展综合评价 / 111

    3.4 综合评价结果的分维度分析 / 114

    3.5 综合评价结果的整体分析 / 140

    3.6 本章小结 / 144

| 第4章 | 基于"五位一体"总体布局的经济社会发展系统内非均衡研究 / 146

    4.1 研究方法 / 147

    4.2 基于"五位一体"总体布局的经济社会发展耦合度 / 148

    4.3 基于"五位一体"总体布局的经济社会发展耦合协调度 / 154

    4.4 本章小结 / 160

| 第5章 | 基于"五位一体"总体布局的经济社会发展区域差异水平测度 / 162

    5.1 研究方法 / 162

    5.2 我国省域经济社会发展区域差异水平测度 / 166

    5.3 四大板块经济社会发展区域差异水平测度 / 168

    5.4 本章小结 / 172

| 目 录

| 第 6 章 | **基于"五位一体"总体布局的经济社会发展区域差异分布动态演进** / 174

 6.1 研究方法 / 175

 6.2 基于核密度估计的经济社会发展分布动态演进 / 177

 6.3 基于马尔科夫链分析的经济社会发展分布动态演进 / 180

 6.4 本章小结 / 192

| 第 7 章 | **基于"五位一体"总体布局的经济社会发展收敛性分析** / 194

 7.1 研究方法 / 195

 7.2 收敛性分析 / 201

 7.3 本章小结 / 214

| 第 8 章 | **研究结论与政策建议** / 215

 8.1 研究结论 / 215

 8.2 政策建议 / 218

 8.3 研究展望 / 221

参考文献 / 223

| 第 1 章 |

绪　　论

1.1　研究背景

改革开放 40 多年来，我国经济社会发展取得了举世瞩目的成就。但是，发展的过程中也出现了一些问题：粗放式增长带来的资源、环境压力不断增大，低端产能过剩与高端供给不足的结构性矛盾日益突出，治理效能与法治水平仍有提升空间，教育卫生、生活质量、社会福利等供需矛盾突出，文化投入力度和规模相对于经济的发展和人民生活水平的提高还存在一定的差距，资源环境问题日益凸显，这些经济、政治、文化、社会、生态文明建设领域中的问题严重阻碍了中国经济社会高质量发展进程。为此，中共十八大首次提出了"五位一体"总体布局，并提出全面推进经济建设、政治建设、文化建设、社会建设、生态文明建设，实现以人为本、全面协调可持续的科学发展。[1] 中共十九大站在更高起点上，明

---

[1] 胡锦涛：《坚定不移沿着中国特色社会主义道路前进　为全面建成小康社会而奋斗——在中国共产党第十八次全国代表大会上的报告》，人民网，2012 年 11 月 9 日，http://cpc.people.com.cn/18/n/2012/1109/c350821-19529916.html。

确了以"五位一体"的总体布局推进中国特色社会主义事业,从经济、政治、文化、社会、生态文明五个方面,制定了新时代统筹推进"五位一体"总体布局的战略目标。① 因此,"五位一体"总体布局是我国经济社会发展的基本遵循,从"五位一体"总体布局视角研究经济社会发展相关问题具有重要的现实意义。

在中国经济高速增长的背后,中国经济社会还面临严峻的区域发展非均衡问题。经济社会发展持续的区域非均衡给国家统一、社会稳定、人民福利及经济可持续发展带来严重隐患。发展不平衡不充分问题已成为我国经济社会发展新的瓶颈②,新时代全面和统筹推进基于"五位一体"总体布局的经济社会发展是解决发展不平衡不充分问题的根本保证。因此,全面推进经济建设、政治建设、文化建设、社会建设、生态文明建设进程,提升经济社会发展整体质量,是解决发展不充分问题的重要路径;而统筹推进经济建设、政治建设、文化建设、社会建设、生态文明建设五大子系统的内部均衡发展和区域间协调均衡发展,是解决发展不平衡问题的关键路径。

发展不充分问题的有效解决就是要全面推进经济、政治、文化、社会、生态文明"五位一体"总体布局的经济社会发展,而上述目标的实现需要通过对基于"五位一体"总体布局的经济社会发展进行综合评价,从而为解决发展不充分问题提供决策依据。长期以来,由于经济社会发展评价体系这一"指挥棒"过于偏重经济总量和增长速度,加剧了我国经济社会发展的"不充分、不可持续"(朱启贵,2014)。因此,为了引导经济社会高质量发展和充分发展,有必要把反映全面推进经济、政治、文化、社会、生态文明"五位一体"总体布局实施状况的指标纳入经济社会发展综合评价之中(李旭辉、朱启贵,2018),从而全面、客观、准确地考察出经济建设、政治建设、文化建设、社会建设、生态文明建设五大子系统和经济社会整体发展的水平、进程、优势短板、所处阶段和时空变化规律。

发展不平衡问题的有效解决就是要统筹推进经济建设、政治建设、文化建设、社会建设、生态文明建设五大子系统的内部均衡发展和经济社会区域间协调均衡发展,要实现上述目标,需要对基于"五位一体"总体布局的经

---

① 李文:《绘就新时代"五位一体"全面发展新蓝图》,载《人民日报》2018年5月28日。
② 《统筹推进新时代"五位一体"总体布局》,载《人民日报》2017年11月3日。

济社会发展非均衡问题进行深入研究。"五位一体"总体布局是一个有机整体，经济建设是根本、政治建设是保障、文化建设是灵魂、社会建设是条件、生态文明建设是基础，这五大子系统相互影响、相互作用、相互依存，缺一不可，必须全面推进、协调发展，不能长的很长，短的很短。因此，"五位一体"总体布局引领下经济社会发展非均衡问题的探究首先需要从系统内非均衡维度展开。另外，以"五位一体"总体布局统领区域协调发展新格局已成为统筹推进"五位一体"总体布局的重要途径，实施区域协调发展战略是新时代国家重大战略之一，因此，"五位一体"总体布局引领下经济社会发展非均衡问题也需要从区域间非均衡维度展开。

综上，基于上述背景，本书从两条逻辑主线进行深入研究。第一条主线从"五位一体"总体布局的视角对经济社会发展五大子系统和整体发展进行综合评价。在综合评价研究基础上进一步延伸，第二条主线从系统内和区域间非均衡两个维度对"五位一体"总体布局引领下经济社会发展非均衡特征进行深入探究，从而为统筹推进"五位一体"总体布局，解决发展不平衡不充分问题提供决策依据。

1.2 研究意义

新时代统筹推进"五位一体"总体布局具有非常重要的现实意义。[①] 统筹推进基于"五位一体"总体布局的经济社会发展，已成为解决我国发展不平衡不充分问题的根本路径。以"五位一体"总体布局全面推进和统筹推进经济社会发展，提升经济社会发展质量，促进经济建设、政治建设、文化建设、社会建设、生态文明建设五大子系统内部均衡发展和区域间协调均衡发展，关键要对"五位一体"总体布局引领下经济社会发展的综合评价和非均衡问题进行深入研究，这为解决发展不平衡不充分问题提供了决策依据与现实指导，这具有重要的意义。

本书在统计综合评价理论的基础上，从"五位一体"总体布局视角系统构建了经济社会发展评价指标体系，并采用组合评价方法和统计检验方法对

---

① 吴楠：《统筹推进新时代"五位一体"总体布局》，载《中国社会科学报》2018年3月9日。

我国省域和四大板块经济社会发展进行了综合评价，以此为基础，基于系统论和耦合协调理论，考察了基于"五位一体"总体布局的经济社会发展系统内非均衡特征；基于区域经济空间结构理论和区域非均衡发展理论，从区域差异测度、区域差异分布动态演进、区域差异收敛性三个角度深入探究了基于"五位一体"总体布局的经济社会发展区域间非均衡特征。最后根据综合评价和非均衡研究结论，有针对性提出了相关政策建议，这对丰富相关理论内涵，提供决策支持，统筹推进"五位一体"总体布局，解决发展不平衡不充分问题具有重要的意义。

（1）科学构建基于"五位一体"总体布局的经济社会发展评价指标体系，对加快全面和统筹推进新时代"五位一体"总体布局建设，具有重要的导向作用。以往的经济社会发展评价指标体系过于偏重经济总量和增长速度，这导致一些地方政府过分追求短期经济发展总量和速度，以牺牲自然生态环境、浪费自然资源为代价来追求经济成果，这种"粗放式"经济增长方式已不符合绿色发展和生态文明建设目标。因此，本书构建的基于"五位一体"总体布局的经济社会发展评价指标体系对引导政府相关部门按照统筹推进"五位一体"总体布局战略目标的要求推动高质量发展，实现生态文明建设目标具有重要现实意义。

（2）综合评价我国省域和四大板块基于"五位一体"总体布局的经济社会发展，是科学掌握其发展状况，把脉其发展阶段，掌握其动态发展规律，从而因地制宜制定相关政策的重要基础。这有助于研判出各区域在"五位一体"总体布局引领下经济社会发展的具体状态和所处的不同阶段，揭示出不同区域其发展的优劣势，对于各级政府科学把握"五位一体"总体布局的推进进程，解决发展不充分问题，从而因地制宜制定其相应的发展政策具有重要的现实意义。

（3）开展基于"五位一体"总体布局的经济社会发展系统内非均衡研究，是掌握统筹推进"五位一体"总体布局进程，促进其均衡协调发展的重要基础。这有助于反映基于"五位一体"总体布局的经济社会发展存在的结构性失衡问题，对于补齐"五位一体"总体布局的内部短板，引导各级政府全面推进经济建设、政治建设、文化建设、社会建设、生态文明建设均衡协调发展具有重要的现实意义。

（4）开展基于"五位一体"总体布局的经济社会发展区域差异水平测

度,是刻画区域差异具体程度,探寻区域内和区域间差异动态变化趋势,识别中国经济社会发展区域差异主要来源的重要前提。有助于考察出四大板块区域间和区域内(省域间)非均衡性对中国经济社会发展总体区域差异的影响程度,可研判出目前政府推行的西部开发、东北振兴、中部崛起、东部率先的区域均衡发展总体战略对缩小中国经济社会发展区域差异的具体效果,从而为政府制定区域经济发展政策,为各省域在全局框架下协同发展提供重要参考依据。

(5)探究基于"五位一体"总体布局的经济社会发展分布动态演进规律,是揭示区域时空演化规律,合理界定全国区域经济社会发展空间布局,实现区域间均衡发展的重要支撑。这为揭示区域非均衡的时空特征提供了一个新的解释视角,有助于掌握全国省域和四大板块经济社会发展等级变化规律,识别空间因素对中国区域经济社会发展动态演变的影响,为有关部门和不同地区制定区域协调发展的长期规划提供有价值的参考依据,反映出其重要的现实意义。

(6)分析基于"五位一体"总体布局的经济社会发展收敛性特征,是认识地区发展特征,把握未来发展走向,促进区域一体化发展的现实支撑。经济社会发展收敛性特征反映了区域差异的变化以及未来发展趋势,对明确四大板块区域的角色和定位,促进区域经济社会发展的协同与互补,有效引导"富裕"俱乐部与"贫困"俱乐部的合作交流,实现区域经济社会协调互动发展具有重要指导意义。

1.3 理论基础

1.3.1 "五位一体"总体布局

"五位一体"总体布局的形成经历了一个逐步深化和日趋完善的过程[①],是新时期经济社会发展的基本遵循,具有丰富的科学内涵和重要引领价值。

---

① 韩振峰:《党对中国特色社会主义总体布局的认识过程》,载《光明日报》2013年4月17日。

经济建设、政治建设、文化建设、社会建设、生态文明建设"五位一体"总体布局是一个有机的整体,这五个方面相互贯通、相互影响、相辅相成。其中,经济建设是根本,为政治建设、文化建设、社会建设和生态文明建设提供了重要的物质基础;政治建设是保障,为经济建设、文化建设、社会建设和生态文明建设提供了坚实的政治保障;文化建设是灵魂,为经济建设、政治建设、社会建设和生态文明建设提供了牢固的精神支撑;社会建设是条件,为经济建设、政治建设、文化建设和生态文明建设提供了有利的社会环境和条件;生态文明建设是保障,为经济建设、政治建设、文化建设和社会建设提供了永续发展的重要保障(范鹏,2017)。因此,必须统筹推进"五位一体"总体布局,使经济建设、政治建设、文化建设、社会建设、生态文明建设五大子系统均衡发展。

基于"五位一体"总体布局的经济社会发展要贯彻新发展理念。"创新、协调、绿色、开放、共享"五大发展理念是"十三五"乃至更长时期经济社会发展的理论和实践指南,是实现高质量发展战略目标的重要指引。因此,必须将新发展理念融入"五位一体"总体布局统筹推进过程中。其中,创新是经济社会发展的第一动力,是统筹推进"五位一体"总体布局的核心环节;协调是持续健康发展的内在要求,是统筹推进"五位一体"总体布局的核心要义;绿色是人与自然和谐的重要体现,是统筹推进"五位一体"总体布局的必然要求;开放是高质量发展的必由之路,是统筹推进"五位一体"总体布局的重要途径;共享是经济社会发展的最终目标和归宿,是统筹推进"五位一体"总体布局的根本目标。[①]

要以"五位一体"总体布局统领区域协调均衡发展新格局。新时代区域协调发展战略的整体观,是以"五位一体"总体布局为指导的。[②] 统筹推进"五位一体"总体布局不仅要求经济、政治、文化、社会和生态文明五个子系统内部相互支撑、相互依存、共同发展,还要求经济、政治、文化、社会和生态文明五个方面作为整体来推进,并且在整体推进过程中要重点解决好区域发展非均衡问题,这是推动基于"五位一体"总体布局的经济社会平稳、高效运行的前提条件,也是解决发展不平衡的重要基础。《关于建立更加

[①] 温宪元:《全面把握"五位一体"总布局》,载《光明日报》2012年12月11日。
[②] 金凤君:《构建区域协调发展新格局》,载《大众日报》2019年10月23日。

有效的区域协调发展新机制的意见》明确提出"紧紧围绕统筹推进'五位一体'总体布局"的总体要求,从而实现区域发展空间布局逐步优化,区域良性互动格局加快形成,区域发展协调性进一步增强的目标。因此,统筹推进基于"五位一体"总体布局的经济社会发展要体现区域非均衡发展的特征规律。

1.3.2 综合评价理论

自 20 世纪 80 年代以来,统计综合评价技术的理论研究与实践活动均有了很大的发展,形成了独立的理论体系。综合评价是统计方法体系中的一个重要分支,主要指采用多维统计指标体系对被评价对象进行客观、公正、合理的全面评价,它通过对社会经济现象的多个方面数量表现(指标具体数值)进行高度抽象综合,进而以定量形式确定现象综合评价值和优劣水平次序的一种统计分析方法(苏为华,2001)。综合评价技术已被广泛应用于社会经济现象的定量综合评价实践领域中,为我国经济社会发展提供了重要政策实施参考。例如,我国全面建设小康社会进程监测评价、智慧城市发展指数(SCDI)统计评价、中国环境质量综合评价、中国区域创新能力评价、城市生态文明建设评价、中国绿色发展评价等。

1.3.2.1 综合评价的组成要素

一个综合评价问题通常由评价对象、评价指标、指标权重、评价模型和评价者五个基本要素构成:第一,评价对象。评价对象在综合评价过程中被看作"等待被评价"的客体。第二,评价指标。评价指标构成了评价系统发展状况的指标体系。第三,指标权重。权重系数确定得是否合理,关系到综合评价结果的可行度。第四,评价模型。怎样选择或构造评价模型计算综合评价值,并根据综合评价值的大小进行排序和分类是综合评价的关键。第五,评价者。评价者可以指一个人或一个团队,是综合评价过程中的主体,评价目的的给定,评价指标的建立、评价模型的选择以及权重的确定均与评价者有关。

1.3.2.2 综合评价的基本过程

综合评价的过程是各组成要素之间信息流动、组合的过程,评价问题包含了基于定性分析与定量计算、综合集成的数学模型构造与求解的使用方法、计算机程序设计、系统评价模型的灵敏度分析与反馈控制等丰富内容。一般通过以下七个步骤进行：第一，明确评价目的，确定评价对象。第二，根据评价目标构建评价指标体系。把评价目标按照总目标、准则层、指标层逐步分解为各级子目标，得到具有递阶层次结构的评价指标体系。第三，获取评价指标的样本集。第四，评价指标的预处理。一般情况下，需要对评价指标值进行类型一致化和无量纲化处理。第五，确定指标权重。用指标权重来衡量每个评价指标值在评价中的作用和重要性。第六，选择和构造评价模型。把评价对象指标值和权重系数代入评价模型中得到综合评价值。第七，反馈与控制。根据评价结果，判断能否在科学、合理、公正的情形下实现评价目标。

综上，为了科学、全面、合理揭示出基于"五位一体"总体布局的经济社会发展水平、动态进程、优势和短板、所处阶段，从而为各级政府部门统筹推进"五位一体"总体布局提供政策参考，本书基于综合评价理论的要素和基本流程，对基于"五位一体"总体布局的经济社会发展进行综合评价研究。

1.3.3 区域经济理论

区域经济是经济学与地理学交叉形成的综合性应用学科，它从经济学的角度出发，研究区域经济发展与区域协调的关系。其主要研究影响区域发展的基本要素、区域生产力布局、区域国土规划、资源优化配置、不同区域经济的发展变化以及区域经济空间结构等内容。其中，区域非均衡发展理论和空间结构理论是区域经济理论的核心内容，也是本书研究的重要理论基础。

1.3.3.1 区域非均衡发展理论

区域非均衡理论一直是区域经济的核心理论，是区域经济社会发展政策选择的理论基础，该理论主张首先发展一类或几类有带动性的区域，并通过这几类区域的发展带动其他区域的发展。非均衡理论对于处在发展初级阶段的国家和地区具有一定的合理性和现实指导意义。有代表性的区域非均衡理论有：冈纳·缪尔达尔的循环累积因果论、阿尔伯特·赫希曼的不平衡增长论、佩鲁的增长极理论、弗里德曼的中心—外围理论、弗农的区域经济梯度转移理论、威廉姆逊的倒"U"型理论等。

冈纳·缪尔达尔的循环累积因果论。该理论于1944年首先提出，主要认为，由于空间地理位置的差异，经济发展并不是在不同区域上均匀扩散的，而是从条件好的地区开始发展的，这些地区获得了初始优势，通过累计因果过程，不断积累有利优势，从而强化了区域非均衡，并由此产生了两种截然相反的效应：一是回流效应，这主要体现在各要素从落后地区流向发达地区，从而导致区域非均衡增大；二是扩散效应，这主要体现在各要素从发达地区流向落后地区，从而导致区域非均衡得到缩小。由于在市场机制下，回流效应会大于扩散效应，因此会加大区域非均衡的程度。因此，缪尔达尔提出了区域经济发展的政策主张，他认为，当发展到一定水平后，为了避免回流效应持续大于扩散效应导致的区域均衡程度扩大，政府必须制定一系列相关政策来刺激落后地区发展，从而缩小区域发展差异。

阿尔伯特·赫希曼的不平衡增长论。该理论于1958年首先提出，其主要认为，区域经济的发展是非均衡的，并且随着发展，会产生新的不均衡，然后这种不均衡会促进经济的进一步发展。并认为极化效应和涓滴效应会影响区域非均衡发展，即落后地区的生产要素向发达地区流动，就会产生"极化效应"，加速区域非均衡程度；而发达地区输出先进技术和资本等要素给落后地区，就会产生"涓滴效应"，缩小区域差异。因此，赫希曼认为政府的区域协调发展的政策十分重要，通过政策调整使涓滴效应占据主导地位，从而使区域差异缩小，实现区域经济非均衡协调发展。

佩鲁的增长极理论。该理论由佩鲁于1950年首先提出，后来经地理学家布德维尔进一步进行了完善。该理论提出了增长极的概念，并认为增长不会同时出现在各个部门，而是以不同的强度出现在一些增长部门。他认为增长极有极化效应和扩散效应，扩散效应是生产要素向周围地区转移，产生辐射作用，从而缩小区域差异；极化效应是吸收周边地区的生产要素集聚，从而加深了区域非均衡。该理论认为在发展初期极化效应会占据主导地位，区域非均衡程度会加深，但随着增长到一定程度后，扩散效应会逐渐显现，并占据主导地位，从而使区域差异缩小。

弗里德曼的中心—外围理论。该理论于20世纪40年代提出，其主要观点，基于区域不平衡较长期演变的趋势，将经济系统的空间结构划分为中心和外围两部分，两者在初期会形成一个二元结构，即中心地区比较发达，而外围地区比较落后，处于被支配地位。但当经济进入持续增长阶段，政府的区域协调政策实施，区域会实现一体化全面发展。

弗农的区域经济梯度转移理论。该理论建立在费农于1966年提出的产业和产品生命周期理论的基础上，认为工业产品都处于不同的生命周期阶段，必须经历创新、发展、成熟、衰老四个阶段，并且最终都会成为衰退部门。这一理论延伸到区域经济学中，认为每个国家或者地区都会处于一定的发展梯度上，并且在区域经济发展过程中，要素将会从高梯度地区流向低梯度区域。

威廉姆逊的倒"U"型理论。该理论将收入分配倒"U"型假说应用到分析区域发展方面，于1965年提出了区域差异的倒"U"型理论。该理论认为：发展阶段与区域差异之间存在着倒"U"型关系，在初始阶段，要素不流动，一定会出现不同区域之间差异的扩大，当发展到一定规模后，随着要素的流动，区域差异在缩小，最后政府会在发达地区发展达到较高阶段后，为了保证区域协调发展目标，就会给落后地区相关优惠政策，从而使区域差异不断缩小。

从以上理论可以看出，区域非均衡发展是一种规律性现象，这主要基于经济社会发展系统本身就是一种非均衡系统（李晓曼，2011）。根据传统非均衡发展理论，目前"扩散效应""涓滴效应""工业区位向下渗透"等效应尚不明显，从高梯度区向低梯度区转移目前也未发生，依靠市场机制较难改变区域非均衡发展现状，因此需要政府实施区域协调发展政策，缩小区域差异。

我国区域发展40多年来，从区域非均衡转变到区域协调发展，从东部地区率先发展的非均衡发展战略到中部崛起、东北振兴、西部大开发的区域协调发展战略。实施区域协调发展战略是我国区域经济发展理论的重大创新[①]，是统筹推进"五位一体"总体布局的重要组成部分，这已成为新时代解决我国经济社会发展不平衡不充分的重要举措。

随着国家对区域协调发展战略作出的一系列决策部署，逐渐形成了"三大战略+四大板块"的区域协调发展战略体系。"三大战略"分别是京津冀

---

① 范晓敏：《深入实施区域协调发展战略》，载《光明日报》2018年2月19日。

协同发展、长江经济带发展和粤港澳大湾区建设，这"三大战略"引领着区域协调发展战略实施；"四大板块"是基于区域地理位置形成的区域发展战略，即"强化举措推进西部大开发形成新格局，深化改革加快东北等老工业基地振兴，发挥优势推动中部地区崛起，创新引领率先实现东部地区优化发展"① 总体区域战略，以"西部开发、东北振兴、中部崛起、东部率先"的"四大板块"战略引领区域协调发展，是统筹推进"五位一体"总体布局的重要着力点。

综上，本书以区域非均衡发展理论为基础，从我国省域和四大板块区域视角探究基于"五位一体"总体布局的经济社会发展非均衡特征规律，从而为政府相关部门实施区域协调发展战略提供政策参考依据。

1.3.3.2 区域经济空间结构理论

20世纪90年代以来，以克鲁格曼等为代表的主流派经济学家重新审视了空间因素，以全新的视角，把以空间经济现象作为研究对象的区域经济学、城市经济学等传统经济学统一起来，构建了"新经济地理学"。区域经济空间结构作为经济活动的空间表现形式，是经济地理学的"专属领域"，反映了经济活动的区位特征以及在地理空间中的相互关系。区域经济空间结构是指在一定地域范围内各种经济要素按照特定经济规则形成的相对区位关系和空间组织形式，它是人类在长期经济发展过程中经济活动和区位选择的累积结果。该理论认为，区域经济结构之间存在空间近邻效应。所谓空间近邻效应是指区域内各种经济活动之间或各区域之间的空间分布关系对其相互联系所产生的影响。根据空间距离衰减原理，区域经济影响力随空间距离的增大而减小。在区域经济结构的形成和发展中，随着经济活动之间的空间距离不同，相互间发生联系的机会和程度也存在差异，因而对它们的空间分布和组合也就产生了不同影响，从而对区域经济空间结构的形成和发展产生不同影响。

区域经济空间结构是否合理，决定了区域经济发展的质量和水平。一方

---

① 《习近平：决胜全面建成小康社会 夺取新时代中国特色社会主义伟大胜利——在中国共产党第十九次全国代表大会上的报告》，新华网，2017年10月27日，http://www.xinhuanet.com/2017-10/27/c_1121867529.htm。

面，区域经济空间结构是经济发展的空间载体，促进或制约区域经济发展；另一方面，区域经济空间结构也受经济发展的制约，这意味着区域空间结构必须与经济发展的要求相适应。因此，合理的区域空间结构，是区域经济快速增长与区域协调发展的重要保证，是国民经济持续发展的基础。合理规划区域空间经济结构对促进区域经济协调发展具有重要意义。

从上述理论可以看出，在一定时间维度内，区域经济空间结构不仅是经济关系在地理空间中的反映，而且是各经济要素的空间组合形式。区域经济空间结构的研究能够实现以下具体目标：判断区域经济发展阶段；揭示区域经济结构的分布动态演进规律；预测区域经济空间结构的演变趋势；根据空间结构演变规律和实际趋势，对区域空间结构的调整提出政策建议。

因此，本书以区域经济空间结构理论为基础，将空间尺度效应纳入考虑范畴，进一步探究我国省域及四大板块基于"五位一体"总体布局的经济社会发展空间转移规律以及未来发展趋势，从而为优化区域协调发展战略布局，实施区域协调发展战略提供决策依据。

1.3.4 系统论

系统论是运用数学模型研究系统的结构、特征、功能、动态、规律以及系统间联系的学科，其基本思想是把研究对象看作一个整体，研究系统、要素、环境三者的相互关系和变动的规律性。研究系统的目的在于从整体出发研究系统整体以及协调各组成要素的相互关系，从本质上说明其结构、特征、规律和动态，调整系统结构，达到最优目标。系统论反映了现代化大生产的特点、社会生活的复杂性以及现代科学发展的趋势，不仅为现代科学的发展提供了理论和方法，而且为解决现代社会中的经济、政治、军事、科学、文化等方面的复杂问题提供了方法论的基础，因此其理论和方法得到了广泛的应用。

系统论认为，整体性、层次性、开放性、稳定性和自组织性等是所有系统的基本原则和共同特性，这也是系统论的一般原理，体现了系统论的方法论意义。

（1）整体性是系统论的核心，这主要包含两层含义：第一，系统不能分解为独立要素的和。系统是由各个独立要素以一定的结构形式组成的具有特定功能的有机整体，如果将要素从系统整体中割离出来，系统的整体性质和功能势必遭到损害。第二，整体的相互作用大于各子要素的线性叠加作用。系统整体具有子要素所不具有的性质和功能，这为现代管理科学的建立奠定了坚实的基础。

（2）层次性是指组成系统的各要素之间并不是平等和并列的，在结构和功能上表现出等级秩序性，形成了具有质的差异的系统内部等级体系。这种质的差异的不同的系统等级或系统中的高级差异性即是层次。一般而言，低层次系统要素之间的结合强度要大于高层次系统，且随着层次等级的升高，其结合强度越来越小。

（3）开放性是系统得以向上发展的前提以及稳定存在的条件，通常是指系统向外界环境的开放，也就是说系统与外界环境之间不断进行物质、能量和信息的交换，通过与环境的相互作用将潜在的可能性转化为现实性。

（4）稳定性与开放性相反，是指系统在一定范围内能够自我调节，保持和恢复原有的状态、结构和功能。这种稳定是建立在系统不断发展和演化的基础上，在与环境的动态交换中保持的相对意义上的稳定。系统的稳定性原理要求我们要在稳定与失稳的矛盾中把握稳定。

（5）自组织性指的是开放系统在复杂非线性作用下，可能放大内部要素偏离系统稳态的涨落，系统在更大范围内自发组织起来，从原来的无序状态转化为有序状态。其中开放是系统自组织演化的前提，非线性作用是系统自组织演化的动力，涨落是系统自组织演化的诱因。

综上，基于"五位一体"总体布局的经济社会发展是一项复杂的系统工程，统筹推进"五位一体"总体布局必须遵循系统论的一般原理，本书运用系统论的原理和方法构建基于"五位一体"总体布局的经济社会发展评价指标体系，从而保证评价指标体系的全面性、整体性、科学性。另外，"五位一体"总体布局是一个有机整体，经济建设是根本、政治建设是保障、文化建设是灵魂、社会建设是条件、生态文明建设是基础。全面推进经济建设、政治建设、文化建设、社会建设、生态文明建设五大子系统协调发展是统筹推进"五位一体"总体布局的根本要求。因此，本书基于系统论的理论，对基于"五位一体"总体布局的经济社会发展系统内非均衡问题深入研究。

1.4 文献综述

经济社会发展研究是监测经济社会活动的重要工具,是制定相关政策的重要依据,是评估政策实施效果的重要手段,在服务宏观经济决策和促进经济社会健康发展方面发挥着重要的基础作用(许宪春等,2019)。目前,有关经济社会发展的相关研究已成为专家学者的关注焦点,并取得了一大批相关领域的研究成果。按照本书研究的逻辑主线,主要围绕经济社会发展评价和经济社会发展非均衡两条主线来开展相关文献梳理。

1.4.1 经济社会发展评价的相关研究

基于综合评价的主要流程,本书从评价对象、评价指标和评价方法等三个方面对经济社会发展评价相关文献进行了梳理。

1.4.1.1 经济社会发展评价对象的研究

从评价对象来看,学者们针对经济社会发展评价的研究可分为国别层次、大区和省域层次、城市群层次、示范区和功能区层次这四个层次。

(1)国别层次。胡健、张维群等(2018)对"一带一路"沿线64个国家的经济社会发展水平开展了测度和评价;刘晶、方创琳等(2019)基于经济、制度、社会视角对"一带一路"沿线国家的城镇化发展质量进行了综合评价。

(2)大区和省域层次。江孝君、杨青山等(2019)对2010~2016年长江经济带11个省域生态-经济-社会系统(EES)协调发展进行了研究;陈晓雪、时大红(2019)对我国30个省份社会经济高质量发展水平进行了综合测度。

(3)城市群层次。舍恩等(Shen et al.,2011)从环境、经济、社会和管理4个层次设计了衡量城市社会发展程度的评价指标体系;马静、李小帆等(2016)基于城市发展质量内涵设计了城市发展质量系统协调发展指标体系,对长江中游城市群31个地级市经济、社会、生态空间发展质量开展了综合分析。

（4）示范区和功能区层次。蒋海军、刘云等（2016）构建了中关村对首都经济社会发展贡献的评估指标体系和评估模型；曹玉华、夏永祥等（2019）研究表明，淮河生态经济带整体发展水平不高，区域发展异质性显著。

以上研究成果仅仅体现了某一特定研究区域的经济社会发展特征，但不能反映我国经济社会发展的总体特征与未来走向。随着国家对区域协调发展战略作出的一系列决策部署，逐渐形成了"四大战略+四大板块"的区域协调发展战略体系。"四大板块"战略是基于区域地理位置形成的区域发展战略，这充分考虑了不同区域的经济社会基础，同时也重视了对上述区域未来发展的战略指引，在今后时期内是我国区域协调发展的重要指导性战略。以"四大板块"战略引领的区域协调发展，是统筹推进"五位一体"总体布局的重要着力点，本书从我国省域和四大板块视角对基于"五位一体"总体布局的经济社会发展综合评价进行深入研究。

1.4.1.2　经济社会发展评价指标的研究

（1）国外相关研究成果。

①联合国开发计划署（UNDP）发布的人类发展指数（HDI）报告。该报告引入"人类发展指数""不平等调整后的人类发展指数""性别差异指数""多维贫困指数"4个测算维度，综合反映了寿命与健康状况、受教育程度、生活质量以及正围绕教育、科技和气候变化涌现出的新一代不平等问题。

②联合国统计局（UNSTAT）的可持续发展指标体系（FISD）。该指标体系通过经济问题、大气和气候、社会经济活动和事件、影响和效果以及对影响的响应等问题划分评价指标，反映了影响可持续发展进程的主要因素。

③经济合作与发展组织（OECD）的经济全球化指标体系。这套体系包括核心环境、部门和环境核算类指标体系三大类，涵盖外国直接投资、跨国公司所从事的经济活动和贸易全球化三大领域。该指标体系遵循合理性、相关性、可测量性等原则，筛选和优化评价指标，综合评判各国的总体经济状况以及经济全球化的发展趋势。

④欧盟综合社会评价指标体系（EU Social Indicators）。该指标体系利用最新数据，构建涉及就业、教育、性别平等和代际关系等社会领域的评价指标，提出社会综合指标最终的成效取决于参与者的政治意愿和投入。

⑤其他评价指标体系。联合国环境规划署提出的城市综合环境评估报告；

欧洲构建的生活质量指标体系；世界银行制定的生活标准测算研究指标体系；国外学者构建的经济福利测度指数（MEW）、可持续经济福利测度指数（ISEW）和真实进步指标（GPI）等。

（2）国内相关研究成果。

①国家统计局课题组构建的和谐社会统计监测评价指标体系。该体系将"社会和谐系数"总目标分解为6个分层指数共计25项指标，着重考察经济建设、社会建设、人与自然和谐状态等状况，用以描述和判断中国社会和谐状态的变化情况。

②国家统计局建立的全面建成小康社会统计监测指标体系。其理论依据是基于中共十八大报告提出的全面建成小康社会的内涵和目标，由经济发展、社会和谐、生活质量、民主法制、文化教育、资源环境等6个维度23项指标组成，可测度全面建成小康社会目标实现的状况。

③中央组织部地方党政领导班子和领导干部综合考核评价体系。这套评价体系以地方党政领导班子和领导干部对经济社会发展的实际贡献度为基础指标，综合评估地方党政领导班子和领导干部的政绩建设成效。该指标体系为考核地方经济社会科学发展提供了制度保证。

④国家统计局新动能发展指数。该指标体系从新动能发展的基础、潜力、动力、进展和成效等方面出发，包括知识能力、经济活力、创新驱动、数字经济、转型升级和发展成效6个维度共42项指标。

⑤其他指标体系。大连理工大学管理学院迟国泰课题组构建的"全面贯彻落实科学发展观的综合评价指标体系"，对综合评价科学发展观的贯彻落实情况进行了深入探讨（迟国泰、王卫，2009）；易昌良课题组基于"五大发展理念"，结合中国发展现实，构建了中国发展指数评价体系，着力探索与理解中国发展的基本规律，深入研究区域发展差异的深层次理论与实践问题（易昌良，2016）；武汉大学聂长飞团队研究建立了中国高质量发展评价指标体系，为构建高质量发展指数评价体系和分析框架奠定了坚实的基础（聂长飞、简新华，2020）。

综上所述，第一，现有文献较多关注了经济、政治、社会、文化和生态文明建设等某一子系统的研究，但缺乏对经济社会发展综合、全面的衡量和分析，而统筹推进"五位一体"总体布局，并贯穿于经济社会发展全过程是新时代我国经济社会发展的典型特征，是解决发展不充分、不平衡问题的根本保证。以"五位一体"总体布局引领经济社会发展，关键是将反映"五位一体"总体布局实施状况的指标纳入经济社会发展评价指标体系之中。因此，本书从"五位一体"总体布局的视角来对经济社会发展进行综合评价，从而更加全面地揭示出经济社会发展五大子系统和整体发展水平、进程、优势短板和时空变化规律。

第二，学者们从不同视角出发构建了各有侧重的经济社会发展评价指标体系，但是，现有文献缺乏对评价指标体系构建的理论依据进行深入阐释，从而导致评价指标体系主观性较强，降低了评价结果的准确度和可信度。因此，本书依据新时代经济社会发展的目标和要求，分别从经济建设、政治建设、文化建设、社会建设、生态文明建设阐释了评价指标构建的理论依据，从而解决了评价指标体系理论基础不牢的问题。

第三，现有评价指标体系存在指标不可观测性、专家意见不一致，以及存在指标信息重复、影响力小的问题。因此，本书对指标体系的初级框架进行了科学的定性和定量筛选。其科学过程为：首先，采用定性筛选法——专家咨询法剔除了信息含量低、代表性不强的指标；其次，应用德尔菲法（Delphi）删除了专家们意见协调程度不一致的指标；再其次，采用相关性定量分析方法，删除了指标之间冗余度较大的指标；最后，应用鉴别力定量分析方法，删除了对经济社会发展特征不能较好进行区分的指标，从而解决现有指标体系存在的信息重复、代表性不强、专家意见不一致的问题。

第四，以往研究中评价指标体系的构建存在评价指标数量与评价模型有效度之间的矛盾、评价指标体系的稳定性与可靠性缺乏定量衡量标准以及难以判定指标体系究竟在多大程度上获得了评价对象特质的真实性和准确性程度等问题。因此，本书采用精度检验、信度检验和效度检验对构建的评价指标体系的合理性、可靠性以及有效性进行检验分析，以保证评价指标体系更加合理、可靠、有效。

1.4.1.3 经济社会发展评价方法的研究

根据指标权重系数的确定方法可将评价方法分为主观赋权法与客观赋权法。第一，主观赋权法主要是通过专家咨询综合量化确定指标权重（黄蕾、谢奉军等，2014），主要包括层次分析法（AHP）、序关系分析法（G1）、德尔菲法（Delphi）等。加西亚等（García et al.，2012）运用网络层次分析法和德尔菲法对拉美国家的可持续经济发展进行了综合评价；朱子云（2019）采用德尔菲法，基于2000~2015年的时间序列数据测度了中国经济增长质量。第二，客观赋权法是根据评价指标数据本身的内在相关性和变异性来确定指标权重，主要包括熵值法、变异系数法、因子分析法等。宋明顺（2015）采用熵值法测度了2005~2010年中国经济发展质量，得出经济发展质量的宏观质量指数；孟祥兰（2019）采用因子分析法对湖北省高质量发展水平进行了综合评价。

主观赋权法能够有效地反映决策者对于指标重要性的判断，比较符合决策者对评价目标的主观认知，指标权重的可解释性较强，但不足之处在于：主观赋权主要依赖于决策者的经验及专业知识，主观性较强，往往会忽视指标数据背后隐藏的信息。而客观赋权法的权重信息主要来自数据本身潜在的信息，随着属性数据的变化，客观权重亦会随之动态变化，这使得评价结果更加科学。但是，随之而来，其指标可解释性会弱于主观权重。鉴于主观赋权法与客观赋权法均存在优劣势，学术界往往采用主客观结合的组合赋权法来进行定量测度。例如，罗宣（2018）采用层次分析法与熵值法结合的组合赋权法对长三角地区经济增长质量进行了综合评价；张震（2019）以我国15个副省级城市为研究对象，采用层次分析法与EVM法对其经济高质量发展水平进行测度。

综上，现有研究主要存在以下不足：其一，以往研究多采用单一评价方法，单一评价方法根据赋权方式可分为主观评价法与客观评价法。主观评价法主要依据决策专家对指标重要程度的主观判断，能够较好地体现决策者关于指标重要性的主观意愿，可解释性较强，但是决策者在主观确定指标权重时，往往会忽视指标的实际取值，从而无法体现指标的数据信息；客观评价法与主观评价法相反，其权重大小取决于指标的数据信息，避免了因主观偏好造成的赋权结果偏差，但是却无法反映指标自身重要性，可解释性较弱。鉴于两类评价方法均存在显著的优势与不足，本书采用主客观组合评价方法，以期提高评价结论的准确性与可信度。

其二，部分文献在进行组合评价研究时，往往采用简单的算术平均值法对单一评价结果进行加总，而均值法在进行组合评价时，缺乏对于单一评价方法权重差异的考虑，因而无法体现出各单一评价方法对于评价结果的贡献程度，因此本书采用偏差平方最小法、最满意组合法、基尼准则法等组合评价方法，从而确保组合评价结果的科学性和合理性。

其三，现有的组合评价方法众多，不同的组合评价方法因其原理不同，往往适用于不同的组合场景，因而某一种组合方法并不能较好地适应所有组合评价过程。然而，已有研究在选择组合评价方法时缺乏对于组合评价方法的适用性检验，未涉及组合评价方法遴选过程，且未对组合评价结论的合理性进行有效性检验。因此，本书采用有效性检验方法、事前检验及事后检验来确保评价结果的稳健性。

其四，现有关于组合评价结论有效性检验的方法仅适用于处理单一评价结果排序差距较大的情况，在单一评价结论排序差距较小时，此方法的有效性识别度会有所降低。为了解决上述问题，本书依据相对有效性检验方法进行了进一步的改进，从而使得改进的相对有效性检验方法适用于单一评价结果排序差距较小的情形。

1.4.2 经济社会发展非均衡的相关研究

经济社会发展非均衡问题是区域经济研究的重要内容，按照系统的观点，本部分主要从系统内非均衡和区域间非均衡两个维度展开文献梳理。

1.4.2.1 经济社会发展系统内非均衡研究

关于经济社会发展系统内非均衡研究，大部分学者采用耦合协调模型对区域经济社会发展的耦合协调程度进行了探究。从耦合协调发展的研究对象来看：何等（He et al.，2017）运用耦合协调度模型探究了上海的"经济－社会－生态环境"协调发展状况；吕有金等（2019）对中国285个地级市城镇化与生态环境的耦合协调度的演变特征进行了测度研究；李昶达、韩跃红（2020）运用耦合协调模型对中国31个省份经济社会发展间的耦合协调水平进行了定量研究。从耦合协调发展的研究视角来看：郭等（Guo et al.，2015）将人均GDP、第二产业产值、废气排放及治理等指标纳入耦合协调发展模型；江孝君、杨青山等（2017）从工业化、城镇化、农业现代化、信息化和绿色化五个视角出发来研究区域经济社会协调发展；贺嘉、许芯萍等（2019）构建了"环境－经济－社会"复合系统来研究子系统内部的耦合协调；王蕾、孜比布拉等（2019）基于经济、社会、资源和环境四大系统对耦合协调关系进行了深层次的探究。

通过对现有研究整理发现，关于经济社会发展系统内非均衡研究的成果较为丰富，但仍存在不足之处：一是近年来大部分文献从城市视角展开研究，城市视角仅能体现出相同板块的耦合协调特征，而只探究同一板块的耦合协调特征，往往会忽略其他板块所呈现的不同耦合协调特征，若从省域这一大尺度视角出发，则更有利于探究经济社会子系统的整体协调情况，因此，本书基于省域视角出发探究中国经济社会发展所呈现出的耦合协调特征。二是已有文献利用耦合协调模型对于多个子系统间的耦合协调关系进行度量，但是这些子系统的选取多缺乏理论和现实依据，因此，本书基于"五位一体"总体布局全面考察经济建设子系统、政治建设子系统、社会建设子系统、文化建设子系统和生态文明建设子系统五大子系统的非均衡状况，进一步揭示出"五位一体"总体布局引领下经济社会发展存在的结构性失衡问题。

1.4.2.2 经济社会发展区域间非均衡相关研究

关于经济社会发展区域非均衡研究，学者们主要从区域差异的测度、区域差异的分布动态演进以及区域差异的收敛性分析等研究视角展开。

（1）部分学者围绕经济社会发展区域差异的测度展开研究，大多采用变异系数、泰尔指数、基尼系数等指数测算经济社会发展的相对差异。郑建（2016）采用变异系数分析了安徽省 10 年来区域经济差异的演变；王辉等（2018）运用泰尔指数分析了云南省地区经济差异；王成新等（2019）运用基尼系数分析了中国省际发展的不平衡性及其演变规律。

（2）部分学者采用核密度估计方法（Kumar，2002）揭示区域经济社会发展绝对差异的分布演进规律。埃雷里亚斯（Herrerias，2012）采用核密度估计方法刻画了地区经济发展的动态演进特征；王晓玲、周国富（2013）利用核密度估计方法分析了山西省县域经济的时空特征及其演化趋势；狄乾斌、顾宸（2017）利用核密度估计法对中国 12 个海岛县的经济发展水平时间演化特征进行了对比分析；刘华军等（2017）采用核密度估计方法对中国城市经济发展的分布位置、分布形态、分布延展性等进行了分析。

（3）部分学者关注经济社会发展的动态演变特征，运用马尔科夫链对区域经济社会发展水平的具体转移规律进行了相关探究（Rey et al.，1999）。加洛（Gallo，2004）采用空间马尔科夫（Markov）链分析了欧洲不同国家和地区经济差距的时空演化特征；陶晓红、齐亚伟（2013）通过构建加权空间马尔科夫链，研究了区域经济增长过程中的动态演变特征；张学波等（2016）运用空间马尔科夫链分析了京津冀县域经济发展过程中的空间溢出效应。

（4）还有学者从收敛的视角研究了经济社会发展的区域非均衡问题。现有研究围绕经济社会发展的 σ 收敛（周小亮、吴武林，2018）、β 收敛以及随机性收敛（张欢、汤尚颖等，2019）展开。其中有关 β 收敛的研究可分为两类：一类不考虑空间相关性。罗伯特等（Robert et al.，1990）研究发现美国各州之间存在显著的绝对 β 收敛特征；姚利民等（2020）运用传统的 β 收敛模型对非洲区域 1996~2016 年的经济增长收敛情况进行了验证。另一类将空间因素考虑在内。雷伊和蒙托里（Rey & Montouri，1999）、雷伊和德夫（Rey & Dev，2004）将空间计量分析方法引入地区经济增长收敛研究中。

通过对相关文献的梳理发现，关于经济社会发展区域非均衡研究的相关成果为本书奠定了良好基础，但存在以下不足：第一，在经济社会发展区域差异水平测度方面，绝大多数研究仅仅使用了变异系数、泰尔指数、传统基尼系数等单个方法，未从多层次考虑经济社会发展的区域差异，且未对区域差异进行分解，因此难以全面反映"五位一体"总体布局视角下区域间和区域内经济社会发展的差异大小、演变态势及差异来源。基于此，本书综合考虑基尼系数对中间水平的变化较为敏感，对数离差均值和泰尔指数分别对底层水平和上层水平的变化较敏感的特征，多角度探究区域经济社会发展空间非均衡性，以期为建立差异化的经济社会统筹发展战略提供现实参考依据。第二，在经济社会发展区域差异分布动态演进方面，大多数学者仅采用核密度估计（Kernel）探究经济社会发展的区域非均衡特征，无法展现出经济社会发展的时空转移规律。因此本书在采用核密度估计刻画区域经济社会发展的分布动态演进规律基础上，利用马尔科夫链分析方法进一步揭示区域经济社会发展的转移趋势和差异情况。此外，现有研究大多采用传统马尔科夫链分析描述经济社会发展随时间推移而变化的转移特征，然而由于市场经济环境下各地区之间存在较强的空间关联性，空间交互影响和溢出效应显著。因此，本书运用空间马尔科夫链分析方法进一步探究经济社会发展的空间转移规律。基于此，本书综合采用核密度估计、传统马尔科夫链和空间马尔科夫链分析深入探究经济社会发展区域差异的分布动态及其等级变化规律。第三，在经济社会发展区域差异收敛性研究方面，现有研究未将地理空间因素纳入经济社会发展分析范畴，然而由于人才、资本、技术等要素在空间上的流动、扩散和转移，地区之间存在不可忽视的空间效应。因此，本书将空间因素考虑在内，分别对基于"五位一体"总体布局的经济社会发展的空间绝对 β 收敛和空间条件 β 收敛进行了检验，保证了模型的准确性。第四，鲜有学者采用随机性收敛检验方法研究经济社会发展的区域非均衡问题，而随机性收敛用来检验一个变量对另一个变量在长期内是否存在持续冲击，从而避免短期内可能存在的收敛与非收敛状态（杨骞、刘华军，2013）。因此，本书采用面板数据单位根和单变量单位根方法来实证检验我国基于"五位一体"总体布局的经济社会发展水平的收敛性，并遵循全子集分析路径来识别特定区域内部可能存在的收敛俱乐部。第五，现有研究在探讨区域非均衡发展过程中，往往从区域差异水平测度、区域差异分布动态演进、收敛性分析中选取一个或两个视角来展开分析。然而，根据系统论原理，区域非均衡研究是一个复杂的动态系统，仅从单一视角出发难免会造成研究结论存在片面性，无法完整地揭示出区域非均衡发展的整体规律。因此，本书从区域差异水平测度、区域差异分布动态演进、收敛性分析相结合的多元视角，识别区域间经济社会发展差异程度及其成因，描绘区域经济社会发展分布动态演化趋势及等级变化规律，并进一步研判经济社会发展区域差异收敛性特征。

1.5 逻辑框架

发展不平衡不充分问题已成为我国经济社会发展新的瓶颈，解决发展不平衡不充分问题是统筹推进基于"五位一体"总体布局的经济社会发展的根本要求，基于此，本书从两条主线来进行研究，从而为统筹推进"五位一体"总体布局，解决发展不平衡不充分问题提供决策支持。

第一条主线是基于"五位一体"总体布局的经济社会发展综合评价研究（主体内容为第2章、第3章）。该条主线在统计综合评价理论的基础上，从"五位一体"总体布局视角系统构建了经济社会发展评价指标体系，并采用组合评价方法和统计检验方法对我国省域和四大板块经济社会发展进行了综合评价，从而探究出了"五位一体"总体布局视角下经济社会发展的状况、进程、所处阶段、优势短板和时空变化规律，为解决发展的不充分问题提供了决策依据。

第二条主线是基于"五位一体"总体布局的经济社会发展非均衡研究（主体内容为第 4~7 章）。经济社会发展非均衡研究是在综合评价研究基础上的延伸，是在综合评价结果基础上的进一步应用，具体逻辑为：基于系统论，该条主线分别从系统内非均衡（第 4 章）和区域间非均衡（第 5~7 章）两个维度展开研究。第一个维度，基于系统论和耦合协调理论，考察了基于"五位一体"总体布局的经济社会发展系统内非均衡特征；第二个维度，基于区域经济空间结构理论和区域非均衡发展理论，从区域差异测度、区域差异分布动态演进、区域差异收敛性三个角度深入探究了基于"五位一体"总体布局的经济社会发展区域间非均衡特征，为解决发展的不平衡问题提供了政策制定参考依据。

最后，结合第一条主线综合评价和第二条主线非均衡研究的结论，提出了全面和统筹推进基于"五位一体"总体布局的经济社会发展政策建议。

本书的逻辑框架如图 1-1 所示。

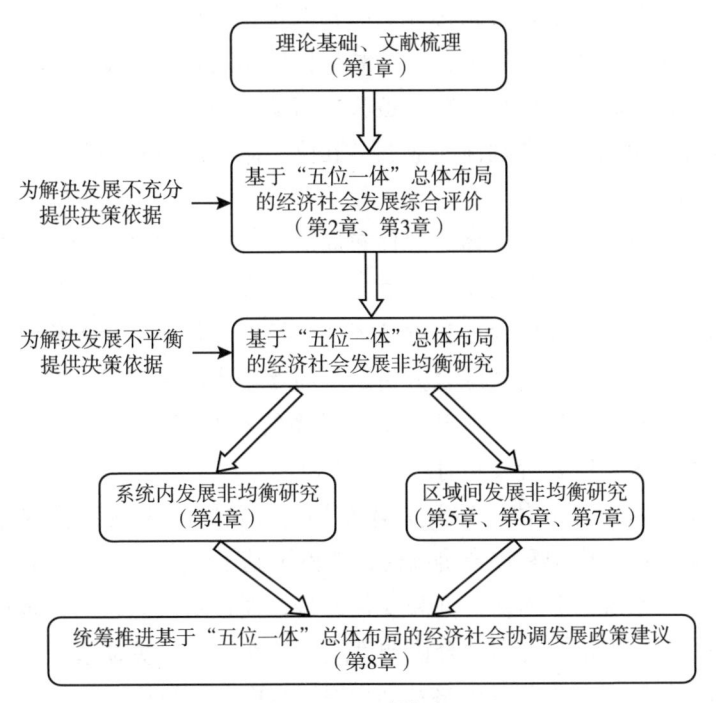

图 1-1 逻辑框架

1.6 研究内容与技术路线

1.6.1 研究内容

本书共分八章,各章节内容结构安排如下:

第1章:绪论。本章主要阐释了本书的研究背景、研究意义、理论基础,通过梳理国内外相关文献,提出了本书要解决的主要问题,最后介绍了本书的逻辑框架、研究内容、技术路线和创新之处。

第2章:基于"五位一体"总体布局的经济社会发展评价指标体系构建。本章依据综合评价理论和系统论,在全面阐释评价指标体系构建理论依据基础上,初步搭建了评价指标体系的初级框架,然后通过专家咨询法、德尔菲法、相关性分析和鉴别力分析,对指标体系进行了反复筛选与优化,并对指标体系的最终框架进行了精度检验、信度检验和效度检验,最终形成体现了科学性、全面性、合理性的基于"五位一体"总体布局的经济社会发展评价指标体系。

第3章:基于"五位一体"总体布局的经济社会发展综合评价及结果分析。本章依据综合评价理论和区域经济理论,从"五位一体"总体布局的视角采用组合评价方法和检验方法对经济社会发展进行了综合评价,并对其评价结果进行了分维度分析及综合分析,从而考察出经济建设、政治建设、文化建设、社会建设、生态文明建设五大子系统和经济社会整体发展的水平、进程、优势短板、所处阶段和时空变化规律。

第4章:基于"五位一体"总体布局的经济社会发展系统内非均衡研究。本章采用耦合模型和耦合协调模型考察了基于"五位一体"总体布局的经济社会发展系统内非均衡程度和变化趋势,通过对全国、四大板块以及省域的经济社会发展耦合度和耦合协调度进行等级划分,更加清晰地呈现了基于"五位一体"总体布局的经济社会发展系统内非均衡特征。

第5章:基于"五位一体"总体布局的经济社会发展区域差异水平测

度。本章综合采用对数离差均值、泰尔指数以及基尼系数等方法测度了全国及四大板块基于"五位一体"总体布局的经济社会发展区域差异水平,揭示了区域内及区域间差异的动态演变态势,有效识别了区域差异形成的原因。

第6章:基于"五位一体"总体布局的经济社会发展区域差异分布动态演进。本章运用核密度估计方法和马尔科夫链分析方法从时空双视角对我国2010~2017年基于"五位一体"总体布局的经济社会发展区域差异的时空演变趋势及等级变化规律进行了深入研究,并进一步探讨了空间因素在区域经济社会动态发展过程中所起到的作用,更加全面地揭示了区域差异呈现出的分布格局。

第7章:基于"五位一体"总体布局的经济社会发展收敛性分析。本章对我国省域基于"五位一体"总体布局的经济社会发展的 σ 收敛、绝对 β 收敛和条件 β 收敛进行检验,并采用面板单位根检验中国省域经济社会发展的随机收敛性以及识别东部、中部、西部和东北地区内部可能存在的随机收敛俱乐部。

第8章:研究结论与政策建议。本章在综合评价与非均衡两条主线所揭示的定量分析结果基础上,提出了统筹推进基于"五位一体"总体布局的经济社会发展的政策建议,从而为解决发展不平衡不充分的问题提供了决策依据,最后对未来的研究方向进行了展望。

1.6.2 技术路线

本书按照"理论基础和文献综述—评价指标体系构建—综合评价—系统内非均衡—区域差异水平测度—区域差异分布动态演进—区域差异收敛性—研究结论与政策建议"这样层层递进的方式来展开研究的,具体的研究技术路线如图1-2所示。

图 1-2 技术路线

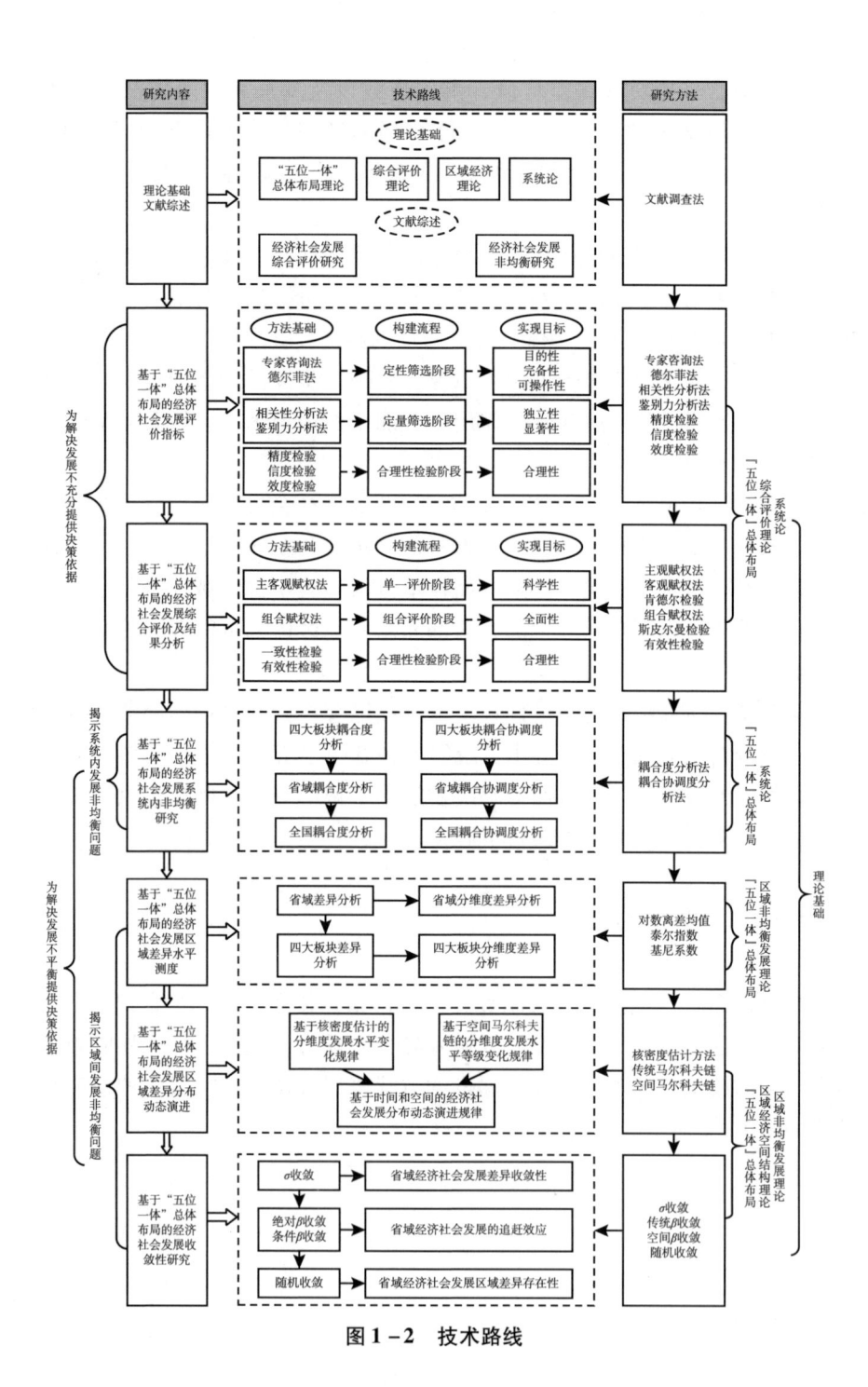

1.7 研究创新

本书的创新工作主要体现在以下几个方面：

（1）本书从"五位一体"总体布局的研究视角对经济社会发展的综合评价和非均衡问题进行了研究。通过文献梳理，学者们的研究视角主要集中在主体功能区、生态文明建设、低碳经济、资源循环等，这些研究视角是与其特定时期的经济社会发展需求相适应的，而经济社会发展的研究应以新布局、新理念、新方向为基本遵循。"五位一体"总体布局是新时期引领经济社会发展的新理念、新目标，并贯穿于经济社会发展全过程，因此，本书从"五位一体"总体布局的视角探究经济社会发展的充分性和平衡性，从而为政府有关部门统筹推进"五位一体"总体布局提供政策参考依据，这是本书的创新之一。

（2）本书基于指标构建的理论依据、定性和定量筛选、精度、信度和效度检验的科学过程，系统构建了基于"五位一体"总体布局的经济社会发展评价指标体系。一是学者们从不同的视角出发，构建了各有侧重的经济社会发展评价指标体系，但在准则层、一级指标、二级指标设计过程中，缺乏对指标构建依据的理论阐释，这导致构建的评价指标体系主观性较强，降低了评价结果的准确度和可信度。因此，本书依据新时代经济社会发展的目标和要求，分别从经济建设、政治建设、文化建设、社会建设、生态文明建设阐释了评价指标构建的理论依据，从而解决了评价指标体系理论基础不牢的问题。二是基于现有评价指标体系存在指标不可观测性、专家意见不一致，以及存在指标信息重复、影响力小的问题。因此，本书对指标体系的初级框架进行了科学的定性和定量筛选。其科学过程为：首先，采用定性筛选法——专家咨询法剔除了信息含量低、代表性不强的指标；其次，应用德尔菲法删除了专家们意见协调程度不一致的指标；再其次，采用相关性定量分析方法，删除了指标之间冗余度较大的指标；最后，应用鉴别力定量分析方法，删除了对经济社会发展特征不能较好进行区分的指标，从而解决现有指标体系存在的信息重复、代表性不强、专家意见不一致的问题。三是分别采用精度检验、信度检验和效度检验方法对评价指标体系构建的合理性、可靠性以及有效性进行检验分析。精度检验解决了指标体系构建合理性的判定缺乏定量标准的难题；效度检验解决了评价指标体系有效性程度问题；信度检验解决评价指标体系稳定性与可靠性的问题。因此，本书通过上述指标的科学构建过程，层层论证，保证了本书基于"五位一体"总体布局的经济社会发展评价指标体系的科学性、合理性、系统性，为后续综合评价结果的正确性和合理性提供了有效支撑，同时该指标体系构建的科学过程为后续其他领域指标体系构建提供了重要借鉴，这是本书的重要创新。

（3）本书综合运用主客观组合评价方法、一致性检验和相对有效检验方法，提升了基于"五位一体"总体布局的经济社会发展综合评价结果的准确性、科学性和合理性。具体来说，一是现有研究主要采用基于主观评价法或者客观评价法的单一方法。主观评价法主要体现了专家对指标重要程度的主观信息，缺点是受专家知识经验和偏好的限制，不具广泛性，且无法适应客观环境（条件）的变化。客观评价法优点是不依赖于主观判断，有较强的数理统计基础，缺点是不能体现决策者对不同指标的重视程度，有时得到的权重系数会与指标实际重要程度相差较大。因此，主观和客观评价都有各自的优缺点，采用单一评价方法会影响到评价结果的准确性。基于两种单一方法的优点可以互补，本书将基于熵值法、逼近理想解法、CRITIC 法的客观评价法与基于 G1 法、盲数理论法、网络层次分析法的主观评价法进行组合，采用主客观组合评价方法，从而提高评价结论的准确性与可信度。二是基于现有组合评价方法较多而部分学者往往使用简单的算术平均值法对单一评价结果进行加总，但均值组合评价方法，缺乏对于单一评价方法权重差异的考虑，因而无法体现出各单一评价方法对于评价结果的贡献程度。因此，本书根据不同组合评价方法的原理，采用偏差平方最小法、最满意组合法、基尼准则法等五种组合评价方法，为了选取最优的组合评价方法，并重点保证评价结果的稳定性，本书设计了有效性检验方法、事前检验及事后检验法分别对不同组合评价方法进行检验，从而确保评价结果的稳健性。三是，基于现有组合评价结论有效性检验的方法仅适用于处理单一评价结果排序差距较大的情况，在单一评价结论排序差距较小时，此方法的有效性识别度会有所降低。为了解决上述问题，本书对相对有效性检验方法进行了进一步的改进，从而使得该检验方法更加适用于单一评价结果排序差距较小的情形，这是本书的重要创新之一。

（4）按照系统论的观点，本书从系统内非均衡和区域间非均衡两个维度全面探究了基于"五位一体"总体布局的经济社会发展非均衡的规律和特

第1章 绪 论

征。系统内非均衡研究科学揭示了经济社会发展过程中经济建设、政治建设、文化建设、社会建设、生态文明建设五大子系统耦合协调发展的规律和趋势；区域间非均衡研究全面揭示了我国省域和四大板块在"五位一体"总体布局引领下经济社会发展的区域差异程度和来源、区域差异分布动态演进及收敛趋势等规律，这是本书的重要创新之一。

在区域间非均衡发展研究过程中，鉴于人才、资金、技术等生产要素在地理空间上的流动、扩散和转移，不同空间区位的经济活动关联性越来越紧密，空间交互影响和溢出效应显著，因此，本书引入空间地理因素考察区域间非均衡发展规律。具体体现在：一是采用空间马尔科夫链分析方法来考察邻近区域对本区域经济社会发展时空转移规律的交互影响和空间溢出效应。传统的马尔科夫链分析方法忽视了截面之间的差异性和空间相关性等地理因素在区域经济社会发展过程中的作用，因此，本书采用空间马尔科夫链分析方法检验我国经济社会发展的变化是否具有空间依赖性，并有效揭示出空间因素在基于"五位一体"总体布局的经济社会发展过程中的作用。二是将空间尺度效应纳入经济社会发展区域差异收敛研究框架。传统研究较少考虑空间因素对经济社会发展收敛的影响，因此，本书分别研究未考虑空间尺度效应和考虑空间尺度效应两种情况。其研究结果揭示了空间交互影响和空间溢出效应在一定程度上可以加快区域间经济社会发展的收敛，从而可有效降低区域非均衡程度。

在区域间非均衡发展研究过程中，现有研究主要从一个或两个视角揭示了经济社会发展区域间非均衡的特征和规律，例如，多数研究仅仅使用了变异系数、泰尔指数、传统基尼系数等单个方法来测度区域差异水平，未从多层次考虑经济社会发展的区域差异，且未对区域差异进行分解，因此难以全面反映"五位一体"总体布局视角下区域间和区域内经济社会发展的差异大小、演变态势及差异来源。区域非均衡发展是一个复杂的动态系统，仅从单一视角无法完整地揭示出区域非均衡发展的时空演化规律。因此，本书基于区域差异水平测度、区域差异分布动态演进、收敛性分析相结合的多元视角，分别识别出区域间经济社会发展差异程度及其成因，描绘出区域经济社会发展分布动态演化趋势及等级变化规律，进一步研判出区域经济社会发展的收敛性特征，从而全方位揭示出"五位一体"总体布局引领下经济社会发展区域非均衡规律。

| 第 2 章 |

基于"五位一体"总体布局的经济社会发展评价指标体系构建

2.1 评价指标体系构建的理论依据

构建基于"五位一体"总体布局的经济社会发展评价指标体系需要以新发展理念作为其基本遵循。中共十八届五中全会明确提出的"创新、协调、绿色、开放、共享"新发展理念为新时代我国经济社会发展指明了方向,即:以创新发展解决经济社会发展动力问题,让创新贯穿于经济社会发展的各领域,破除旧动能,培育新动能,完成动力变革和产业转型升级等目标,积极打造新的增长极;以协调发展解决发展不平衡问题,促进城乡区域协调发展、物质与精神文明协调发展;以绿色发展解决人与自然和谐问题,既要坚持节约资源和保护环境,也要发展生产力,坚持走可持续发展道路,建设资源节约型、环境友好型社会;以开放发展解决发展内外联动问题,引领我国全方位、高层次对外开放;以共享发展解决社会公平正义问题，坚持发展成果由人民共享的发展理念，加强健全社会保障体制，缩小城乡收入差距，解决就业、教育、医疗等方面的难题。由此，深入实施"创新、协调、绿色、开放、共享"新发展理念是解决经济社会发展过程中不平衡不充分等问题，实现高质量发展的重要举措。因此，基于"五位一体"总体布局的经济社会发展必须融入"创新、协调、绿色、开放、共享"新发展理念，这成为构建基于"五位一体"总体布局经济社会发展评价指标体系的重要理论基础。

统筹推进"五位一体"总体布局，并将其贯穿于经济社会发展全过程是新时代我国经济社会发展的典型特征。以"五位一体"总体布局引领经济社会发展，关键是将反映"五位一体"总体布局实施状况的指标纳入经济社会发展评价体系之中，让其成为经济社会发展进程中的"指南针"（李旭辉，2019）。因此，构建我国省域经济社会发展评价指标体系应从"五位一体"总体布局的视角设置经济建设、政治建设、社会建设、文化建设和生态文明建设五个准则层。其中，经济建设是根本、政治建设是保障、文化建设是灵魂、社会建设是条件、生态文明建设是基础。

2.1.1 经济建设

经济建设是"五位一体"总体布局的根本。坚持以经济建设为中心，是解决我国社会主义初级阶段主要矛盾的需要，是由我国社会主义初级阶段基本国情决定的基本方针，是不断增强综合国力、提高我国国际地位的需要（顾海良、田桥，2018）。只有推动经济持续健康发展，才能筑牢国家繁荣富强、人民幸福安康、社会和谐稳定的物质基础（韩保江，2018）。由此，经济建设是"五位一体"总体布局的重要一环。经济建设的本质就是激发全社会创造力和发展活力，实现更高质量、更有效率、更加公平、更可持续的发展。我国正处在转变发展方式、优化经济结构、转换增长动力的攻关期，建设现代化经济体系是跨越关口的迫切要求和我国发展的战略目标。[①] 中共十九大报告明确指出必须坚持质量第一、效益优先，推动经济发展质量变革、

[①] 习近平：《决胜全面建成小康社会 夺取新时代中国特色社会主义伟大胜利》，载《人民日报》2017年10月28日。

效率变革、动力变革，建立更加有效的区域协调发展新机制。其中，经济质量是实现经济健康稳定发展的主体，经济效率是增强发展新动能的重点，经济动力是提高经济创新力和竞争力的关键，经济协调是新时代经济建设的必然要求。由此，在新时代背景下基于"五位一体"总体布局的经济建设要从经济质量、经济效率、经济动力和经济协调四个方面着力提升。

2.1.1.1 经济质量

经济质量是对一定时期一个国家或地区经济发展数量和质量的评判，反映了经济发展的优劣程度。随着改革开放40多年的经济高速增长，中国经济发展进入新时代，国内外发展环境发生巨大变化，过去粗放型的增长模式与"唯GDP论"的传统思维已不再适应未来经济发展和全面建设社会主义现代化国家的现实需要，急需转变发展方式、优化经济结构和转换增长动力，实现经济的高质量发展。① 经济高质量发展是适应发展新常态的主动选择，是建设现代化经济体系的必由之路。② 推动经济高质量发展，是遵循经济发展规律、保持经济持续健康发展和全面建成小康社会的必然要求。③ 因此，经济质量是体现我国经济发展综合状况的"晴雨表"。经济高质量发展要注重发展的"量"和"质"，这就需要大力转变经济发展方式、优化产业结构、保持经济增长稳定。转变经济发展方式的主要特征就是将绿色发展理念融入高质量发展内涵，形成绿色生产方式和生活方式；中共十九大报告指出深化供给侧结构性改革，加快传统产业转型升级，促使经济发展向产业结构更合理、附加值更高的阶段演化，从而形成高度化的现代产业体系；保持经济增长稳定是实现经济高质量发展的核心要义④，表现为经济体系维持自身的健康稳健性。

2.1.1.2 经济效率

经济效率是衡量一定时期一个国家或地区资源运用和资源配置的效率，

---

① 丛晓男：《探寻城市高质量发展新路径》，载《经济日报》2019年12月20日。
② 郑文涛：《用好推动高质量发展的辩证法》，载《经济日报》2018年7月12日。
③ 习近平：中央经济工作会议上发表重要讲话，新华网，2017年12月20日，http://www.xinhuanet.com/politics/leaders/2017-12/20/c_1122142455.htm。
④ 陈炜伟：《应对稳中有变 迈向高质量发展》，载《中华工商时报》2018年8月8日。

反映了经济建设的经营成果。随着劳动力等要素成本的持续上升,我国过去主要依靠高投入、高消耗的粗放型增长模式严重掣肘新时代经济高质量发展。经济效率决定了经济发展的质量,是供给侧结构性改革中的关键,是增强经济创新力和竞争力的保障。因此,经济效率是评定社会经济运行效益的最终综合指标。要建立符合自身特点和阶段特征的新时代现代化经济发展模式,就必须在"效率"上狠下功夫,解决低效问题,建立长效机制,有效推进高效改革。① 这种"效率",是从局部效率向全局效率,从短期效率到长期效率,从浅表效率到深度效率的高效率。由此经济效率高是技术效率高和经济效益好的统一。技术效率高意味着充分挖掘现有资源要素潜力,实现各类要素投入产出效率最大化,使经济增长更多依靠提高全要素生产率来拉动;经济效益好意味着拉动经济增长的"三驾马车"长期稳中向好,其中消费是经济增长的最终需求和目的,投资是辅助性的扩大内需,出口是外部需求。

2.1.1.3 经济动力

经济动力是社会经济运行与发展的物质动因,反映了社会生产的最终目的以及人民群众全面发展的真实需要。2008年金融危机后,经济增长的动力逐渐由"三驾马车"转向人力资本和科技创新。经济发展动力是形成高质量供给体系的关键,是推动经济高质量发展的核心要素。经济增长最大的动力就是实现社会生产的最终目的以及满足人民日益增长的美好生活需要,而"创新、协调、绿色、开放、共享"五大发展理念是我国社会生产目的的直接反映,因此,经济动力是实现五大发展理念新的增长点。现代经济发展内生动力论指出人力资本是经济发展的源泉,科学技术是经济发展的动力(周绍森、胡德龙,2010),要使经济发展建立在真正依靠科技进步、资本配置优化和劳动者素质提高的轨道上。人力资本理论指出在经济增长中,人力资本的作用大于物质资本的作用,其核心要求是培养高素质人才,其中教育投资占主导地位。创新是引领发展的第一动力,是建设现代化经济体系的战略支撑。科技创新对产业转型升级、产品供给优化、新动能培育等方面的支撑引领作用显著增强,对提高社会生产力和综合国力至关重要。

---

① 万喆:《未来经济发展的最大风险点是"效率"问题》,财经网,2017年12月27日,http://finance.china.com.cn/news/20171227/4488311.shtml。

2.1.1.4 经济协调

经济协调是指一个国家或地区整体经济发展优势互补、相互协同，反映了经济发展的整体性、互补性与均衡性。随着城乡经济发展差异显著、居民收入差距不断扩大、区域一体化发展水平低下等问题愈发突出，我国区域发展不平衡不充分态势愈演愈烈。实施区域协调发展战略，建立更加有效的区域协调发展新机制是解决这一问题的必然举措（高汝仕，2018）。经济协调发展是经济高质量发展的内生特点，是经济持续健康发展的内在要求，是社会主义市场经济运行和发展的规律。因此，建立更加协调联动的经济发展机制是推动经济高质量发展的关键。区域经济协调发展既是对我国区域协调发展战略的完善和提升（周立，2019），也是经济高质量发展的实现途径，同时又是发展的基本目标。城乡区域间经济的协调可持续发展与高质量发展相辅相成，不仅有利于缩小城乡居民收入差距，也可以为城乡统筹发展提供适宜的经济基础，推动整体经济发展迈向一个更高水平、更高质量的阶段。此外，协调发展就是要处理好经济社会发展不平衡不充分的问题，要改变长期形成的城乡二元经济结构，统筹推进城乡一体化建设，建立协调联动的城乡区域发展体系，消除扭曲、缩小差距、补齐短板。

2.1.2 政治建设

政治建设是"五位一体"总体布局的保障。中国特色社会主义政治制度保障中国特色社会主义经济制度，中国特色社会主义政治发展道路决定中国特色社会主义文化发展方向，中国特色社会主义法治体系确定社会建设和社会治理的基本遵循。[①] 因此，政治建设是"五位一体"总体布局的"灵魂"与"根基"，它决定着经济社会发展的基础、方向和模式。中共十九大报告指出"把政治建设摆在首位"。由此，新时代经济社会发展，应当以政治建设为引领，繁荣经济文化事业、稳定社会事务、促进生态进步。在新时代背景下，加强政治建设的最终取向是推进并加快国家治理体系和治理能力现代

---

① 盛世豪：《学习宣传贯彻习近平新时代中国特色社会主义思想系列研讨会第三场研讨会发言摘编》，载《人民日报》2018年5月30日。

化建设。① 而治理能力的提高能为政治稳定、经济发展、文化繁荣、社会昌盛以及生态文明进步提供更强有力的保障,从而进一步为统筹推进"五位一体"总体布局保驾护航。② 因此,治理效能的提高是保障政治建设成效的重要"抓手"、是统筹推进"五位一体"总体布局的"航向标"。此外,习近平总书记多次强调"加强政治建设需要全面依法治国、增强法治建设水平,防止在新时代发展道路中走弯路"(陈冀平,2014)。法治建设不仅是政治文明的基本保障,也是经济发展的客观需要、社会进步的显著标志、推进文化事业的重要条件以及加强生态文明建设的必然要求。因此,我国政治建设离不开法治建设,应当把法治建设作为推进我国政治建设的切入点和推进"五位一体"总体布局的重要载体。由此,在新时代背景下基于"五位一体"总体布局的政治建设要从治理效能和法治建设两个方面着力提升。

2.1.2.1 治理效能

治理效能是指政府及有关机构对社会公共事务的管理能力,反映了政府部门的管理水平和效度。中共十八届三中全会将"推进国家治理体系和治理能力现代化"确定为全面深化改革的总目标。③ 可见,增强治理效能对我国政治建设具有深远的理论价值和现实意义。国务院印发的《关于推进公共资源配置领域政府信息公开的意见》中明确指出:"统筹推进'五位一体'总体布局和协调推进'四个全面'战略布局,需推进公共资源配置决策、执行、管理、服务、结果公开,扩大公众监督,增强公开实效,努力实现公共资源配置全流程透明化"④。由此可见,推进政府信息公开是完善治理体系的关键一环,是提高治理效能的内在要求,也是统筹推进"五位一体"总体布局的重要手段。此外,2019 年 11 月,司法部主持召开的"数字法治、智慧司法"信息化建设应用推进会明确强调:"助推国家治理体系和治理能力现

---

① 上官酒瑞:《党的政治建设是推动国家治理现代化的行动先导》,载《中国社会科学报》2019 年 4 月 25 日。
② 王晨:《弘扬宪法精神 推进国家治理体系和治理能力现代化》,民主与法制网,2019 年 12 月 4 日,http://www.mzyfz.com/index.php/cms/item-view-id-1415589。
③ 罗文东:《推进国家治理体系和治理能力现代化》,载《光明日报》2017 年 5 月 12 日。
④ 参见国务院办公厅于 2017 年 12 月 28 日下发的《关于推进公共资源配置领域政府信息公开的意见》。

代化，全面深化'数字法治、智慧司法'建设要聚焦全面启动法治信息化工作、全面发挥信息化引擎作用、全面提升大数据慧治能力、全面打造智慧司法大脑等六方面重点工作"①。其中，司法数据、信息和资源公开是法治信息化的重要目标之一（陈甦、田禾，2019），推进司法信息公开建设是增强国家治理能力的重要依托点。由此，促进政府信息公开和提高司法公开水平成为增强治理效能的强力"助推器"。

2.1.2.2 法治建设

法治建设是指依照法律法规管理经济社会等各项事务，保障各项工作都依法进行，体现了特定地区的法治化水平。法治建设和政治建设相互依存、密不可分。一方面，法治建设通过规范政治行为、协调政治关系、解决政治问题等方式保障政治建设良性运行；另一方面，法治建设强调用法律治理国家，而法律是由国家强制力保证实施的，其体系依赖于政治体系而建立。因此，法治建设不仅是政治建设的必由之路，也是政治建设的有力手段（裘斌，2005）。法治环境的改善有助于着力提升政治建设保障水平，为统筹推进"五位一体"总体布局提供优良的发展环境。因此，法治建设应当以改善法治环境为重要支点，逐步推进。此外，法治保障体系是法治建设中基础性、中间性、立体性、系统化的体系，分为理论保障、制度保障和人才保障等多方面②，法制保障为法治建设奠定坚实基础的同时也为法治建设道路扫清了障碍。由此可见，法治建设为统筹推进"五位一体"总体布局保驾护航，法治建设水平的提高也应当依托于法治环境的改善及法治保障的优化。

2.1.3 社会建设

社会建设是"五位一体"总体布局的条件。社会建设事关人民生活幸福

---

① 司法部：《全面深化司法行政科技信息化建设以"数字法治、智慧司法"助推国家治理体系和治理能力现代化》，中国政府法制信息网，2019 年 11 月 18 日，http://www.chinalaw.gov.cn/news/content/2019-11/18/bnyw_3236002.html。

② 张晋藩：《法治建设的"五个体系"》，载《光明日报》2018 年 11 月 29 日。

安康（宋贵伦，2019），是社会和谐稳定的重要保证①，是新时代实现经济社会转型升级的必然要求（邵亚萍、昌硕，2019），在"四个全面"战略布局和国家治理现代化进程中具有举足轻重的地位和作用（范逢春，2019）。因此，社会建设是"五位一体"总体布局的重要组成部分。社会建设，关乎民生，关乎国家长治久安。② 中共十九大报告指出，"坚持在发展中保障和改善民生，必须多谋民生之利、多解民生之忧，在发展中补齐民生短板、促进社会公平正义，在幼有所育、学有所教、劳有所得、病有所医、老有所养、住有所居、弱有所扶上不断取得新进展"。其中，"幼有所育、学有所教、病有所医"集中体现了教育卫生在促进人的全面发展和保障群众基本生活方面的重要作用；"劳有所得、住有所居"是衡量人民生活质量的重要标准；"老有所养、弱有所扶"是实现发展成果由人民共享、完善持久有效的社会福利的重要一环。此外，中共十九大报告强调要"加强和创新社会治理，维护社会和谐稳定，确保国家长治久安、人民安居乐业"。可见，"国家长治久安、人民安居乐业"是社会安定的集中体现。由此，在新时代背景下，基于"五位一体"总体布局的社会建设要从教育卫生、生活质量、社会福利、社会安定四个方面着力改善。其中，教育卫生是推进社会建设的出发点和落脚点；生活质量是不断满足人民日益增长的美好生活需要和建设高质量社会的集中体现；社会福利是完善社会建设的重要路径；社会安定是实现社会主义和谐社会的最终归宿，是社会建设的必然结果。

2.1.3.1 教育卫生

教育卫生是对一个国家或地区教育事业和医疗卫生事业发展状况的综合评价，是一个国家或地区发展水平和发展潜力的重要标志，反映了社会发展过程中人的基本生活和生存需求。目前，不断增长的优质教育和医疗资源需求与教育卫生资源短缺、人才匮乏等供需矛盾日益突出，大力发展教育卫生事业成为改善社会民生问题的必然举措。优先发展教育卫生事业关系人民切身利益，关系人民幸福安康，是提高公民综合素质、推动社会文明进步和加

---

① 胡锦涛：《坚定不移沿着中国特色社会主义道路前进 为全面建成小康社会而奋斗》，载《人民日报》2012年11月18日。
② 宋贵伦：《科学把握新时代社会建设的目标和要求》，载《北京日报》2018年7月30日。

快建设健康中国战略的重要力量。加快发展教育卫生事业是统筹兼顾"教育"和"医疗卫生服务"两大方面。教育是人类传承文明和知识、创造美好生活的根本途径（赵成林，2019），要坚持把教育放在优先发展的战略位置，加大对基础教育的支持力度，优化教育资源配置（杨志成，2017），努力发展全民教育、终生教育的学习型社会；医疗卫生服务事关人民身体健康，是经济社会发展的基础条件，要坚持以基层为重点，提高基本医疗卫生服务质量和水平，满足人民健康需求。

2.1.3.2 生活质量

生活质量是对物质生活和非物质生活满意度和幸福度的综合评价，反映了个人和社会生活的健康、舒适和幸福程度。中国社会发展重心已从"经济粗放增长"向"提升生活质量"转变。"提高生活质量"体现了"以人为本、为民服务、绿色发展"的时代潮流，是人民群众的普遍追求，也是新型现代化的一个核心目标（何传启，2018）。提高生活质量应在扩大就业机会、增加居民收入、提高消费水平和推动消费多样化发展三个方面着力改进。就业是民生之本，扩大就业机会，实现更高质量、更充分就业是提高生活质量的主要途径；收入是消费的前提，有效增加居民收入是提高生活质量的基本保证；消费是经济稳定运行的"压舱石"，提高消费水平，推动消费从"量的满足"向"质的提升"、从"有形产品"向"服务消费"、从"模仿型排浪式消费"向"个性化多样化消费"转变，是提高生活质量的物质基础。

2.1.3.3 社会福利

社会福利是以广大社会成员的基本福利需求为基础、改善其物质和文化生活的一切措施，是面向困难人群提供的带有福利性的社会支持，反映了与社会发展和经济需求相适应的"适度普惠"发展现状。当前，伴随着经济社会结构的快速转型和人民生活水平的不断提高，人口老龄化、家庭空巢化、流动、失能和留守人口等问题日益突出，人们对社会福利的需求开始呈现出普遍化和多样化的发展态势，构建适度普惠型社会福利制度有利于提高社会共享水平，实现社会包容发展。社会福利作为民生工作和社会保障体系的重要组成部分，是维护老年人、残疾人、孤儿等特殊困难群体切身利益的主要途径，事关民情民心和全面建成小康社会大局。① 提升社会福利水平应当从完善社会福利供给、适度提高社会保障水平、完善社会救助和优抚安置三个方面着手。完善与社会发展水平相适应的社会福利供给是改善生活环境，缓解生活矛盾的助推器；适度提高社会保障水平是实现持久有效社会福利的"安全网"和"稳定器"；完善社会救助和优抚安置是面对特殊困难人群提供的社会支持，有利于保障社会成员的基本生活、弥补社会保险制度的不足。

2.1.3.4 社会安定

社会安定是社会在一定法律法规制度约束下而呈现的一种安定有序的状态，反映了社会发展的和谐稳定、安全有序。目前，我国社会结构发生巨变，机遇和挑战并存，新问题、新矛盾凸显。在此背景下，创新社会治理、维护社会秩序已成为社会建设的重要任务。维护社会安定，是社会和谐发展的基本前提，是全面深化改革的必然要求。要加强源头治理，把激发活力和维护秩序、维护权益和维护稳定、保障安全和服务民生结合起来，优化公共安全治理社会环境，着力解决影响社会安定的深层次问题。因此，维护社会安定应从加强预防和化解社会矛盾机制建设以及优化公共安全环境两方面着力改善。加强预防和化解社会矛盾机制建设是确保社会安定的重要力量，应充分发挥社会组织在凝聚人心、化解矛盾、维护稳定等方面的作用；优化公共安全环境是维护社会安定的外部条件，应坚决遏制重特大安全事故，提升防灾减灾救灾能力。

2.1.4 文化建设

文化建设是"五位一体"总体布局的灵魂。中共十九大报告提出，"要坚持中国特色社会主义文化发展道路，激发全民族文化创新创造活力，建设社会主义文化强国"。文化建设有助于提高劳动者的科学文化素质和思想道德素质，人民群众日益增长的精神文化需求要求加强文化建设（骆郁廷，2018），加强文化建设符合国家发展战略，是推动经济社会发展的需要。因此，文化建设是"五位一体"总体布局的重要环节。文化建设的根本目标是

---

① 刘枫：《全力构筑完善的社会福利体系》，载《西藏日报（汉）》2019 年 10 月 15 日。

通过投入人、财、物等资源，获得文化产品及服务来满足公众的文化消费需求。提供公众所需的文化产品及服务，满足公众的基本文化诉求是文化建设过程中的具体要求，而这一过程的实现以充分的资源投入为基础，这为投入、产出、扩散以及消费维度融入文化发展体系建设提供了必需的理论依据。其中，文化投入是文化建设的内生驱动力，是保障文化稳定发展的基石；文化产出是提升文化建设的核心要素；文化扩散是扩大文化影响力，促进文化建设的重要渠道；文化消费是衡量区域文化沉淀、经济社会发展和国民精神素养的重要标尺，是文化建设程度的重要标志。由此，在新时代背景下基于"五位一体"总体布局的文化建设主要从文化投入、文化产出、文化扩散以及文化消费四个方面着力提升。

2.1.4.1 文化投入

文化投入是指在一定的社会经济条件下，各行政区域提供文化产品及活动所需资源的综合，是文化发展的根本保障和来源，是文化生产的根基，反映了文化发展的基础水平和前进动力。近年来，我国不断加强文化投入力度并取得一些成果，但其发展速度和规模相对于经济的发展和人民生活水平的提高还存在一定的差距，尤其在投入均衡性方面存在很大问题，致使经济欠发达地区的文化需求还得不到基本的满足。《文化部"十三五"时期文化发展改革规划》提出"加大文化建设投入力度"，同时，习近平总书记在全国宣传思想工作会议上提出，"以高质量文化供给增强人们文化获得感、幸福感"（雒树刚，2018）。因此，加大文化投入力度，均衡文化投入水平对加强文化基础设施建设、提升文化服务水平、满足广大群众精神文化需求、改进和提高文化建设具有重要的现实意义。根据其组成，投入可划分为人力资源投入、资金投入、基础设施投入三个方面（张卫枚，2013）。文化投入不仅需要有效的组织和管理机制，更需要一支高素质的人才队伍推动服务内容和种类的持续创新。人才队伍的构建是文化可持续发展的必要前提，是有效提高文化投入水平和质量的关键；资金投入是文化投入的核心，长期、稳定、充足的资金投入对文化建设持续、健康、有序发展，丰富公众的精神文化生活，满足公众的基本文化诉求具有极其重要的作用；基础设施是文化投入的主要物质基础，承担着开展文化产品、服务项目和文化活动的任务，并引导文化发展的方向。

2.1.4.2 文化产出

文化产出是以一定规模的投入为基础,通过设施的构建和活动的开展提供给公众的产品及服务的数量及质量,是投入转化为成果的必由之路,其实质是文化机构履行其职责的过程。文化产出是文化参与经济转型、社会变迁和文化重构的效应外线,是文化生产成果的集中体现,反映了文化建设的成效。目前优秀文化成果匮乏,正是我国文化世界影响力不够大的现实瓶颈。这要求我们将注意力集中在优秀文化成果的创造上,集中精力向世界推出一批追求艺术和真理、能够代表中国的品牌之作。[1] 因此,促进文化产出对推动文化发展、满足公众文化需求具有重要现实意义。根据其性质,文化产出包括文化产品产出和文化经济产出两个方面。文化产品是指文化发展过程中创造的一切提供给社会的可见产品;文化经济是指在文化与经济结合过程中所创造的价值总和,是文化在经济价值方面的集中体现。文化产品与文化经济是文化建设发展程度的直接表现,扩大文化产出有利于提高经济社会发展的持续性和稳定性。

2.1.4.3 文化扩散

文化扩散是指一个区域通过一定渠道和方式,向区域内部及外部传递与本区域文化相关信息的过程,是将文化成果传输给社会受众,让人民群众接触、了解和享受文化成果,反映了文化发展的广度和深度。文化扩散的各要素本质上是一种内容载体,是区域文化展示平台和示范窗口,目的是将负载区域文化的各项要素,通过工具、介质、渠道等多样化的方式和手段传递推广出去,使区域间产生联系和关系,文化扩散是不断提高区域文化影响力的必要途径。我国综合国力的提升不仅要靠经济和社会的发展,还要从文化上发力。目前,我国经济已进入高质量发展阶段,但中华文化的影响力与其还不相匹配[2],在对外文化交流和文化传播中还存在着较大的文化逆差(方慧、孙美露,2018)。中共十九大报告提出"推进国际传播能力建设,提高国家

---

[1] 会林:《提升文化影响力关键在文化成果》,载《人民日报》2016年4月6日。
[2] 刘玉珠:《申遗成功意味着更大的责任》,新华网,2019年7月6日,http://www.xinhuanet.com/politics/2019-07/06/c_1124719058.htm。

文化软实力"。因此，文化扩散是新时代背景下扩大文化软实力、巩固文化地位、提高文化竞争力的重要渠道。文化传播方式多种多样，主要包括传统媒体、现代媒体以及文化活动。传统媒体是一种大众传播方式，表现为通过机械装置定期向社会公众发布信息或提供教育娱乐平台的传播形态；现代媒体是相对于传统媒体而言的，表现为利用数字技术向公众提供信息和服务的传播形态，现代媒体有利于促进文化内容多样化、兼容性发展，使文化扩散的信息更加广泛，有利于提高公众对文化的关注度；文化活动是一种利用活动向公众呈现文化成果的传播形式。

2.1.4.4 文化消费

文化消费是指消费者根据自己的主观意愿，选择文化产品和服务来满足精神需要的活动，反映了物质文明与精神文明的建设程度。促进文化产业和事业发展，重点是完善文化管理机制，由此，文化消费的改善和提升是解决新时代我国社会主要矛盾的必然要求。扩大文化消费符合新时代消费趋势，有利于促进经济结构调整。提升文化消费水平和质量，对经济发展、人的自由全面发展、社会进步等发挥着重要作用。根据其内容，文化消费主要包括教育、文化娱乐以及旅游等方面（谭延博、吴宗杰，2010）。在国家公共教育服务体系日趋健全、居民收入水平不断提高的背景下，提高教育消费水平是提高社会公众文化素质、加强文化建设的有效途径；扩大文化娱乐消费是深化供给侧改革、推动精神文明建设的必要措施；提高旅游消费是推动区域产业结构优化调整，进而实现区域经济社会协调发展的源动力。

2.1.5 生态文明建设

生态文明建设是"五位一体"总体布局的基础。中共十八大报告重点强调"将生态文明建设放在突出地位，融入经济建设、政治建设、文化建设、社会建设各方面和全过程"。[①] 因此，生态文明建设被纳入"五位一体"总体布局，且已经上升到战略高度。习近平总书记在十八届中共中央政治局第六

---

① 胡锦涛：《坚定不移沿着中国特色社会主义道路前进 为全面建成小康社会而奋斗》，载《人民日报》2012 年 11 月 18 日。

次集体学习时指出建设生态文明关系人民福祉、关乎民族未来。① 中共十九届四中全会指出生态文明建设是关系中华民族永续发展的千年大计。可见，生态文明建设是中国特色社会主义事业的重要组成部分。为了进一步推动生态文明建设，2015年，国家印发了《关于加快推进生态文明建设的意见》，该意见中重点强调，生态文明建设要以健全生态文明制度体系为重点，优化国土空间开发格局，全面促进资源节约利用。② 优化国土空间是生态文明建设的重要基石，提升资源能源利用效率是破解资源瓶颈约束、保护生态环境的首要之策，加强污染整治及生态保护修复力度是保障经济高质量发展，建设生态文明社会的必由之路。此外，该意见还强调要加快形成推动生态文明建设的良好社会风尚，要充分发挥人民群众的积极性、主动性，提高全民生态文明意识。生态文明意识推动生态文明建设，是根本保障，也是核心构成部分。因此，在新时代背景下，生态文明建设应当从国土空间规划、资源能源利用、环境污染整治、生态保护修复及生态文明意识五个方面着力推进。

2.1.5.1 国土空间规划

国土空间既是区域发展秩序与动力的根本基石与核心资源依托（李为、周非飞等，2018），也是生态文明建设的空间载体。国土空间规划是指根据国家社会经济发展总的战略方向和目标以及规划区的自然、社会、经济、科技水平，对国土资源开发、利用、整治和保护进行的综合性战略部署。改革开放以来，国民经济的大幅度提升推动了各个地区的建设开发进程，然而由于国土开发缺乏顶层设计，导致土地利用效率低下，增量空间不足的问题日益显著。国土空间规划指引我国空间发展，有助于实现可持续发展，是开发保护建设活动的基础。③ 推进生态文明建设，要坚定不移走生产发展、生活富裕、生态良好的文明发展道路，而三者的协调需要生产空间、生态空间和生活空间的统筹优化。此外，《关于加快推进生态文明建设的意见》中明确要

---

① 习近平：《中共中央政治局第六次集体学习并讲话》，政府网，2018年6月30日，http://www.gov.cn/xinwen/2018-06/30/content_5302445.htm。
② 国务院办公厅：《中共中央国务院关于加快推进生态文明建设的意见》，载《人民日报》2015年5月6日。
③ 国务院办公厅：《中共中央国务院关于建立国土空间规划体系并监督实施的若干意见》，载《人民日报》2019年5月24日。

求,建设生态文明要坚定不移地实施主体功能区战略,完善空间规划体系,科学规划生产、生活和生态空间。基于此,对于国土空间规划的考量可以立足于"三生空间"来实施。

2.1.5.2 资源能源利用

资源能源利用是指生产活动中对于资源能源的配置与使用,直接反映了资源能源的合理利用程度。资源能源是衡量一个国家经济增长负担能力的基本要素,决定了一段时间内一国经济的增长水平和内在发展潜力。在过去三十多年中,要素驱动型的经济增长进一步暴露了我国资源能源短缺的状况(任保平、宋文月,2015)。合理地配置资源及高效地使用资源是确立区域发展方向、合理布置生产要素的重点,也是解决经济增长的无限性与资源供给的有限性矛盾的重要手段。合理规划资源能源使用,需要兼顾提高资源能源利用效率、大力发展循环经济、优化能源消费结构等三个方面。资源能源是经济发展和社会生活的重要物质前提,提升其利用效率是实现我国社会、经济可持续发展的重要保证。循环经济的核心是资源高效利用和循环利用,原则是减量化、再利用、资源化,推行循环经济是提升资源利用效率的重要途径。优化能源消费结构,对于促进资源高质量利用、推动新旧动能转换、加快建立绿色多元能源体系具有重要的驱动作用。

2.1.5.3 环境污染整治与生态保护修复

环境污染整治是指以政府为主导,通过源头控制与末端治理并举,规范生产及生活中存在的环境污染现象的过程,是生态文明建设的核心一环。根据生态学原理,利用生物工程和生态技术等方法,重建已经受损或退化的生态系统,尽量帮助生态系统功能恢复原状或者接近原状,即生态保护修复。改革开放以来,我国经济发展取得了举世瞩目的成就,但是随之而来的生态环境恶化问题也日益突出,正在逐步成为制约我国经济可持续发展的主要障碍。习近平总书记在海南考察工作时指出保护生态环境就是保护生产力,改善生态环境就是发展生产力[1],遵循绿色发展的新理念是实现经济高质量发

---

[1] 习近平:《建设美丽中国,改善生态环境就是发展生产力》,人民网,2016年12月1日,http://cpc.people.com.cn/xuexi/n1/2016/1201/c385476-28916113.html。

展的重要保障。在此背景下,《关于加快推进生态文明建设的意见》指出生态文明建设必须要加大生态系统和环境保护力度,切实改善生态环境质量。因此,我国生态文明建设不仅要严守资源利用上线,更要严守环境质量底线、严守生态保护红线。严守环境质量底线,就是要强化污染防治,环境污染的来源主要包括工业排放污染及生活垃圾污染两个方面,因此,环境污染整治的关键在于严密监测工业污染物排放达标情况,合理有效地对生活垃圾进行无害化处理。严守生态保护红线,就是要加强生态修复,通过实施重大生态修复工程,扩大自然保护范围,加快生态安全屏障建设进程。

2.1.5.4 生态文明意识

生态文明意识是公民意识的一个分支,反映了公民对于生态文明知识的知晓和认识程度、对生态文明建设的态度与评价以及对生态文明建设的预期。习近平总书记强调加强生态文明宣传教育,增强全民节约意识、环保意识、生态意识,营造爱护生态环境的良好风气[①]。作为一种协调人与自然关系的价值观,生态文明意识注重可持续生存与发展,有助于解决人与自然的矛盾,对实现人类永续发展,具有非常重要的意义(漆玲,2011)。《关于加快生态文明建设的意见》中明确生态文明建设要通过培育绿色生活方式,进而加快形成推进生态文明建设的良好风尚。因此,提高生态文明意识的关键在于实现生活方式的绿色化,重点在于引导公众树立资源节约意识、生态环境保护意识,最终实现生态文明建设全社会参与的良好局面。

2.2 评价指标体系构建的初级设计

2.2.1 构建原则

基于"五位一体"总体布局的经济社会发展评价指标体系可全面考察我国

---

① 习近平:《中共中央政治局第六次集体学习并讲话》,政府网,2018年6月30日,http://www.gov.cn/xinwen/2018-06/30/content_5302445.htm。

在经济、政治、社会、文化和生态文明建设五大方面的统筹推进状况，展现"五位一体"总体布局引领下的经济社会发展整体绩效。它是推动"五位一体"总体布局稳步推进的重要着力点，是促进经济社会发展的"方向标"，是指引政府相关部门按照"五位一体"要求推进经济社会健康持续发展的"指挥棒"，对引领经济社会发展具有重要的现实意义和价值。为全面、客观、准确地反映基于"五位一体"总体布局的经济社会发展水平、进程、优势短板、所处阶段、时空变化规律，构建基于"五位一体"总体布局的经济社会发展评价指标体系应遵循科学性、全面性、可操作性、前瞻性原则和体现新发展理念原则。

2.2.1.1 科学性原则

构建基于"五位一体"总体布局的经济社会发展评价指标体系应立足于国情、省情，从科学的角度出发，依据科学的理论，运用科学的办法，坚持科学的态度，尽可能选取能够全面、准确地衡量经济社会发展状况的指标。基于"五位一体"总体布局的经济社会发展评价指标体系不仅要能准确反映当前经济社会发展状况，且要有利于省份之间纵横向比较。这要求在指标选取过程中，要科学地选取评价指标，尽可能地以客观数据资料为依据，尽量避免评判过程中人为因素的干扰，从而保证评价指标的科学性和权威性。

2.2.1.2 全面性原则

基于"五位一体"总体布局的经济社会发展是由经济、政治、社会、文化和生态文明五个子系统整合统一的复杂系统，在构建评价指标体系时，应遵循全面性原则，最大限度地反映经济社会发展的各方面特征。这里的全面性并不是将所有相关的指标进行简单的罗列和组合，而是应该在保证指标独立性和全面反映经济社会发展现状的前提下，尽量避免采用意义重叠、相关性强的指标，指标之间要形成一个紧密联系的、统一的有机整体。因此，指标体系在设定时要考虑全面，既要能从不同方面、不同层次反映经济社会发展的实际情况，保证指标体系的完备性，又要能凸显影响经济社会发展的关键性因素，避免以偏概全。

2.2.1.3 可操作性原则

经济社会发展长期且任务艰巨，因为地区之间在经济、政治、社会、文化和生态文明建设等方面存在差异，经济社会发展所面临的问题也有所不同。因此，在构建经济社会发展评价指标体系时，应在准确反映各地区经济社会发展现状的基础上，充分考虑指标的可操作性，尽量选取具有共性的综合性指标，避免片面地追求理论层次上的完美。可操作性包含两方面内容：一方面，数据资料的可获得性。首先，数据应尽可能通过统计年鉴、统计公报等直接方式取得，或者可通过简单加工整理现有资料取得；其次，评价指标应采用直接的量化指标，或通过转化变为能度量、可计算的指标。另一方面，评价指标的可比性。为保证评价结果的真实可靠性，各评价指标应在统计口径、含义、时间、地点和适用范围等方面保持一致。

2.2.1.4 前瞻性原则

基于"五位一体"总体布局的经济社会发展是一个动态的、渐进的演化过程，对经济社会发展的认识和评价也是一个动态发展的过程。因此，在构建评价指标体系时，首先，要注重把握指标的时代性和阶段性特征，坚持超前性和可持续性原则，既考虑反映过去、当前经济社会发展状况的指标，又要考虑反映未来发展方向和潜力趋势的指标；其次，要放眼国际，借鉴发达国家或地区先进的经济社会发展成果，归纳总结出具有政策导向性和科学前沿性的指标；最后，要将前瞻性的政策结合特定区情、省情应用到经济社会发展实践中去，为经济社会发展决策者提供科学依据，制定合理战略目标，预测未来发展方向。

2.2.1.5 体现新发展理念原则

新发展理念是经济社会发展过程中的先导。中共十八届五中全会首次提出"创新、协调、绿色、开放、共享"五大发展理念，并强调这一新发展理念是"十三五"时期乃至更长时期经济社会发展的理论和实践指南，是实现高质量发展战略目标的重要指引，必须贯穿于经济社会发展各领域和全过程。因此，基于"五位一体"总体布局的经济社会发展评价指标体系构建需要将新发展理念纳入其中，作为经济建设、政治建设、社会建设、文化建设和生态文明建设的基本遵循。

2.2.2 初级框架

在综合基于"五位一体"总体布局的经济社会发展政策、文件、相关文献及上述理论分析的基础上,充分考虑新时代经济社会发展的目标、背景、内容和过程,按照五大层次结构,为每一层次选择单项指标,遵循评价指标体系构建的基本原则,初步形成了基于"五位一体"总体布局的经济社会发展评价指标体系的初级框架,如表2-1所示。

表2-1 基于"五位一体"总体布局的经济社会发展评价指标体系初级框架

准则层	一级指标	二级指标	单位
经济建设	经济质量	人均GDP	万元/人
		人均准绿色GDP	万元/人
		绿色全要素生产率	%
		绿色产品市场占有率	%
		人均用电量	千瓦时/人
		能源消费弹性系数	%
		通货膨胀率	%
		经济波动率	%
		第三产业增加值	亿元
		就业结构偏离度	%
		产业结构偏离度	%
		产业高度化指数	%
		产业合理化指数	%
		规模以上单位工业增加值	亿元
		规模以上单位工业增加值能耗	吨标准煤/万元
	经济效率	全要素生产率	%
		社会劳动生产率	%
		社会销售品零售总额	亿元
		固定资产投资	亿元

第 2 章 | 基于"五位一体"总体布局的经济社会发展评价指标体系构建

续表

准则层	一级指标	二级指标	单位
经济建设	经济效率	外贸进出口总值	万美元
		外贸依存度	%
	经济动力	地方财政教育支出	亿元
		万人高等教育人口	人
		15~64 岁人口比例	%
		6 岁以上人口平均受教育年限	年
		高等教育毛入学率	%
		科技人员数	人
		年末从业人员数	人
		R&D 人员数	人
		R&D 人员全时当量	万人年
		创新投入	万元
		创新产出	项
		创新成果转化水平	%
		高技术产业主营业务收入	亿元
		战略性新兴产业产值	亿元
	经济协调	二元反差指数	%
		二元对比系数	%
		城乡恩格尔系数比	%
		居民储蓄额	元
		人均可支配收入	元
		城乡居民收入差异系数	%
		泰尔指数	%
		地区基尼系数	%
		居民消费水平	元
		城乡居民消费水平比	%

续表

准则层	一级指标	二级指标	单位
政治建设	治理效能	中国政府透明度	%
		中国司法透明度	%
		中国检务透明度	%
		中国警务透明度	%
		电子政务水平	%
		政府支出占财政支出的比例	%
		党风廉政建设占财政支出的比例	%
		中国海事司法透明度指数	%
	法治环境	公民法律意识	—
		普法宣传力度	—
		律师事务所数量占法律机构数比例	%
		律师总人数	万人
		公职人员贪污腐败渎职贿赂立案数	件
		刑事案件数	件
		刑事案件犯罪率	%
		劳动争议案件受理数	项
		法律行业社会团体	个
社会建设	教育卫生	平均受教育程度	年
		每十万人口高等学校平均在校学生数	人
		财政性教育经费	亿元
		教育人才绩效指数（师生比）	%
		每万人医疗卫生机构门诊诊疗人次数	人
		每万人入院人数	人
		每万人拥有卫生技术人员数	人
		每千人口医师数	人
		基层医疗卫生机构数	个
		三级医院数	个

续表

准则层	一级指标	二级指标	单位
社会建设	生活质量	就业人员数	人
		城镇失业率	%
		居民人均可支配收入	元
		居民消费价格指数	%
		居民消费水平	元
		恩格尔系数	%
		居住消费支出比重	%
		居民住宅平均销售价格	元
		城镇人均住房建筑面积	平方米
		农村居民人均住房面积	平方米
		城镇化率	%
	社会福利	社区服务机构数	个
		社会服务床位数	个
		社会福利企业数	个
		基本养老保险基金支出	亿元
		失业保险基金支出	亿元
		基本医疗保险基金支出	亿元
		工伤保险基金支出	亿元
		生育保险基金支出	亿元
		社会保险水平发展系数	%
		社会救济人数	万人
		社会优抚人数	万人
		社会负担系数	%
		少年儿童抚养比	%
	社会安定	因报酬发生劳动争议案件数	件
		人均调解纠纷件数	件/人
		人均刑事辩护件数	件/人
		人均民事代理件数	件/人

续表

准则层	一级指标	二级指标	单位
社会建设	社会安定	建立劳动争议调解委员会的基层工会数	个
		交通事故死伤人数	万人
		火灾发生数	起
		因各类生产安全事故造成的死亡人数	人
		社会治安满意率	%
		每万人治安案件发案率	%
文化建设	文化投入	文化市场经营机构从业人员率	%
		公共图书馆从业人员	人
		文化公共财政支出比率	%
		文化产业固定资产投资率	%
		政府购买公共文化服务支出比重	%
		数字公共场馆数	个
		人均文化事业费	元/人
		每万人拥有公共文体设施面积	平方米/万人
		每万人文化机构数	个/万人
		文化遗产保护度	—
	文化产出	每万人群众文化机构文艺活动次数	次/万人
		人均公共图书馆新购藏量	册/人
		博物馆资质水平	—
		居民公共文化服务满意度	—
		文物业收入占比	%
		人均文化市场经营机构营业利润	元/人
		艺术表演团体演出收入	万元
	文化扩散	文化宣传力度	—
		公众参与程度	—
		人均图书印数	册/人
		广播节目综合人口覆盖率	%
		电视节目综合人口覆盖率	%

续表

准则层	一级指标	二级指标	单位
文化建设	文化扩散	艺术表演团体数量	个
		博物馆参观人次	次
		公共图书馆总流通人次	次
	文化消费	人均群众文化活动费	元/人
		人均文化支出占人均消费的比重	%
		公共图书馆购书费占总支出比重	%
		公众文化需求度	—
		公共图书馆人均购书费	元/人
		居民旅游消费价格指数	%
		城市居民旅游消费价格指数	%
生态文明建设	国土空间规划	新增建设用地面积占辖区比重	%
		耕地保有率	%
		城市人口密度	万人/平方公里
		城市道路拥堵率	%
		公园绿地面积	平方米
		人均公园绿地面积	平方米/人
		建成区绿化覆盖率	%
		人工造林实施率	%
	资源能源利用	万元GDP能耗	万吨标煤/万元
		能源消耗总量	万吨标煤
		万元GDP用水量	立方米/万元
		工业废水重复利用量	立方米
		万元GDP建设用地面积	平方米/万元
		工业固体废物综合利用率	%
		工业用水重复利用率	%
		主要清洁能源使用率	%
		可再生能源使用率	%

续表

准则层	一级指标	二级指标	单位
生态文明建设	环境污染整治	万元GDP二氧化硫排放量	千克/万元
		万元GDP二氧化氮排放量	千克/万元
		万元GDP化学需氧物排放量	千克/万元
		危险废物处置利用率	%
		城市生活垃圾无害化处理厂数	座
		城市生活垃圾无害化处理率	%
		污水集中处理率	%
		环境治理投资强度	%
		专项环境治理项目数	项
	生态保护修复	空气质量良好率	%
		主要城市PM2.5年平均浓度	毫克/立方米
		主要城市PM10年平均浓度	毫克/立方米
		森林拥有面积	万公顷
		森林覆盖率	%
		自然保护区面积	万公顷
		自然保护区覆盖率	%
		湿地覆盖率	%
		沙化土地面积占辖区面积比重	%
		专项生态修复项目数	项
	生态文明意识	生态文明宣传普及率	%
		生态文明公益活动主办次数	%
		绿色出行率	%
		新能源汽车占有率	%
		城市居民清洁能源普及率	%
		农村无害化卫生厕所普及率	%
		农村太阳能设备拥有量	万平方米
		化肥施用强度	吨/公顷
		农药施用强度	吨/公顷

2.3 评价指标的筛选

经过上述理论分析构建的基于"五位一体"总体布局的经济社会发展评价指标集是研究者意见的集合，对评价指标的选取多是依据其专业背景、主观判断和以往经验进行，指标的取舍往往缺乏有效性、合理性和科学性。构建的指标体系主要存在以下四个方面的问题：第一，数据资料无法获取，可能存在数据缺失或者无法量化的指标；第二，评价指标体系不全面，可能存在某些重要的、影响力大的指标被漏选；第三，评价指标体系过于庞大复杂，可能存在一些信息重复量大、影响力小的指标被选入评价指标体系；第四，评价指标区分力度不大，可能存在指标对评价对象的差异不敏感，区别力差的情况。上述问题不仅会使综合评价过程趋于复杂，还会造成评价结果的不合理。因此，建立一套有效过滤指标和优化评价指标集，提高评价指标体系的有效性、合理性和科学性的方法是必不可缺的。为进一步简化和优化经济社会发展评价指标体系，本书在遵循可得性、完备性、简明性和敏感性原则的基础上，采用定性和定量方法对指标进行科学合理的筛选和优化，具体来说主要按照专家咨询法、德尔菲法、相关性分析以及鉴别力分析方法进行指标的层层筛选。

2.3.1 定性筛选

2.3.1.1 专家咨询法

专家咨询法是在初步构建出评价指标体系之后，咨询相关领域专家，根据其判断和意见，对指标进行进一步筛选和调整的方法。根据专家本人长期积累的经验，剔除信息含量低、代表性不强的指标，保留专家认可的指标。

开始通过专家咨询法来完善基于"五位一体"总体布局的经济社会发展评价的第一轮指标体系。选取经济学、统计学、社会学等学术界研究经济社会发展的专家、高校从事经济社会发展研究方向的教师、与经济社会学研究有密切联系的工作人员和相关领域的学者共20人，对基于"五位一体"总体布局的经济社会发展评价指标体系初级框架开展深入的讨论、分析和评估，本轮指标体系的调整和修订情况如下：

（1）删除无法量化的指标。删除"电子政务水平""公民法律意识""普法宣传力度""社会治安满意率""文化遗产保护度""博物馆资质水平""居民公共文化服务满意度""文化宣传力度""公众参与程度""公众文化需求度""城市道路拥堵率""生态文明宣传普及率""生态文明公益活动主办次数"13个无法定量化的指标。

（2）删除个别省份数据缺失的指标。删除"绿色产品市场占有率""就业结构偏离度""外贸依存度""高等教育毛入学率""城乡恩格尔系数比""居民储蓄额""泰尔指数""地区基尼系数""战略性新兴产业产值""政府支出占财政支出的比例""党风廉政建设经费占总财政支出比例""律师事务所数量占法律机构数比例""社会福利企业数""人均调解纠纷件数""人均刑事辩护件数""人均民事代理件数""每万人治安案件发案率""政府购买公共文化服务支出比重""数字公共场馆数""专项环境治理项目数""主要城市 PM2.5 年平均浓度""专项生态修复项目数"22个个别省份数据缺失的指标。

（3）合并同类指标。将"人均用电量"合并至"能源消费弹性系数"、"经济波动率"合并至"通货膨胀率"、"产业结构偏离度"合并至"产业合理化指数"、"规模以上工业增加值"合并至"规模以上工业增加值能耗"、"万人高等教育人口""15~64岁人口比例""6岁以上人口平均受教育年限"合并为"高等教育就业人员占比"、"科技人员数""年末从业人口数"合并为"科技人员占比"、"R&D 人员数"合并至"R&D 人员全时当量"、"刑事案件数"合并至"刑事案件犯罪率"、"每万人医疗卫生机构门诊诊疗人次数""每万人入院人数"合并为"卫生技术人员数"、"基层医疗卫生机构数"合并至"三级医院数"、"社会服务床位数"合并至"社区服务机构数"、"城镇人均住房建筑面积""农村居民人均住房面积"合并至"居民住宅平均销售价格"、"基本养老保险基金支出""失业保险基金支出""基本医疗保险基金支出""工伤保险基金支出""生育保险基金支出"合并为"社会保险基金支出总额"、"公园绿地面积"合并至"人均公园绿地面积"、"能源消耗总量"合并至"万元GDP能耗"、"工业废水重复利用量"合并至"工业废水重复利用率"、"万元GDP二氧化氮排放量"合并至"万元GDP化学需氧物排放量"、"自然保护区面积"合并至"自然保护区覆盖率"、"新能源汽车占有率"合并至"绿色出行率"。

（4）将总量指标变成人均指标和相对指标。将"地方财政教育支出"变成"地方财政教育支出占比"、"高技术产业主营业务收入"变成"高技术产业主营业务收入占比"、"律师总人数"变成"万人律师数"、"卫生技术人员数"变成"每万人卫生技术人员数"、"三级医院数"变成"三级医院占比"、"就业人员数"变成"就业人员占比"、"社区服务机构数"变成"社区服务机构覆盖率"、"社会救济人数"变成"每万人需社会救济数"、"社会优抚人数"变成"社会优抚覆盖率"、"交通事故死伤人数"变成"每万人交通事故死伤人数"、"火灾发生数"变成"每百万人火灾发生数"、"因各类生产安全事故造成的死亡人数"变成"亿元GDP生产安全事故死亡率"、"公共图书馆从业人员"变成"公共图书馆从业人员率"、"艺术表演团体数"变成"每万人艺术表演团体数量"、"博物馆参观人次"变成"博物馆人均参观人次"、"公共图书馆总流通人次"变成"公共图书馆人均流通人次"、"人工造林面积"变成"人工造林实施率"、"城市生活垃圾无害化处理厂数"变成"每万人城市生活垃圾无害化处理厂数"、"森林拥有面积"变成"每万人森林拥有面积"。

根据上述调整与修订，得到基于"五位一体"总体布局的经济社会发展评价第一轮指标体系。它由5个准则层、19个一级指标层共122个二级指标构成，其中"经济建设"准则层共包含4个一级指标，27个二级指标；"政治建设"准则层共包含2个一级指标，10个二级指标；"社会建设"准则层共包含4个一级指标，28个二级指标；"文化建设"准则层共包含4个一级指标，24个二级指标；"生态文明建设"准则层共包含5个一级指标，33个二级指标。通过专家咨询法筛选得到基于"五位一体"总体布局的经济社会发展评价第一轮指标体系框架如表2-2所示。

表2-2　基于"五位一体"总体布局的经济社会发展评价指标体系第一轮框架

准则层	一级指标	二级指标	单位
经济建设	经济质量	人均准绿色GDP	万元/人
		绿色全要素生产率	%
		能源消费弹性系数	%

续表

准则层	一级指标	二级指标	单位
经济建设	经济质量	通货膨胀率	%
		第三产业增加值	亿元
		产业高度化指数	%
		产业合理化指数	%
		规模以上单位工业增加值能耗	吨标准煤/万元
	经济效率	全要素生产率	%
		社会劳动生产率	%
		社会销售品零售总额	亿元
		固定资产投资	亿元
		外贸进出口总值	万美元
	经济动力	地方财政教育支出占比	%
		高等教育就业人员占比	%
		科技人员占比	%
		R&D人员全时当量	万人年
		创新投入	万元
		创新产出	项
		创新成果转化水平	%
		高技术产业主营业务收入占比	%
	经济协调	二元反差指数	%
		二元对比系数	%
		人均可支配收入	元
		城乡居民收入差异系数	%
		居民消费水平	元
		城乡居民消费水平比	%
政治建设	治理效能	中国政府透明度	%
		中国司法透明度	%
		中国检务透明度	%
		中国警务透明度	%
		中国海事司法透明度指数	%

续表

准则层	一级指标	二级指标	单位
政治建设	法治环境	万人律师总人数	人
		公职人员贪污腐败渎职贿赂立案数	件
		刑事案件犯罪率	%
		劳动争议案件受理数	件
		法律行业社会团体数	个
社会建设	教育卫生	平均受教育程度	年
		每十万人口高等学校平均在校学生数	人
		财政性教育经费	亿元
		教育人才绩效指数（师生比）	%
		每万人拥有卫生技术人员数	人
		每千人口医师数	人
		三级医院数占比	%
	生活质量	就业人员占比	%
		城镇失业率	%
		居民人均可支配收入	元
		居民消费价格指数	%
		居民消费水平	元
		恩格尔系数	%
		居住消费支出比重	%
		居民住宅平均销售价格	元
		城镇化率	%
	社会福利	社区服务机构覆盖率	%
		社会保险基金支出总额	亿元
		社会保险水平发展系数	%
		每万人需社会救济数	人
		社会优抚覆盖率	%
		社会负担系数	%
		少年儿童抚养比	%

续表

准则层	一级指标	二级指标	单位
社会建设	社会安定	因报酬发生劳动争议案件数	件
		建立劳动争议调解委员会的基层工会数	个
		每万人交通事故死伤人数	人
		每百万人火灾发生数	起
		亿元GDP生产安全事故死亡率	%
文化建设	文化投入	文化市场经营机构从业人员率	%
		公共图书馆从业人员率	%
		文化公共财政支出比率	%
		文化产业固定资产投资率	%
		人均文化事业费	元/人
		每万人拥有公共文体设施面积	平方米/万人
		每万人文化机构数	个/万人
	文化产出	每万人群众文化机构文艺活动次数	次/万人
		人均公共图书馆新购藏量	册/人
		文物业收入占比	%
		人均文化市场经营机构营业利润	元/人
		艺术表演团体演出收入	万元
	文化扩散	人均图书印数	册/人
		广播节目综合人口覆盖率	%
		电视节目综合人口覆盖率	%
		每万人艺术表演团体数量	个/万人
		博物馆人均参观人次	次/人
		公共图书馆人均流通人次	次/人
	文化消费	人均群众文化活动费	元/人
		人均文化支出占人均消费的比重	%
		公共图书馆购书费占总支出比重	%
		公共图书馆人均购书费	元/人
		居民旅游消费价格指数	%
		城市居民旅游消费价格指数	%

续表

准则层	一级指标	二级指标	单位
生态文明建设	国土空间规划	新增建设用地面积占辖区比重	%
		耕地保有率	%
		城市人口密度	万人/平方公里
		人均公园绿地面积	平方米/人
		建成区绿化覆盖率	%
		人工造林实施率	%
	资源能源利用	万元GDP能耗	万吨标煤/万元
		万元GDP用水量	立方米/万元
		万元GDP建设用地面积	平方米/万元
		工业固体废物综合利用率	%
		工业用水重复利用率	%
		主要清洁能源使用率	%
		可再生能源使用率	%
	环境污染整治	万元GDP二氧化硫排放量	千克/万元
		万元GDP化学需氧物排放量	千克/万元
		危险废物处置利用率	%
		每万人城市生活垃圾无害化处理厂数	座/万人
		城市生活垃圾无害化处理率	%
		污水集中处理率	%
		环境治理投资强度	%
	生态保护修复	空气质量良好率	%
		主要城市PM10年平均浓度	毫克/立方米
		每万人森林拥有面积	万公顷
		森林覆盖率	%
		自然保护区覆盖率	%
		湿地覆盖率	%
		沙化土地面积占辖区面积比重	%
	生态文明意识	绿色出行率	%
		城市居民清洁能源普及率	%
		农村无害化卫生厕所普及率	%
		农村太阳能设备拥有量	万平方米
		化肥施用强度	吨/公顷
		农药施用强度	吨/公顷

2.3.1.2 德尔菲法

德尔菲法（Delphi）也称专家调查法，是20世纪60年代初美国兰德公司的专家们为避免集体讨论出现盲目服从多数或屈从于权威的现象提出的一种定性预测方法。它的特点是消除成员之间直面交流、集体谈论的相互影响，通过匿名方式反复多次征询参加专家意见和进行背对背的交流，在此过程中充分发挥专家经验与智慧，经过多轮循环反馈与修正，到专家意见达成一致为止，最终汇总得到一个能反映群体意志的较为准确的结果。德尔菲法的优点在于：操作简便易行，通过咨询相关领域不同专家学者意见，一定程度上化主观为客观，具有一定程度的科学性与客观性；资源利用充分，通过集成相关领域专家长期积累的知识与经验，充分发挥专家作用；最终结论可靠，参会的专家之间可以互不了解，且采用匿名或背靠背的方式，避免专家受其他外在因素的影响，保证结论的统一性。本书采用德尔菲法对基于"五位一体"总体布局的经济社会发展评价指标体系进行第二轮筛选，具体实施步骤如下：

（1）成立专家团队。在本轮调查研究中，共邀请对经济社会发展方向有丰富理论和实践经验的专家学者30名。参与的专家分为两大类别：一类是与经济社会研究有密切联系的工作人员，共9名，占专家总数的30%；二是统计学、社会学等学术界研究经济社会发展的专家、高校从事经济社会发展研究方向的教师和相关领域的学者，共21名，占70%。

（2）发放调查问卷。以邮件方式向30名专家提供基于"五位一体"总体布局的经济社会发展相关背景材料和被选择的评价指标体系。要求专家在充分理解评价指标的基础上，对指标重要性进行评判并打分，具体量化标准如表2-3所示。此外，本书调查问卷设置成开放式调查问卷，如果有专家认为评价指标体系中存在不合理的指标，可独立地给出自己的意见和建议，在问卷中进行指标的补充、更改或调整。

表2-3　　　　　　　　专家评分对应量化值

指标重要性	量化值
非常重要	10
重要	8

续表

指标重要性	量化值
较重要	6
一般重要	4
较不重要	2
不重要	1

(3) 征询意见。收集专家意见，对返回的意见进行归纳总结、统计分析，再将汇总后的结果反馈给专家，请专家根据反馈意见重新分析，再次评分，如此循环，直到专家意见结果达成一致停止征询。本书通过两轮征询后30名专家意见趋于稳定，终止征询。

(4) 全面分析调查资料。根据专家积极性指数、专家权威系数、专家意见集中度、专家意见协调度对专家意见进行可靠性分析，最终结果如表2-4所示。

表2-4　　　　德尔菲法最终结果统计分析

指标名称	M_j（均值）	K_j	V_j	中位数	均方根
人均准绿色GDP	9.47	46.67	0.05	9.00	9.48
绿色全要素生产率	7.63	0	0.15	7.50	7.72
能源消费弹性系数	7.63	0	0.13	7.50	7.70
通货膨胀率	7.30	0	0.15	7.00	7.38
第三产业增加值	7.80	0	0.15	8.00	7.88
产业高度化指数	9.63	63.33	0.05	10.00	9.65
产业合理化指数	9.50	50.00	0.05	9.50	9.51
规模以上单位工业增加值能耗	2.93	0	0.58	3.00	3.39
全要素生产率	9.63	63.33	0.05	10.00	9.65
社会劳动生产率	7.07	0	0.14	7.00	7.14
社会销售品零售总额	7.90	0	0.12	8.00	7.96
固定资产投资	7.60	0	0.15	8.00	7.69
外贸进出口总值	7.27	0	0.15	7.00	7.35

续表

指标名称	M_j（均值）	K_j	V_j	中位数	均方根
地方财政教育支出占比	7.63	0	0.14	8.00	7.71
高等教育就业人员比重	7.47	0	0.15	7.00	7.55
科技人员占比	7.53	0	0.13	7.00	7.59
R&D人员全时当量	7.83	0	0.13	8.00	7.90
创新投入	7.33	0	0.17	7.50	7.43
创新产出	7.60	0	0.13	8.00	7.66
创新成果转化水平	7.33	0	0.14	7.00	7.41
高技术产业主营业务收入占比	9.33	33.33	0.05	9.00	9.35
二元反差指数	9.60	60.00	0.05	10.00	9.61
二元对比系数	9.50	50.00	0.05	9.50	9.51
人均可支配收入	6.73	0	0.09	7.00	6.76
城乡居民收入差异系数	7.60	0	0.14	8.00	7.67
居民消费水平	7.83	0	0.08	8.00	7.86
城乡居民消费水平比	7.40	0	0.15	8.00	7.48
中国政府透明度	9.53	53.33	0.05	10.00	9.55
中国司法透明度	7.43	0	0.16	7.50	7.53
中国检务透明度	7.33	0	0.15	7.00	7.42
中国警务透明度	2.90	0	0.49	2.50	3.23
中国海事司法透明度指数	2.90	0	0.51	3.00	3.26
万人律师总人数	7.17	0	0.15	7.00	7.25
公职人员贪污腐败渎职贿赂立案数	9.60	60.00	0.05	10.00	9.61
刑事案件犯罪率	3.23	0	0.46	4.00	3.56
劳动争议案件受理数	7.37	0	0.14	8.00	7.44
法律行业社会团体数	7.53	0	0.14	8.00	7.61
平均受教育程度	9.47	46.67	0.05	9.00	9.48
每十万人口高等学校平均在校学生数	7.40	0	0.15	7.00	7.49
财政性教育经费	7.70	0	0.13	8.00	7.76
教育人才绩效指数（师生比）	7.57	0	0.14	8.00	7.64

续表

指标名称	M_j（均值）	K_j	V_j	中位数	均方根
每万人拥有卫生技术人员数	7.50	0	0.15	7.50	7.58
每千人口医师数	9.57	56.67	0.05	10.00	9.58
三级医院数占比	7.37	0	0.17	7.00	7.47
就业人员占比	3.00	0	0.42	3.00	3.26
城镇失业率	9.53	53.33	0.05	10.00	9.55
居民人均可支配收入	9.27	26.67	0.05	9.00	9.28
居民消费价格指数	7.47	0	0.15	7.00	7.55
居民消费水平	7.40	0	0.14	7.50	7.47
恩格尔系数	9.50	50.00	0.05	9.50	9.51
居住消费支出比重	7.37	0	0.15	7.00	7.45
居民住宅平均销售价格	3.30	0	0.38	4.00	3.53
城镇化率	7.93	0	0.15	8.00	8.02
社区服务机构覆盖率	7.20	0	0.16	7.00	7.29
社会保险基金支出总额	9.70	70.00	0.05	10.00	9.71
社会保险水平发展系数	2.90	0	0.46	3.00	3.19
每万人需社会救济数	9.50	50.00	0.05	9.50	9.51
社会优抚覆盖率	7.33	0	0.16	7.00	7.43
社会负担系数	7.33	0	0.15	7.00	7.42
少年儿童抚养比	7.37	0	0.15	7.00	7.45
建立劳动争议调解委员会的基层工会数	7.33	0	0.16	7.00	7.43
因报酬发生劳动争议案件数	3.07	0	0.42	3.00	3.33
每万人交通事故死伤人数	9.47	46.67	0.05	9.00	9.48
每百万人火灾发生数	7.37	0	0.15	7.00	7.45
亿元GDP生产安全事故死亡率	9.43	43.33	0.05	9.00	9.45
文化市场经营机构从业人员率	7.27	0	0.14	7.00	7.34
公共图书馆从业人员率	3.03	0	0.45	3.00	3.32
文化公共财政支出比率	9.60	60.00	0.05	10.00	9.61
文化产业固定资产投资率	7.50	0	0.11	8.00	7.55

续表

指标名称	M_j（均值）	K_j	V_j	中位数	均方根
人均文化事业费	7.53	0	0.16	7.00	7.63
每万人拥有公共文体设施面积	9.47	46.67	0.05	9.00	9.48
每万人文化机构数	7.90	0	0.12	8.00	7.96
每万人群众文化机构文艺活动次数	7.37	0	0.15	7.00	7.45
人均公共图书馆新购藏量	7.47	0	0.16	7.50	7.56
文物业收入占比	7.53	0	0.15	7.00	7.62
人均文化市场经营机构营业利润	9.60	60.00	0.05	10.00	9.61
艺术表演团体演出收入	7.37	0	0.14	7.00	7.44
人均图书印数	7.53	0	0.14	8.00	7.61
广播节目综合人口覆盖率	7.33	0	0.17	7.00	7.44
电视节目综合人口覆盖率	7.83	0	0.13	8.00	7.90
每万人艺术表演团体数量	7.63	0	0.15	8.00	7.71
博物馆人均参观人次	7.23	0	0.15	7.00	7.31
公共图书馆人均流通人次	2.83	0	0.52	3.00	3.20
人均群众文化活动费	7.77	0	0.11	8.00	7.82
人均文化支出占人均消费的比重	7.50	0	0.16	7.00	7.60
公共图书馆购书费占总支出比重	8.00	0	0.13	8.00	8.07
公共图书馆人均购书费	7.63	0	0.15	8.00	7.72
居民旅游消费价格指数	9.57	56.67	0.05	10.00	9.58
城市居民旅游消费价格指数	7.47	0	0.15	7.00	7.55
新增建设用地面积占辖区比重	7.67	0	0.14	8.00	7.75
耕地保有率	9.57	56.67	0.05	10.00	9.58
城市人口密度	7.57	0	0.15	7.50	7.65
人均公园绿地面积	7.57	0	0.14	7.50	7.64
建成区绿化覆盖率	9.33	33.33	0.05	9.00	9.35
人工造林面积实施率	8.07	0	0.12	8.00	8.12
万元GDP能耗	9.30	30.00	0.05	9.00	9.31
万元GDP用水量	9.37	36.67	0.05	9.00	9.38

续表

指标名称	M_j（均值）	K_j	V_j	中位数	均方根
万元 GDP 建设用地面积	7.83	0	0.11	8.00	7.88
工业固体废物综合利用率	7.60	0	0.14	8.00	7.68
工业用水重复利用率	7.27	0	0.16	7.00	7.36
主要清洁能源使用率	9.53	53.33	0.05	10.00	9.55
可再生能源使用率	3.07	0	0.42	3.00	3.33
万元 GDP 二氧化硫排放量	7.40	0	0.17	7.00	7.50
万元 GDP 化学需氧物排放量	7.70	0	0.14	7.50	7.77
危险废物处置利用率	9.67	66.67	0.05	10.00	9.68
每万人城市生活垃圾无害化处理厂数	2.80	0	0.50	3.00	3.13
城市生活垃圾无害化处理率	7.33	0	0.17	7.00	7.44
污水集中处理率	7.70	0	0.13	8.00	7.76
环境治理投资强度	7.40	0	0.15	7.00	7.48
空气质量良好率	7.90	0	0.13	8.00	7.96
主要城市 PM10 年平均浓度	9.50	50.00	0.05	9.50	9.51
每万人森林拥有面积	2.87	0	0.56	3.00	3.29
森林覆盖率	9.40	40.00	0.05	9.00	9.41
自然保护区覆盖率	7.30	0	0.14	7.00	7.37
湿地覆盖率	8.00	0	0.13	8.00	8.07
沙化土地面积占辖区面积比重	7.23	0	0.14	7.00	7.31
绿色出行率	9.40	40.00	0.05	9.00	9.41
城市居民清洁能源普及率	7.10	0	0.15	7.00	7.18
农村无害化卫生厕所普及率	7.77	0	0.13	8.00	7.83
农村太阳能设备拥有量	9.63	63.33	0.05	10.00	9.65
化肥施用强度	7.60	0	0.14	8.00	7.67
农药施用强度	7.57	0	0.15	8.00	7.65

本书采用的两轮德尔菲法的基本评判指标说明如下：

①专家积极性指数 P_j。P_j 用以说明专家对本书的关心、合作程度，也称为专家咨询调查表回收率，通常用参与评价的专家数与专家总数之比表示。本书两轮德尔菲过程均发放调查问卷30份，回收30份，回收率为100%，P_j 也均为100%。此外，还有6名专家除认真填写调查问卷外，还在开放式调查问卷中提出了建设性意见，这对后续指标筛选过程和最终评价指标体系框架的构建起到很大的指导作用。由此可以看出，参与调查的专家对本书反应积极，问卷有效性显著。

②专家权威系数 C_r。C_r 反映了专家的权威程度，其大小直接影响调查结果的预测精度。计算公式为：

$$C_r = \frac{C_a + C_s}{2} \quad (2-1)$$

其中，C_a 表示专家对指标打分的判断依据；C_s 表示专家对评价指标的熟悉程度。C_r 取值介于 0~1 之间，其值越大，评价结果越可靠。当 $C_r \geq 0.7$ 时，表明专家对评价指标的选择有较大把握，评价结果可靠。C_a 和 C_s 的量化表如表2-5所示。本书的30位专家权威系数均大于0.7，表明结果的可信度高。

表2-5　　　　　　专家判断依据 C_a 和熟悉程度 C_s 量化表

项目		量化值
判断依据 C_a	实践经验	1.0
	理论分析	0.8
	参考文献	0.6
	同行了解	0.4
	直观选择	0.2
熟悉程度 C_s	很熟悉	1.0
	熟悉	0.8
	较熟悉	0.6
	不太熟悉	0.4
	不熟悉	0.2

③专家意见集中度 M_j、K_j。用评价指标 j 的均值 M_j、满分率 K_j 度量专家意见的集中程度。M_j、K_j 值越大，表明该指标的重要性越大，专家意见越集

中。计算公式为：

$$M_j = \frac{\sum_{i=1}^{m_j} u_{ij}}{m_j} \quad (j=1, 2, \cdots, 122) \qquad (2-2)$$

$$K_j = \frac{n_j}{m_j} \quad (j=1, 2, \cdots, 122) \qquad (2-3)$$

其中，m_j 为参加指标 j 打分的专家总数；u_{ij} 为第 i 个专家对指标 j 的打分值；n_j 为对指标 j 打满分的专家数。

④专家意见协调度 V_j。V_j 是指专家对指标 j 打分值的波动程度，反映了专家组成员意见的收敛程度，V_j 越小，表明专家对指标 j 意见的协调程度越大。通常用变异系数表示。

$$V_j = \frac{\sigma_j}{M_j} \quad (j=1, 2, \cdots, 122) \qquad (2-4)$$

其中，σ_j 为指标 j 打分值的标准差；M_j 为评价指标 j 打分值的均值。

表 2-4 报告了专家对基于"五位一体"总体布局的经济社会发展评价指标体系第二轮筛选统计分析的结果。本书主要依据专家对各评价指标打分的均值确定指标调整方案，具体做法是：分别采用算数平均算法、中位数和均方根算法计算评价指标的均值，选择三种算法方差最小的作为判断依据，则此种算法计算的结果更加接近真实值。计算结果表明，评价指标采用算数平均算法计算的方差为 3.2634，中位数算法计算的方差为 3.3533，均方根算法计算的方差为 2.9656，均方根算法计算的结果更接近真值，因此将此作为指标筛选的依据。根据表 2-3 可知，评价指标得分大于 6 即是专家认为比较重要的指标，应当予以保留。综合上述分析，"规模以上单位工业增加值能耗""中国警务透明度""中国海事司法透明度""刑事案件犯罪率""就业人员占比""居民住宅平均销售价格""社会保险水平发展系数""因报酬发生劳动争议案件数""公共图书馆从业人员率""公共图书馆人均流通人次""可再生能源使用率""每万人城市生活垃圾无害化处理厂数""每万人森林拥有面积"共 13 项指标被筛选掉。此时，保留下的所有指标的专家意见集中度 M_j 均大于 6.5，专家意见协调度 V_j 均小于 0.18，表明专家对德尔菲法筛选后的经济社会发展评价指标体系的科学性、合理性持肯定态度，对该指标体系的意见协调程度达成了比较一致的意见。本轮筛选后的指标框架如表 2-6 所示。

表2-6 基于"五位一体"总体布局的经济社会发展评价指标体系第二轮框架

准则层	一级指标	二级指标	单位
经济建设	经济质量	人均准绿色GDP	万元/人
		绿色全要素生产率	%
		能源消费弹性系数	%
		通货膨胀率	%
		第三产业增加值	亿元
		产业高度化指数	%
		产业合理化指数	%
	经济效率	全要素生产率	
		社会劳动生产率	%
		社会销售品零售总额	亿元
		固定资产投资	亿元
		外贸进出口总值	万美元
	经济动力	地方财政教育支出占比	%
		高等教育就业人员占比	%
		科技人员占比	%
		R&D人员全时当量	万人年
		创新投入	万元
		创新产出	项
		创新成果转化水平	%
		高技术产业主营业务收入占比	%
	经济协调	二元反差指数	%
		二元对比数	%
		人均可支配收入	元
		城乡居民收入差异系数	%
		居民消费水平	元
		城乡居民消费水平比	%

第 2 章 | 基于"五位一体"总体布局的经济社会发展评价指标体系构建

续表

准则层	一级指标	二级指标	单位
政治建设	治理效能	中国政府透明度	%
		中国司法透明度	%
		中国检务透明度	%
	法治环境	万人律师总人数	人
		公职人员贪污腐败渎职贿赂立案数	件
		劳动争议案件受理数	件
		法律行业社会团体数	个
社会建设	教育卫生	平均受教育程度	年
		每十万人口高等学校平均在校学生数	人
		财政性教育经费	亿元
		教育人才绩效指数（师生比）	%
		每万人拥有卫生技术人员数	人
		每千人口医师数	人
		三级医院数占比	%
	生活质量	城镇失业率	%
		居民人均可支配收入	元
		居民消费价格指数	%
		居民消费水平	元
		恩格尔系数	%
		居住消费支出比重	%
		城镇化率	%
	社会福利	社区服务机构覆盖率	%
		社会保险基金支出总额	亿元
		每万人需社会救济数	人
		社会优抚覆盖率	%
		社会负担系数	%
		少年儿童抚养比	%
	社会安定	建立劳动争议调解委员会的基层工会数	个
		每万人交通事故死伤人数	人
		每百万人火灾发生数	起
		亿元 GDP 生产安全事故死亡率	%

续表

准则层	一级指标	二级指标	单位
文化建设	文化投入	文化市场经营机构从业人员率	%
		文化公共财政支出比率	%
		文化产业固定资产投资率	%
		人均文化事业费	元/人
		每万人拥有公共文体设施面积	平方米/万人
		每万人文化机构数	个/万人
	文化产出	每万人群众文化机构文艺活动次数	次/万人
		人均公共图书馆新购藏量	册/人
		文物业收入占比	%
		人均文化市场经营机构营业利润	元/人
		艺术表演团体演出收入	万元
	文化扩散	人均图书印数	册/人
		广播节目综合人口覆盖率	%
		电视节目综合人口覆盖率	%
		每万人艺术表演团体数量	个/万人
		博物馆人均参观人次	次/人
	文化消费	人均群众文化活动费	元/人
		人均文化支出占人均消费的比重	%
		公共图书馆购书费占总支出比重	%
		公共图书馆人均购书费	元/人
		居民旅游消费价格指数	%
		城市居民旅游消费价格指数	%
生态文明建设	国土空间规划	新增建设用地面积占辖区比重	%
		耕地保有率	%
		城市人口密度	万人/平方公里
		人均公园绿地面积	平方米/人
		建成区绿化覆盖率	%
		人工造林实施率	%

续表

准则层	一级指标	二级指标	单位
生态文明建设	资源能源利用	万元 GDP 能耗	万吨标煤/万元
		万元 GDP 用水量	立方米/万元
		万元 GDP 建设用地面积	平方米/万元
		工业固体废物综合利用率	%
		工业用水重复利用率	%
		主要清洁能源使用率	%
	环境污染整治	万元 GDP 二氧化硫排放量	千克/万元
		万元 GDP 化学需氧物排放量	千克/万元
		危险废物处置利用率	%
		城市生活垃圾无害化处理率	%
		污水集中处理率	%
		环境治理投资强度	%
	生态保护修复	空气质量良好率	%
		主要城市 PM10 年平均浓度	毫克/立方米
		森林覆盖率	%
		自然保护区覆盖率	%
		湿地覆盖率	%
		沙化土地面积占辖区面积比重	%
	生态文明意识	绿色出行率	%
		城市居民清洁能源普及率	%
		农村无害化卫生厕所普及率	%
		农村太阳能设备拥有量	万平方米
		化肥施用强度	吨/公顷
		农药施用强度	吨/公顷

2.3.2 定量筛选

2.3.2.1 相关性分析

经过专家咨询法和德尔菲法筛选得到的基于"五位一体"总体布局的经济社会发展评价指标体系第二轮框架仍存在以下问题：一是该评价指标体系中指标数量过多；二是某些评价指标之间可能由于评价对象信息与资料的重复而导致逻辑上的相关性。因此，需要对构建的评价指标体系进行相关性分析，进一步筛选和优化，从而降低指标之间的冗余度。

基于统计学的原理，相关性分析是指依据两个变量（评价指标）之间的相关系数对评价指标进行甄别，若相关系数较低，即越接近于 0，说明两个评价指标之间相关性也较低，反之，越接近于 1，说明具有较强的相关性，二者在评价指标体系中是相互替代的关系，应予以归并或删除其中的一个指标。

具体来说，基于"五位一体"总体布局的经济社会发展评价指标体系相关性分析步骤如下：

（1）查阅《中国高技术产业统计年鉴》《中国能源统计年鉴》《中国环境统计年鉴》《中国法律统计年鉴》《中国教育统计年鉴》《中国劳动统计年鉴》《中国文化及相关产业统计年鉴》《中国文化文物统计年鉴》以及各省份统计年鉴和统计公报、各类公开出版的报告等，获取 30 个省份 2010～2017 年的所有指标数据，并进行标准化处理。

（2）计算评价指标的相关系数 R_{ij}。计算公式如下：

$$R_{ij} = \frac{\sum_{k=1}^{m}(y_{ki} - \bar{y}_i)(y_{kj} - \bar{y}_j)}{\sqrt{\sum_{k=1}^{m}(y_{ki} - \bar{x}_i)^2(y_{kj} - \bar{y}_j)^2}} \quad (2-5)$$

其中，y_{ki}、y_{kj} 分别为第 i、j 个指标标准化之后的值；$\bar{y}_i$、$\bar{y}_j$ 分别为第 i 个、第 j 个指标标准化之后的均值；$m = 30 \times 8 = 240$（30 个省份，8 年数据）。本书运用软件 SPSS 25.0 计算评价指标之间的相关系数，得到相关系数矩阵如表 2-7 所示。

第2章 | 基于"五位一体"总体布局的经济社会发展评价指标体系构建

表2-7　　评价指标的相关性分析

指标1	指标2	相关系数	显著性水平
人均准绿色GDP	第三产业增加值	0.628	0.01
高等教育就业人员占比	创新成果转化水平	0.788	0.01
科技人员占比	创新成果转化水平	0.891	0.01
高技术产业主营业务收入占比	R&D人员全时当量	0.740	0.01
二元反差指数	居民消费水平	0.674	0.01
城乡居民收入差异系数	人均可支配收入	0.716	0.01
万人律师总人数	劳动争议案件受理数	0.593	0.01
公职人员贪污腐败渎职贿赂立案数	法律行业社会团体数	0.612	0.01
平均受教育程度	每十万人口高等学校平均在校学生数	0.853	0.00
每千人口医师数	每万人拥有卫生技术人员数	0.965	0.00
居民人均可支配收入	城镇化率	0.869	0.00
社会负担系数	少年儿童抚养比	0.904	0.00
每万人拥有公共文体设施面积	人均文化事业费	0.664	0.00
电视节目综合人口覆盖率	广播节目综合人口覆盖率	0.851	0.00
人均群众文化活动费	公共图书馆人均购书费	0.766	0.00
居民旅游消费价格指数	城市居民旅游消费价格指数	0.982	0.00
城市人口密度	新增建设用地面积占辖区比重	0.961	0.00
建成区绿化覆盖率	人均公园绿地面积	0.532	0.00
万元GDP二氧化硫排放量	万元GDP化学需氧物排放量	0.553	0.00
空气质量良好率	主要城市PM10年平均浓度	0.77	0.00
森林覆盖率	沙化土地面积占辖区面积比重	0.562	0.00

（3）确定相关系数临界值R_0。借鉴李娟（2015）等人的做法，本书取相关系数临界值$R_0=0.6$。由表2-7可知，在$\propto=0.01$的显著性水平下，基于"五位一体"总体布局的经济社会发展评价指标体系第二轮框架中"第三产业增加值"与"人均准绿色GDP"、"创新成果转化水平"与"高等教育就业人员占比"、"创新成果转化水平"与"科技人员占比"、"R&D人员全时当量"与"高技术产业主营业务收入占比"、"居民消费水平"与"二元反差指数"、"人均可支配收入"与"城乡居民收入差异系数"、"劳动争议案件受

理数"与"万人律师总人数"、"法律行业社会团体数"与"公职人员贪污腐败渎职贿赂立案数"、"每十万人口高等学校平均在校学生数"与"平均受教育程度"、"每万人拥有卫生技术人员数"与"每千人口医师数"、"城镇化率"与"居民人均可支配收入"、"少年儿童抚养比"与"社会负担系数"、"人均文化事业费"与"每万人拥有公共文体设施面积"、"广播节目综合人口覆盖率"与"电视节目综合人口覆盖率"、"公共图书馆人均购书费"与"人均群众文化活动费"、"城市居民旅游消费价格指数"与"居民旅游消费价格指数"、"新增建设用地面积占辖区比重"与"城市人口密度"、"人均公园绿地面积"与"建成区绿化覆盖率"、"万元GDP化学需氧物排放量"与"万元GDP二氧化硫排放量"、"主要城市PM10年平均浓度"与"空气质量良好率"、"沙化土地面积占辖区面积比重"与"森林覆盖率"21对指标存在高度相关关系。由于每一对存在高度相关关系的指标中第二个指标与其他指标的相关性远远大于后者,因此将21对相关性较强的指标中的第二个指标删除。本轮筛选后得到基于"五位一体"总体布局的经济社会发展评价指标体系第三轮框架,如表2-8所示。

表2-8 基于"五位一体"总体布局的经济社会发展评价指标体系第三轮框架

准则层	一级指标	二级指标	单位
经济建设	经济质量	人均准绿色GDP	万元/人
		绿色全要素生产率	%
		能源消费弹性系数	%
		通货膨胀率	%
		产业高度化指数	%
		产业合理化指数	%
	经济效率	全要素生产率	%
		社会劳动生产率	%
		社会销售品零售总额	亿元
		固定资产投资	亿元
		外贸进出口总值	万美元

续表

准则层	一级指标	二级指标	单位
经济建设	经济动力	地方财政教育支出占比	%
		高等教育就业人员占比	%
		科技人员占比	%
		创新投入	万元
		创新产出	项
		高技术产业主营业务收入占比	%
	经济协调	二元反差指数	%
		二元对比系数	%
		城乡居民收入差异系数	%
		城乡居民消费水平比	%
政治建设	治理效能	中国政府透明度	%
		中国司法透明度	%
		中国检务透明度	%
	法治环境	万人律师总数	人
		公职人员贪污腐败渎职贿赂立案数	件
社会建设	教育卫生	平均受教育程度	年
		财政性教育经费	亿元
		教育人才绩效指数（师生比）	%
		每千人口医师数	人
		三级医院数占比	%
	生活质量	城镇失业率	%
		居民人均可支配收入	元
		居民消费价格指数	%
		居民消费水平	元
		恩格尔系数	%
		居住消费支出比重	%
	社会福利	社区服务机构覆盖率	%
		社会保险基金支出总额	亿元

续表

准则层	一级指标	二级指标	单位
社会建设	社会福利	每万人需社会救济数	人
		社会优抚覆盖率	%
		社会负担系数	%
	社会安定	建立劳动争议调解委员会的基层工会数	个
		每万人交通事故死伤人数	人
		每百万人火灾发生数	起
		亿元GDP生产安全事故死亡率	%
文化建设	文化投入	文化市场经营机构从业人员率	%
		文化公共财政支出比率	%
		文化产业固定资产投资率	%
		每万人拥有公共文体设施面积	平方米/万人
		每万人文化机构数	个/万人
	文化产出	每万人群众文化机构文艺活动次数	次/万人
		人均公共图书馆新购藏量	册/人
		文物业收入占比	%
		人均文化市场经营机构营业利润	元/人
		艺术表演团体演出收入	万元
	文化扩散	人均图书印数	册/人
		电视节目综合人口覆盖率	%
		每万人艺术表演团体数量	个/万人
		博物馆人均参观人次	次/人
	文化消费	人均群众文化活动费	元/人
		人均文化支出占人均消费的比重	%
		公共图书馆购书费占总支出比重	%
		居民旅游消费价格指数	%
生态文明建设	国土空间规划	耕地保有率	%
		城市人口密度	万人/平方公里
		建成区绿化覆盖率	%
		人工造林实施率	%

第 2 章 | 基于"五位一体"总体布局的经济社会发展评价指标体系构建

续表

准则层	一级指标	二级指标	单位
生态文明建设	资源能源利用	万元GDP能耗	万吨标煤/万元
		万元GDP用水量	立方米/万元
		万元GDP建设用地面积	平方米/万元
		工业固体废物综合利用率	%
		工业用水重复利用率	%
		主要清洁能源使用率	%
	环境污染整治	万元GDP二氧化硫排放量	千克/万元
		危险废物处置利用率	%
		城市生活垃圾无害化处理率	%
		污水集中处理率	%
		环境治理投资强度	%
	生态保护修复	空气质量良好率	%
		森林覆盖率	%
		自然保护区覆盖率	%
		湿地覆盖率	%
	生态文明意识	绿色出行率	%
		城市居民清洁能源普及率	%
		农村无害化卫生厕所普及率	%
		农村太阳能设备拥有量	万平方米
		化肥施用强度	吨/公顷
		农药施用强度	吨/公顷

2.3.2.2 鉴别力分析

评价指标的鉴别力是指该评价指标对评价对象的特征进行比较区分的能力。在经济社会发展评价指标体系中，评价指标的鉴别力是评价指标在区分不同区域经济社会发展状况之间差异的能力。在评价体系中，如果某一指标对不同区域经济社会发展状况的评价几乎一致地呈现出或高或低的得分，则认为该指标的鉴别力较差，应从评价指标体系中删除；反之，如果某一指标对不同区域经济社会发展状况的评价得分明显不同,则认为该指标具有较高的鉴别力,能够很好地评判不同区域经济社会发展状况的差异。

通常采用变差系数衡量评价指标的鉴别力,计算公式如下:

$$U_j = \frac{S_j}{\overline{Y}_j} \qquad (2-6)$$

其中,$\overline{Y}_j$ 表示指标 j 标准化后的均值;S_j 表示指标 j 的标准差。变差系数 U_j 的大小与鉴别力的强弱呈正比例关系,U_j 的值越大,则说明该指标的鉴别力越强;反之,U_j 的值越小,则该指标的鉴别力越弱。

基于上述分析,利用软件 SPSS 25.0 对基于"五位一体"总体布局的经济社会发展评价指标体系第三轮框架进行鉴别力分析,结果如表 2-9 所示。由表 2-9 可知,除"亿元 GDP 生产安全事故死亡率""城市人口密度"和"农药施用强度"3 项指标外,其余 86 项指标的变差系数均大于等于 0.20,即经济社会发展评价指标体系中 96.63% 的评价指标具有较强的鉴别力,无须重新对指标进行筛选。综上,运用专家咨询法、德尔菲法、相关性分析和鉴别力分析定性筛选和定量筛选方法得到最终的基于"五位一体"总体布局的经济社会发展评价指标体系框架。

表 2-9　　　　　　　　　　评价指标的鉴别力分析

评价指标	变差系数	评价指标	变差系数
人均准绿色 GDP	0.71	财政教育支出占比	0.38
绿色全要素生产率	0.34	高等教育就业人员占比	0.90
能源消费弹性系数	0.27	科技人员占比	0.90
通货膨胀率	0.21	创新投入	0.60
产业高度化指数	1.07	创新产出	0.74
产业合理化指数	0.50	高技术产业主营业务收入占比	2.17
全要素生产率	0.49	二元反差指数	0.90
社会劳动生产率	0.71	二元对比系数	0.36
社会销售品零售总额	0.49	城乡居民收入差异系数	1.16
固定资产投资	0.44	城乡居民消费水平比	0.46
外贸进出口总值	1.35	中国政府透明度	0.27

续表

评价指标	变差系数	评价指标	变差系数
中国司法透明度	0.34	每万人拥有公共文体设施面积	0.65
中国检务透明度	0.51	每万人文化机构数	0.42
万人律师总人数	1.30	每万人群众文化机构文艺活动次数	0.94
公职人员贪污腐败渎职贿赂立案数	0.31	人均公共图书馆新购藏量	0.84
平均受教育程度	0.37	文物业收入占比	1.09
财政性教育经费	0.71	人均文化市场经营机构营业利润	2.19
教育人才绩效指数（师生比）	0.29	艺术表演团体演出收入占比	1.15
每千人口医师数	0.55	人均图书印数	0.87
三级医院数占比	0.41	电视节目综合人口覆盖率	0.25
城镇失业率	0.57	每万人艺术表演团体数量	0.98
居民人均可支配收入	0.73	博物馆人均参观人次	0.67
居民消费价格指数	0.21	人均群众文化活动费	0.88
居民消费水平	0.53	人均文化支出占人均消费的比重	0.51
恩格尔系数	0.39	公共图书馆购书费占总支出比重	0.49
居住消费支出比重	0.31	居民旅游消费价格指数	0.36
社区服务机构覆盖率	1.11	耕地保有率	0.58
社会保险基金支出总额	0.98	城市人口密度	0.18
每万人需社会救济数	0.73	建成区绿化覆盖率	0.23
社会优抚覆盖率	0.62	人工造林实施率	0.73
社会负担系数	0.42	万元GDP能耗	0.32
建立劳动争议调解委员会的基层工会数	0.24	万元GDP工业用水量	0.23
每万人交通事故死伤人数	0.27	万元GDP建设用地面积	0.23
每百万人火灾发生数	0.25	工业固体废物综合利用率	0.50
亿元GDP生产安全事故死亡率	0.12	工业用水重复利用率	0.32
文化市场经营机构从业人员率	0.73	主要清洁能源使用率	1.08
文化公共财政支出比率	0.58	万元GDP二氧化硫排放量	0.20
文化产业固定资产投资率	0.51	危险废物处置率	0.58

续表

评价指标	变差系数	评价指标	变差系数
城市生活垃圾无害化处理率	0.27	绿色出行率	0.60
污水集中处理率	0.20	城市居民清洁能源普及率	0.39
环境治理投资强度	0.64	农村无害化卫生厕所普及率	0.58
空气质量良好率	0.30	农村太阳能设备拥有量	1.12
森林覆盖率	0.62	化肥施用强度	0.60
自然保护区覆盖率	1.35	农药施用强度	0.16
湿地覆盖率	1.57	—	—

2.4 评价指标的检验

2.4.1 精度检验

评价指标体系的精度是指用较少的指标反映原始信息量的程度，它是判断评价指标体系构建是否合理的重要标准，解决了指标体系构建合理性的判定缺乏定量标准的难题。在实际研究中，评价指标的数量与评价模型的有效度之间存在着矛盾关系。一方面，若评价模型中的指标数量越多，则评价模型越贴近现实，但过于复杂的模型缺乏实际操作的意义；另一方面，若模型中的指标过少，则评价模型会丢失过多的原始信息，降低评价结果的真实可靠性。精度检验是在基于因子分析用方差反映信息含量的思想基础上，将筛选后的指标的信息贡献率 I 作为评价指标体系构建合理性的判定标准（迟国泰、王卫，2009）。计算公式如下：

$$I = \frac{\mathrm{tr}S_t}{\mathrm{tr}S_s} \qquad (2-7)$$

其中，S 为评价指标体系中评价指标数据的协方差矩阵；$\mathrm{tr}S$ 为协方差矩阵的迹；s 表示初选指标体系中评价指标的个数；t 表示筛选后指标的个数。I

反映了筛选后的评价指标体系中 t 个指标所反映的初选指标体系中 s 个指标的信息。

根据上述公式计算出筛选后的基于"五位一体"总体布局的经济社会发展评价指标体系的信息贡献率 I 值为 83.10%，即从初始指标体系中筛选出 48.63% 的指标反映了 83.10% 的原始信息，表明筛选后的基于"五位一体"总体布局的经济社会发展评价指标体系构建合理。

2.4.2 信度检验

评价指标的信度是指在实际测量、观测以及数据资料获取过程中，评价指标所反映的评价结果的内部一致性或可靠性程度，它是衡量评价指标体系稳定性与可靠性的重要技术参数。基于"五位一体"总体布局的经济社会发展评价指标体系必须通过信度检验。目前信度分析最常用的方法有折半信度分析、评价者信度分析和内部一致性信度分析等方法，结合基于"五位一体"总体布局的经济社会发展评价指标体系的结构特征与数据特征，本书采用内部一致性信度 Cronbach's Alpha 系数来界定评价指标体系的可靠性程度。计算公式如下：

$$\propto = \left(\frac{n}{n-1}\right)\left|1 - \frac{\sum_{i=1}^{n} S_i^2}{S^2}\right| \qquad (2-8)$$

其中，n 表示评价指标体系中的指标个数；S_i^2 表示第 i 个评价指标的方差；S^2 表示所有指标的方差。一般来说，Cronbach's Alpha 系数介于 0~1 之间，且与评价指标体系的可靠性呈正向关系，其值越大，评价指标体系的可靠性越高；反之，指标体系的可靠性越低。参考吴统雄（1984）建议可信程度的界定范围：当 $\propto \leq 0.5$ 时，评价指标体系较不可信；当 $0.5 < \propto \leq 0.7$ 时，评价指标体系可信度较好，这是最常见的信度接受范围；当 $0.7 < \propto \leq 0.9$ 时，评价指标体系可信度很好；当 $\propto > 0.9$ 时，评价指标体系的可信度十分好。运用 SPSS 25.0 对基于"五位一体"总体布局的经济社会发展评价指标体系及各准则层进行可靠性分析，运行结果如表 2-10 所示。

表 2-10　基于"五位一体"总体布局的经济社会发展评价指标体系 Cronbach's Alpha 系数

项目名称	Cronbach's Alpha	Cronbach's Alpha based on Standardized Items	N of Items
指标体系	0.9398	0.9412	89
经济建设	0.8749	0.8622	21
政治建设	0.5184	0.5392	5
社会建设	0.8160	0.8344	20
文化建设	0.8132	0.8181	18
生态文明建设	0.6684	0.6700	25

从表 2-10 中可以看出，基于"五位一体"总体布局的经济社会发展评价指标体系的 Cronbach's Alpha 系数值为 0.9398＞0.9，说明 89 个指标作为一个整体内部一致性很好，评价指标体系具有十分高的可信度；经济建设、社会建设和文化建设的 Cronbach's Alpha 系数值分别为 0.8749、0.8160、0.8132，介于 0.7~0.9 之间，说明这 3 个准则层的指标体系可信度很好；政治建设和生态文明建设的 Cronbach's Alpha 系数值分别为 0.5184、0.6684，指标体系的信度介于可接受范围内。综上，基于"五位一体"总体布局的经济社会发展评价指标体系及各准则层的评价指标体系具有较好的信度，评价指标体系构建科学合理。

2.4.3　效度检验

指标体系的效度并不等同于信度，具有信度的评价指标体系其有效度并不一定好。评价指标体系的效度是指经过定量筛选后的指标体系的有效性水平，能够准确反映与测量出基于"五位一体"总体布局的经济社会发展评价指标体系究竟在多大程度上获得了评价对象特质的真实性和准确性程度，即评价指标体系的有效性程度。目前效度分析常用的方法有构想效度分析、实证效度分析和内容效度分析等方法，结合基于"五位一体"总体布局的经济社会发展评价研究对象的内涵特征，本书采用内容效度分析来衡量指标体系的有效性水平。

内容效度分析通过邀请一些该研究领域的专家，根据自身专业知识与实际经验对评价指标与评价对象之间关系的密切程度进行评判。在实际操作中通常用内容效度比 CVR 来表示评价指标体系效度的大小。计算公式如下：

$$CVR = \frac{M - N/2}{N/2} \quad (2-9)$$

其中，M 为参与评价的专家中，认为某个评价指标具有较好反映力度的专家总数；N 为被邀请参与评价的专家总数。CVR 取值介于 0~1 之间，其值越接近于 1，表明基于"五位一体"总体布局的经济社会发展评价指标体系的效度越高。

本书的效度检验与前文指标筛选的德尔菲法相结合进行。根据德尔菲法统计数据分析结果计算基于"五位一体"总体布局的经济社会发展评价指标体系的内容效度比，结果显示，评价指标体系的 CVR 值为 0.783，且 89 项评价指标中有 91.01% 的指标 CVR 值在 0.7 以上，结果如图 2-1 所示。综上，基于"五位一体"总体布局的经济社会发展评价指标体系中绝大多数指标均能较好地反映评价对象的真实水平，具有很高的内容效度。

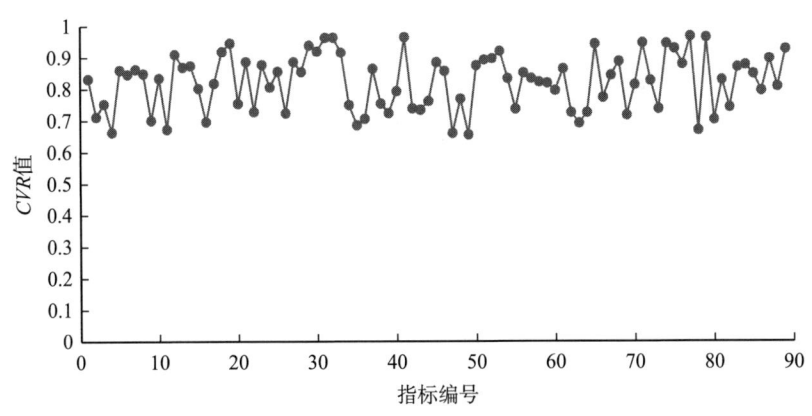

图 2-1 基于"五位一体"总体布局的经济社会发展评价指标内容效度比

2.5 评价指标体系的最终框架

通过专家咨询法、德尔菲法、相关性分析和鉴别力分析方法，对原有的基于"五位一体"总体布局的经济社会发展评价指标体系进行了反复修改与调整，运用统计分析方法对指标进行精度检验、信度检验和效度检验，形成了最终的基于"五位一体"总体布局的经济社会发展评价指标体系，如表2-11所示。本套评价指标体系融入了新发展理念，从经济建设、政治建设、社会建设、文化建设和生态文明建设5个维度共计89项具体指标全面反映基于"五位一体"总体布局的经济社会发展状况。

表2-11　基于"五位一体"总体布局的经济社会发展评价指标体系最终框架

准则层	一级指标	二级指标
经济建设	经济质量	人均准绿色GDP（+）
		绿色全要素生产率（+）
		能源消费弹性系数（-）
		通货膨胀率（适中）
		产业高度化指数（+）
		产业合理化指数（+）
	经济效率	全要素生产率（+）
		社会劳动生产率（+）
		社会销售品零售总额（+）
		固定资产投资（+）
		外贸进出口总值（+）
	经济动力	地方财政教育支出占比（+）
		高等教育就业人员占比（+）
		科技人员占比（+）
		创新投入（+）
		创新产出（+）
		高技术产业主营业务收入占比（+）
	经济协调	二元反差指数（-）
		二元对比系数（+）
		城乡居民收入差异系数（-）
		城乡居民消费水平比（-）

续表

准则层	一级指标	二级指标
政治建设	治理效能	中国政府透明度（+）
		中国司法透明度（+）
		中国检务透明度（+）
	法治环境	万人律师总人数（+）
		公职人员贪污腐败渎职贿赂立案数（-）
社会建设	教育卫生	平均受教育程度（+）
		财政性教育经费（+）
		教育人才绩效指数（师生比）（适中）
		每千人口医师数（+）
		三级医院数占比（+）
	生活质量	城镇失业率（-）
		居民人均可支配收入（+）
		居民消费价格指数（+）
		居民消费水平（+）
		恩格尔系数（-）
		居住消费支出比重（-）
	社会福利	社区服务机构覆盖率（+）
		社会保险基金支出总额（+）
		每万人需社会救济数（-）
		社会优抚覆盖率（+）
		社会负担系数（-）
	社会安定	建立劳动争议调解委员会的基层工会数（+）
		每万人交通事故死伤人数（-）
		每百万人火灾发生数（-）
		亿元GDP生产安全事故死亡率（-）
文化建设	文化投入	文化市场经营机构从业人员率（+）
		文化公共财政支出比率（+）
		文化产业固定资产投资率（+）
		每万人拥有公共文体设施面积（+）
		每万人文化机构数（+）

续表

准则层	一级指标	二级指标
文化建设	文化产出	每万人群众文化机构文艺活动次数（+）
		人均公共图书馆新购藏量（+）
		文物业收入占比（+）
		人均文化市场经营机构营业利润（+）
		艺术表演团体演出收入（+）
	文化扩散	人均图书印数（+）
		电视节目综合人口覆盖率（+）
		每万人艺术表演团体数量（+）
		博物馆人均参观人次（+）
	文化消费	人均群众文化活动费（+）
		人均文化支出占人均消费的比重（+）
		公共图书馆购书费占总支出比重（+）
		居民旅游消费价格指数（+）
生态文明建设	国土空间规划	耕地保有率（+）
		城市人口密度（适中）
		建成区绿化覆盖率（+）
		人工造林面积实施率（+）
	资源能源利用	万元GDP能耗（-）
		万元GDP用水量（-）
		万元GDP建设用地面积（-）
		工业固体废物综合利用率（+）
		工业用水重复利用率（+）
		主要清洁能源使用率（+）
	环境污染整治	万元GDP二氧化硫排放量（-）
		危险废物处置利用率（+）
		城市生活垃圾无害化处理率（+）
		污水集中处理率（+）
		环境治理投资强度（+）

续表

准则层	一级指标	二级指标
生态文明建设	生态保护修复	空气质量良好率（+）
		森林覆盖率（+）
		自然保护区覆盖率（+）
		湿地覆盖率（+）
	生态文明意识	绿色出行率（+）
		城市居民清洁能源普及率（+）
		农村无害化卫生厕所普及率（+）
		农村太阳能设备拥有量（+）
		化肥施用强度（适中）
		农药施用强度（适中）

注：表中"+""-""适中"分别代表正向指标、负向指标和适中指标。

2.6 本章小结

本章首先在基于"五位一体"总体布局的经济社会发展内涵和构成要素基础上，遵循评价指标体系构建的科学性、全面性、可操作性、前瞻性原则和体现新发展理念原则，初步构建了基于"五位一体"总体布局的经济社会发展评价指标体系，形成经济建设、政治建设、社会建设、文化建设和生态文明建设5个维度，19个一级指标层共计183个二级指标的评价指标体系初级框架；其次，在定性筛选与定量筛选方法有机结合的基础上，按照可得性、完备性、简明性和灵敏性原则，通过专家咨询法、德尔菲法、相关性分析以及鉴别力分析方法对指标进行科学合理的筛选和优化，并最终确定了5个准则层，19个一级指标层共计89个指标的基于"五位一体"总体布局的经济社会发展评价指标体系；最后，采用精度检验、信度检验和效度检验对上述构建的指标体系的可靠性与合理性进行检验分析，以保证基于"五位一体"总体布局的经济社会发展评价指标体系的合理性、可靠性和有效性。

第 3 章
基于"五位一体"总体布局的经济社会发展综合评价及结果分析

3.1 评价方法

3.1.1 单一评价方法

3.1.1.1 客观评价法

（1）熵值法。

熵值法作为一种典型的客观赋权法，其主要根据数据所呈现出来的指标间的内在联系来计算权重，可以很好地避免指标赋权过程中的主观随意性。其原理是通过引入"信息熵"理论来衡量数据的有效信息量，并以此来计算指标权重，即根据指标间的差异程度来确定指标权重。熵值越大，说明该指标所包含的信息量越大，越能够提供有效的信息，对于评价结论的贡献越大，其权重也相应较大，反之亦然。熵值法的具体计算过

程如下:

假设有 m 个评价对象,n 项评价指标,将待评价矩阵记为 $X=(x_{ij})_{m\times n}$。

首先,需要对各项指标数据进行无量纲化处理,得到 x'_{ij},关于无量纲化处理的过程将在下文进行详细阐述。

其次,对数据进行同度量化处理,计算第 i 个评价对象在指标 j 中所占的比重。公式如下:

$$p_{ij}=\frac{x'_{ij}}{\sum_{i=1}^{m}x'_{ij}},\ (1\leqslant i\leqslant m;\ 1\leqslant j\leqslant n) \tag{3-1}$$

再次,采用"信息熵"来衡量指标的差异程度,差异系数 g_j 可以通过以下公式进行计算:

$$e_j=-k\sum_{i=1}^{m}p_{ij}\ln p_{ij},\ (1\leqslant i\leqslant m;\ 1\leqslant j\leqslant n) \tag{3-2}$$

$$g_j=1-e_j,\ (1\leqslant j\leqslant n) \tag{3-3}$$

最后,根据指标差异越大,权重越高的原理,计算各项指标的权重大小,并得到最终评价结果:

$$w_j=\frac{g_j}{\sum_{j=1}^{n}g_j},\ (1\leqslant j\leqslant n) \tag{3-4}$$

$$F_i=\sum_{j=1}^{n}w_j x_{ij},\ (1\leqslant i\leqslant m;\ 1\leqslant j\leqslant n) \tag{3-5}$$

(2)逼近理想解法。

逼近理想解法是反映评价对象之间整体差异的一种客观赋权方法,以各项指标相对于评价对象的重要性相同为前提,其中心思想是通过找到每个评价指标的最优标准,从而假定一个"最优评价对象",以此为标准衡量每个评价对象与"最优评价对象"之间的差距,此差距越小越好。该方法通过指标观测值最大限度地体现出了评价对象之间的差异。逼近理想解法的具体计算步骤如下:

首先,确定理想方案。假设有 n 个被评价对象,m 项评价指标,x_{ij} 表示第 i 个评价对象所对应的第 j 项评价指标的标准化数据。由于逼近理想点赋权方法的核心思想是与理想方案越接近,说明评价方案的综合特性越好(郭亚军,2002)。因此,需要假定该方案的理想解,公式如下:

$$s^* = (x_1^*, x_2^*, \cdots, x_m^*) \qquad (3-6)$$

式中，s^* 表示最理想方案；$x_1^*, x_2^*, \cdots, x_m^*$ 表示各评价指标的理想点。

其次，用加权距离平方和表征评价对象与理想方案的距离，计算公式如下：

$$h_i = \sum_{j=1}^{m} [w_j(x_{ij} - x_j^*)]^2 = \sum_{j=1}^{m} w_j^2 (x_{ij} - x_j^*)^2, \qquad (3-7)$$
$$(i = 1, 2, \cdots, n; j = 1, 2, \cdots, m)$$

式中，h_i 表示评价对象与理想方案之间的距离；w_j 表示指标权重。

最后，计算评价指标的权重系数 w_j。可将上述距离问题转化为求如下最优化问题：

$$\min \sum_{i=1}^{n} h_i = \sum_{i=1}^{n} \sum_{j=1}^{m} w_j^2 (x_{ij} - x_j^*)^2$$
$$\text{s. t.} \begin{cases} w_1 + w_2 + \cdots + w_m = 1 \\ w_j > 0, (j = 1, 2, \cdots, m) \end{cases} \qquad (3-8)$$

即当 h_i 之和在约束条件下取得最小值时，w_j 的值即为各评价指标的权重系数。依据数学原理，通过构建拉格朗日函数，求偏导数 $\partial L/\partial w_j$、$\partial L/\partial \mu$ 并令其值为 0，可求解出 w_j，公式如下：

$$w_j = \frac{\dfrac{1}{\sum_{i=1}^{n} (x_{ij} - x_j^*)^2}}{\sum_{j=1}^{m} \dfrac{1}{\sum_{i=1}^{n} (x_{ij} - x_j^*)^2}} \qquad (3-9)$$

(3) CRITIC 法。

CRITIC 法是由迪亚库拉克（Diakoulaki，1995）首先提出的一种处理多元准则问题的客观赋权方法，其基本思想是通过综合衡量指标之间的对比强度及冲突性确定评价指标的权重大小。对比强度表示指标样本值之间的差异程度，其值越大，说明其反映的综合信息量越大，相应的权重就越大。冲突性表示指标样本之间的相关性，用相关系数衡量。冲突性大小与相关系数大小呈反比，即两个指标的相关性越强，指标之间的冲突性越小，说明其反映的信息量相似性较大，相应的权重就越小。CRITIC 客观赋权法通过数学模型计算指标权重,把多个影响因子对同一目标的影响程度进行量化。既考虑到单个指标,又考虑到整体指标;既反映了单个指标样本值的波动程度,又反映了不同指标之间的相关性。因此 CRITIC 赋权法得到的结果更加客观精确。

设 $x_{ij}(i=1,2,\cdots,m;j=1,2,\cdots,n)$ 表示第 i 个样本第 j 项指标的样本值,具体计算步骤如下:

首先,计算对比强度 S_j。对比强度用样本指标的标准差来衡量,公式如下:

$$S_j = \sqrt{\frac{\sum_{i=1}^{m}(x'_{ij}-\bar{x}_j)}{m-1}},\ (j=1,2,\cdots,n) \quad (3-10)$$

式中,S_j 为对比强度;x'_{ij} 为标准化后的样本值;$\bar{x}_j$ 为第 i 个指标的样本均值。

其次,计算冲突性 R_j。冲突性用样本指标之间的相关系数来衡量,公式如下:

$$R_j = \sum_{i=1}^{m}(1-r_{ij}),\ (j=1,2,\cdots,n) \quad (3-11)$$

式中,R_j 为对比强度;r_{ij} 为指标 i 和指标 j 之间的相关系数。

再其次,计算指标信息量 C_j。指标信息量 C_j 用对比强度 S_j 和冲突性 R_j 来衡量,公式如下:

$$C_j = S_j \times R_j,\ (j=1,2,\cdots,n) \quad (3-12)$$

式中,C_j 为指标 j 所包含的信息量。

最后,计算指标权重 W_j。

$$W_j = \frac{C_j}{\sum_{j=1}^{n}C_j},\ (j=1,2,\cdots,n) \quad (3-13)$$

式中,W_j 为指标 j 的客观权重。

3.1.1.2 主观评价法

(1) 群组 G1 法。

G1 法是由郭亚军(2017)基于层次分析法(AHP)改进后的一种主观赋权法,克服了 AHP 法因指标过多而无法通过一致性检验的缺陷。由于单一

G1 法易受某一专家经验的影响,因此为了减弱专家人为因素的干扰,本书采用群组 G1 法。群组 G1 法是建立在单一 G1 法基础上的通过群决策进行主观赋权的方法,以专家对各个指标的重要性程度为依据,进行主观排序,然后再定量分析相邻指标的重要性程度,最后根据定理判断各个指标的权重。详细操作步骤如下:

首先,确定属性间的序关系。邀请行业专家在指标集 $\{x_1, x_2, \cdots, x_m\}$ 中选出最重要的一个记为 x_1^*,在剩余的 $m-1$ 个指标中再选出其认为最重要的一个指标,记为 x_2^*,以此类推,确定 m 个指标之间唯一一个序关系为:$x_1^* > x_2^* > \cdots > x_m^*$。

其次,给出 x_{k-1}^* 与 x_k^* 之间相对重要性程度的比较判断假设。w_{k-1}/w_k 是指标 x_{k-1}^* 与 x_k^* 的重要程度之比,即 $w_{k-1}/w_k = r_k (k = m, m-1, m-2, \cdots, 3, 2)$。其中,$w_{k-1}$ 和 w_k 表示相应指标的权重;r_k 表示相邻指标 x_{k-1}^* 和 x_k^* 的重要程度之比,其赋值规则为:$r_k = 1.8$、1.6、1.4、1.2、1.0,分别表示指标 x_{k-1}^* 比 x_k^* 极端重要、强烈重要、明显重要、稍微重要、同样重要。

最后,计算权重系数 w_j^G。根据专家给出的所有指标的理性赋值,计算指标 x_m^* 的权重,计算公式如下:

$$w_m = \left(1 + \sum_{k=2}^{m} \prod_{i=k}^{m} r_i \right)^{-1} \qquad (3-14)$$

根据上述公式确定指标 x_m^* 的权重 w_m 后,可得到第 $m-1, m-2, \cdots, 3, 2$ 个指标的权重,公式如下:

$$w_{k-1} = r_k w_k, (k = m, m-1, m-2, \cdots, 3, 2) \qquad (3-15)$$

根据所得结果梳理出指标集 $\{x_1, x_2, \cdots, x_m\}$ 的单一 G1 权重系数 $w_j^G = (w_1, w_2, \cdots, w_m)$。群组 G1 法同时邀请 $L(L>1)$ 位专家对同一个指标集进行判断,按照上述单一 G1 法步骤分别计算出指标权重,最后对指标权重进行处理,得到一个较理想的结果。在各个专家进行序关系判断时会出现以下情况:

第一种是 L 个序关系一致的情况。假设 L 位专家关于指标 $x_1, x_2, \cdots, x_m$ 之间序关系的判断排序完全一致,记做 $x_1^* > x_2^* > \cdots > x_m^*$。设专家 f 关于 r_k 的赋值为 $r_{fm}, r_{f(m-1)}, \cdots, r_{f2}(f=1, 2, \cdots, L)$。把每个专家的赋值代入上述计算权重的公式中,分别得到 L 组权重系数 $w_{fk}(f=1, 2, \cdots, L; k=1,$

$2, \cdots, m$),最后将所得 L 组权重取算术平均值得到综合权重系数,计算公式为:

$$w_k = \frac{\sum_{f=1}^{L} w_{fk}}{L}, \ (k = 1, 2, \cdots, m) \tag{3-16}$$

第二种是 L 个序关系不一致的情况。假设有 $q(1 \leqslant q < L)$ 位专家给出的指标序关系是一致的,为:$x_1^* > x_2^* > \cdots > x_m^*$。这时候,可按照第一种情况处理得到对应权重 w_1^*,w_2^*,$\cdots$,w_m^*。剩下 $L-q$ 位专家给出的序关系不一致,假设剩下的专家中专家 k 给出的序关系为:$x_{k1}^* > x_{k2}^* > \cdots > x_{km}^*$($k = 1, 2, \cdots, L-q$)。设专家 k 关于 $x_{k,j-1}$ 与 $x_{k,j}$($k = 1, 2, \cdots, L-q$;$j = m, m-1, \cdots, 3, 2$)间重要性程度之比的赋值为 r_{kj}($k = 1, 2, \cdots, L-q$;$j = m, m-1, \cdots, 3, 2$),根据公式计算专家 k 赋予的权重系数,记 w_{kj},最后由算术平均值得出综合权重,计算公式为:

$$w_j^{**} = \frac{1}{L-q} \sum_{k=1}^{L-q} w_{kj}, \ (j = 1, 2, \cdots, m) \tag{3-17}$$

将 w_j^{**} 进行归一化处理后与 w_i^* 进行综合,得到评价指标集权重系数 w_j^G:

$$w_j^G = \alpha w_j^* + \beta w_j^{**}, \ (j = 1, 2, \cdots, m) \tag{3-18}$$

式中,$\alpha > 0$,$\beta > 0$ 且 $\alpha + \beta = 1$,取 $\alpha = q/L$,$\beta = (L-q)/L$。

(2)盲数理论法。

盲数理论是由刘开第、吴和琴等在未确知数学理论的基础上建立和发展起来的,是用于处理和表达盲信息的一种数学工具(林泽阳、林建华,2015)。基于盲数理论的主观赋权法是根据评价专家意见达成的共识程度来衡量指标的重要性程度,对于共识程度高、意见集中的指标赋予较大的权重。其充分利用了专家的经验,提高了主观赋权的客观性、合理性和真实性。具体步骤如下:

首先,确定专家可信度。设专家组 A 中 l 位专家的可信度分别为 $\bar{\varepsilon}_1$,$\bar{\varepsilon}_2$,$\cdots$,$\bar{\varepsilon}_l (0 \leqslant \bar{\varepsilon}_l \leqslant 1)$,$\bar{\varepsilon}_l$ 越大,说明该专家可信度越高。其中,$\varepsilon_i = \bar{\varepsilon}_i \Big/ \sum_{i=1}^{l} \bar{\varepsilon}_i$ 为专家 A_i 关于专家组 A 的综合可信度;$\varepsilon = 1 - (1 - \bar{\varepsilon}_1)(1 - \bar{\varepsilon}_2) \cdots (1 - \bar{\varepsilon}_l)$ 为专家组 A 的综合可信度;$\theta_i = \varepsilon \varepsilon_i$ 为专家 A_i 的绝对综合可信度。

其次,明确评估区间以衡量指标的重要性程度。邀请 l 位专家判断评价指标的重要性程度，给出重要性程度评估区间 $[b_i, c_i] (0 \leq b_i, c_i \leq 1)$，其区间长度为 $Z_i = c_i - b_i$。

再其次，根据盲数理论检验指标重要性可靠度。根据专家绝对综合可信度及评价指标重要性区间估计值，用盲数形式表示指标 x，即：

$$f(x) = \begin{cases} \theta_1, & x = [b_1, c_1] \\ \theta_2, & x = [b_2, c_2] \\ \vdots & \vdots \\ \theta_l, & x = [b_l, c_l] \\ 0, & \text{其他} \end{cases} \quad (3-19)$$

根据公式（3-20）、公式（3-21）及公式（3-22）计算指标 x 的均值与标准差：

$$Ef(x) = \begin{cases} \theta, & x = \frac{1}{\theta}(\Theta \sum_{i=1}^{l} \theta_i x_i) \\ 0, & \text{其他} \end{cases} \quad (3-20)$$

$$D[f(x)] = \frac{1}{\theta} \sum_{i=1}^{l} \{\theta_i [\Theta x_i - Ef(x)]^2\} \quad (3-21)$$

$$\sigma[f(x)] = \sqrt{D[f(x)]} \quad (3-22)$$

式中，$Ef(x)$ 为盲数 $f(x)$ 的均值；$D[f(x)]$ 为盲数的方差；$\sigma[f(x)]$ 为盲数的标准差；Θx_i 为 x_i 的心，即 $x_i = [b_i, c_i]$ 时，$\Theta x_i = (b_i + c_i)/2$，$\sum_{i=1}^{l} \theta_i = \theta \leq 1$。

根据盲数均值及标准差确定指标重要性可靠度为：

$$Rf_i(x) = 1 - \frac{\sigma[f_i(x)]}{Ef_i(x)} \quad (3-23)$$

若指标重要性可靠度大于控制值，则通过检验；反之，则不通过检验。

最后，确定指标权重系数 w_j^M。

$$w_j^M = \frac{Ef_i(x) \times Rf_i(x)}{\sum_{i=1}^{n} Ef_i(x) \times Rf_i(x)} \quad (3-24)$$

（3）网络层次分析法。

网络层次分析法（analytic network process，ANP）是在 AHP 方法的基础

上提出的一种适应复杂结构的科学决策方法（孟俊娜、黄京等，2016），其充分考虑各元素间的依赖性和反馈性，使用类似网络结构替代简单的递阶层次结构来表示系统中各元素之间的关系。ANP 适用于评价系统内部具有相互依赖和反馈关系的非独立递阶层次结构的决策问题，其基本原理是利用超矩阵对相互影响的因素进行综合分析以得出其混合权重（袁旭梅、张旭等，2015）。基本步骤如下：

首先，构建 ANP 网络层次结构。通过对决策问题进行分析和描述，判断各元素和元素集是否存在相互依赖和反馈关系。将系统分为控制准则层和影响网络层，其中控制准则层包括目标和多个决策准则，也可以没有决策准则，但至少要有一个目标；影响网络层由彼此之间存在影响关系的元素组成，这些元素相互依赖和反馈，每个元素既可能是影响源，也可能是被影响者。

其次，构造 ANP 无权重超矩阵。假设 ANP 网络层次结构的控制准则层中包含元素组 $P_1, P_2, P_3, \cdots, P_s$，影响网络层中包含元素组 $C_1, C_2, C_3, \cdots, C_n$，其中 $C_i(i=1, 2, 3, \cdots, n)$ 包括元素 $e_{i1}, e_{i2}, e_{i3}, \cdots, e_{in}$。以 $P_m(m=1, 2, 3, \cdots, s)$ 作为主准则，以该网络层次结构中的某个元素组 C_j 中的元素 $e_{jk}(k=1, 2, 3, \cdots, n_j)$ 为次准则，按照元素组 C_i 中各元素对 e_{jk} 的影响程度大小生成判断矩阵，进而得出其归一化的特征向量 $(w_{i1}^{jk}, w_{i2}^{jk}, w_{i3}^{jk}, \cdots, w_{in_j}^{jk})^T$。如此，依次将 C_i 中的元素与 C_j 中的元素进行两两比较，构造各自的判断矩阵，并计算归一化的特征向量，最后将各判断矩阵的归一化特征向量进行整合，得出未加权超级矩阵 W_m。

$$W_m = \begin{bmatrix} w_{11} & w_{12} & \cdots & w_{1n} \\ w_{21} & w_{22} & \cdots & w_{2n} \\ \vdots & \vdots & \ddots & \vdots \\ w_{n1} & w_{n2} & \cdots & w_{nn} \end{bmatrix} \qquad (3-25)$$

其中，

$$w_{ij} = \begin{bmatrix} w_{i1}^{j1} & w_{i1}^{j2} & \cdots & w_{i1}^{jn_j} \\ w_{i2}^{j1} & w_{i2}^{j2} & \cdots & w_{i2}^{jn_j} \\ \vdots & \vdots & \ddots & \vdots \\ w_{in_j}^{j1} & w_{in_j}^{j2} & \cdots & w_{in_j}^{jn_j} \end{bmatrix} \qquad (3-26)$$

同理，以其他决策准则为主准则，重复上述步骤，可以得到 m 个无权重超矩阵。

再其次，建立加权超级矩阵。以控制准则层元素组 P_1，P_2，P_3，…，P_s 为主准则，影响网络层元素组 C_j 为次准则，两两比较其他元素组相对于此元素组的影响程度大小，构造判断矩阵 b_j，做归一化处理，从而生成归一化特征向量 $(b_{1j}, b_{2j}, \cdots, b_{Nj})^T$，构成权重矩阵 b_m 来反映元素的组间关系。

$$b_m = \begin{bmatrix} b_{11} & b_{12} & \cdots & b_{1n} \\ b_{21} & b_{22} & \cdots & b_{2n} \\ \vdots & \vdots & \ddots & \vdots \\ b_{n1} & b_{n1} & \cdots & b_{nn} \end{bmatrix} \quad (3-27)$$

将权重矩阵 b_m 与未加权超级矩阵 W_m 相乘，计算出加权超级矩阵 W_{mm}。

$$W_{mm} = b_m W_m \quad (3-28)$$

最后，求解极限超级矩阵。由于网络结构层次中各指标是相互关联的，因此各元素之间既存在着直接影响关系，也存在着间接影响关系。因而，在网络层次分析法中，要求解极限超矩阵来明确稳定的元素优先权。设加权超级矩阵 W_{mm} 中的元素为 w_{ij}，通过观察 w_{ij} 的大小，可以确定元素 i 对元素 j 的第一步优势度；W_{mm}^2 中的元素为 $\sum_{i=2}^{N} w_{ik} w_{kj}$，反映了元素 i 对元素 j 的第二步优势度；以此类推，若 t 趋向于正无穷时，W_{mm}^t 极限值存在，即：

$$W_{mm}^{\infty} = \lim_{t \to \infty} W_{mm}^t \quad (3-29)$$

则 W_{mm}^{∞} 的第 j 列是决策准则 P_m 下影响网络层中各元素对 j 元素的相对优先权。依次计算出各个决策准则下的极限超级矩阵，进而得到每个元素的权重值。

3.1.2 组合评价方法

为了方便以下问题的描述，假设采用 n 种单一评价方法对 m 个对象进行评价，将评价对象 i 在第 j 种单一评价方法下所得评价值记为 y_{ij}，其中，$1 \leq i \leq m$，$1 \leq j \leq n$。

3.1.2.1 平均值法

平均值法是最常见且比较直接的组合评价方法，目前学术界对此方法的应用较为普遍。如果简单考虑单一评价结论的算术平均值，则可以直接对单一评价结论进行算术加权，计算公式如下：

$$\bar{y}_i = \frac{1}{n}\sum_{j=1}^{n} y_{ij}, \ (i=1, 2, \cdots, m) \qquad (3-30)$$

基于均值法更广义的组合评价法还应当考虑到对于各单一评价方法的作用不同，应当赋予不同的权重。统计学意义上的均值法涵盖范围较广，例如，调和平均、几何平均、幂平均等方法，而扩展的广义平均值法为：

$$\bar{y}_i = \left[\frac{\sum_{j=1}^{n}(y_{ij})^k w_j}{\sum_{j=1}^{n} w_j}\right]^{\frac{1}{k}}, \ (i=1, 2, \cdots, m) \qquad (3-31)$$

根据 K 值的不同，广义平均算法可以转化为具体的平均值处理形式，如表 3-1 所示。特别地，当 $K=1$，且 $w_j = \frac{1}{n}$ 时，便是上述的算术平均值法。不同类型的平均组合方式各具特点，并无绝对的优劣之分，应当根据所评价对象的具体特性来选择合适的平均组合形式，具体选择原则可参考文献（邱东，1991）。

表 3-1　　　　　　　　　不同 K 值对应的均值方法

平均算法	算术平均组合法	平方平均组合法	调和平均组合法	几何平均组合法
K 值	$K=1$	$K=2$	$K=-1$	$K\to 0$

3.1.2.2　偏差平方最小法

偏差平方最小法是由国内学者彭勇行（1997）提出的一种最优化组合评价方法，该方法基于最小化单一评价结论的思想，通过构造非线性规划模型，进而求解出最终的组合评价结果，在充分利用各单一评价结果客观数据的基础上，寻求组合评价结果与各单一评价结果之间的最大相容性。其原理如下：

记第 j 种单一评价方法归一化后得到的评价值向量为 $H_j = (h_1^{(j)}, h_2^{(j)}, \cdots, h_m^{(j)})^T$，$(j=1, 2, \cdots, n)$，其中 $\sum_{i=1}^{m} h_i^{(k)} = 1$。

记待定的组合评价值向量为：$H_0 = (h_1^{(0)}, h_2^{(0)}, \cdots, h_m^{(0)})^T$，则组合评价值向量 H_0 与第 j 种单一评价方法评价值向量 H_j 的偏差为：

$$H_0 - H_j = (h_1^{(0)} - h_1^{(j)}, h_2^{(0)} - h_2^{(j)}, \cdots, h_m^{(0)} - h_m^{(j)})^T \quad (3-32)$$

依据偏差平方和最小的原则，构造非线性规划模型，如下所示：

$$\min \sum_{j=1}^{n} \|H_0 - H_j\|^2 = \sum_{i=1}^{m} \sum_{j=1}^{n} (h_i^{(0)} - h_i^{(j)})^2$$
$$\text{s.t.} \sum_{k=1}^{m} h_i^{(0)} = 1 \quad (3-33)$$

通过证明，不难求解出，上述非线性规划模型存在唯一解：

$$h_i^{(0)} = \frac{1}{n} \sum_{j=1}^{n} h_i^{(j)} + \frac{1}{m}\left(1 - \frac{1}{n}\sum_{j=1}^{n}\sum_{i=1}^{m} h_i^{(j)}\right), \quad (i=1,2,\cdots,m; j=1,2,\cdots,n) \quad (3-34)$$

令 $\alpha_i = \sum_{j=1}^{n} h_i^{(j)}$，则可以化简上述组合评价值向量：

$$h_i^{(0)} = \frac{1}{m} + \frac{1}{mn}(m\alpha_i - \sum_{i=1}^{n} \alpha_i), \quad (i=1,2,\cdots,m) \quad (3-35)$$

3.1.2.3 最满意组合法

上述偏差平方最小法初步解决了多种评价方法结论不一致的问题，但其侧重于对评价结果的直接求解，而未涉及单一评价方法的权重求解过程，无法体现出对于多种单一评价结论的具体集结过程。陈国宏、李美娟（2004）等学者提出了一种基于最满意思想的单一评价方法集化模型，该模型的指导思想与偏差平方最小法类似，即在不同的相容评价结论中寻求一致性与妥协性，使得最终的组合评价结论与各单一评价结论之间的偏差最小。值得注意的是，该模型可以求解出各单一评价方法的权重向量，在明确各单一评价方法对于最终评价结果的贡献度方面具有一定的优势。通过上述原理，可以构造下列非线性规划模型：

$$\min_{w_1, w_2, \cdots, w_n} \sum_{j=1}^{n} \|y^* - y^j\|^2$$
$$\text{s.t.} \sum_{j=1}^{n} w_j = 1 \quad (3-36)$$

式中，y^* 代表最满意的组合评价结果集，由 n 个相容的单一评价结论线性加权所得；y^j 和 w_j 分别代表第 j 个单一评价方法下的评价结果集和权重大小，其中：

$$y^* = \sum_{j=1}^{n} w_j y_j \quad (3-37)$$

式中，y_j 表示第 j 种单一评价方法的评价结果集。

利用 Matlab 2018a 编写程序求解上述非线性规划模型，可求得基于最满意思想的评价方法权重向量 $w = (w_1, w_2, w_3, \cdots, w_n)$，进而求解出最满意组合评价结论 y^*。

3.1.2.4 基尼准则法

基尼准则法主要用于在分类回归树中度量信息不纯度，国内学者范德成（2019）将该准则引入组合评价中，构建了基于基尼准则法的组合评价模型。基尼准则法是一种依据单一评价结论的信息纯度来确定组合评价过程中各单一评价方法权重的组合评价方法（范德成、宋志龙，2019）。评价结论确定性的程度可由其信息纯度反映，信息纯度越高，则评价结论发生的概率越大，可以确保组合评价结果更加稳定可靠。

根据基尼准则理论，基尼系数的定义为：

$$G = 1 - \sum_{i=1}^{n} p_{ij}^2, \quad (i=1, 2, \cdots, m; \ j=1, 2, \cdots, n) \quad (3-38)$$

$$p_{ij} = \frac{y_{ij}}{\sum_{i=1}^{m} y_{ij}} \quad (3-39)$$

式中，p_{ij} 表示第 i 个评价对象在第 j 种单一评价方法下的评价值占总评价值的比重，$\sum_{i=1}^{m} p_{ij} = 1$。

G 表示信息不纯度，信息纯度与信息不纯度是相对应的关系，两者之和为 1，即 $G + d = 1 (0 \leqslant G \leqslant 1; \ 0 \leqslant d \leqslant 1)$。因此，可以得出信息纯度的定义：

$$d_j = \sum_{i=1}^{n} p_{ij}^2 \quad (3-40)$$

式中，d_j 反映了每一种单一评价方法的信息纯度。d_j 越大，表明第 j 种评价方法评价值的信息纯度越大，进而对评价结论做出确定性排序的概率越大，所赋权重也越大；否则，所赋权重越小，从而有利于提高组合评价结论的确定性。所以，通过对 d_j 进行归一化处理来获得单一评价方法的权重向量，即：

$$w_j = \frac{d_j}{\sum_{j=1}^{n} d_j} \quad (3-41)$$

在得到上述单一评价方法的权重向量之后，通过对各单一评价结论进行集结，得出最终的组合评价结果，计算公式如下：

$$z_i = \sum_{j=1}^{n} w_j y_{ij} \quad (3-42)$$

3.1.2.5 偏差熵法

偏差熵法是由国内学者张发明（2011）提出的一种基于偏差信息熵理论的组合评价方法。该方法在兼顾相容方法集偏差最小的同时，较好地考虑了相容方法集各自之间的相容质量问题。若单一评价方法的评价结论十分接近，则说明相容方法集的相容质量较高。因此，在构建组合评价模型时，应该考虑到这一点。

传统的组合评价模型的构建一般是以组合评价结论与各种单一评价结论之间的总偏差最小为依据。例如，假定组合评价结果为 $y = (y_1, y_2, \cdots, y_n)^T$，对于单一评价方法 j 来说，评价对象 i 的评价结果 x_{ij} 与组合评价结果 y_i 的偏差大小可以表示为：

$$d_{ij} = |y_i - x_{ij}| = \sqrt{(w_j x_{ij} - x_{ij})^2} \quad (3-43)$$

通过引入偏差熵来构建衡量相容方法集相容质量的评价模型，对于单一评价方法 j，定义其偏差熵为 $-\delta_j \ln \delta_j$，式中：

$$\delta_j = \frac{d_j}{\sum_{j=1}^{m} d_j} \quad (3-44)$$

根据熵的性质，熵值越大，则表示相容方法集之间的差异程度越小，相容质量越高；反之，熵值越小，相容方法集之间的差异程度越大，相容质量越低。基于上述理论，可以构造基于偏差熵的组合评价模型：

$$\max H = \max - \sum_{j=1}^{n} \delta_j \ln \delta_j = \max - \sum_{j=1}^{n} \left(\frac{d_j}{\sum_{j=1}^{m} d_j} \right) \ln \left(\frac{d_j}{\sum_{j=1}^{m} d_j} \right)$$

$$= - \sum_{j=1}^{n} \left[\frac{\sum_{i=1}^{n} \sqrt{(w_j x_{ij} - x_{ij})^2}}{\sum_{j=1}^{m} \sum_{i=1}^{n} \sqrt{(w_j x_{ij} - x_{ij})^2}} \right] \times \ln \left[\frac{\sum_{i=1}^{n} \sqrt{(w_j x_{ij} - x_{ij})^2}}{\sum_{j=1}^{m} \sum_{i=1}^{n} \sqrt{(w_j x_{ij} - x_{ij})^2}} \right]$$

$$\text{s.t.} \sum_{i=1}^{m} w_j = 1, (0 \leq w_j \leq 1) \qquad (3-45)$$

为了兼顾相容方法集内各单一评价方法的评价结论总偏差最小的同时，最大化相容方法集的相容质量，可以对上述两个模型进行组合，从而构造出兼具两者特性的最优模型，其形式如下：

$$\min T = \min \alpha \left\{ \sum_{j=1}^{n} \left[\frac{\sum_{i=1}^{n} \sqrt{(w_j x_{ij} - x_{ij})^2}}{\sum_{j=1}^{m} \sum_{i=1}^{n} \sqrt{(w_j x_{ij} - x_{ij})^2}} \right] \times \ln \left[\frac{\sum_{i=1}^{n} \sqrt{(w_j x_{ij} - x_{ij})^2}}{\sum_{j=1}^{m} \sum_{i=1}^{n} \sqrt{(w_j x_{ij} - x_{ij})^2}} \right] \right\}$$

$$- \beta \sum_{i=1}^{n} \sqrt{(w_j x_{ij} - x_{ij})^2}$$

$$\text{s.t.} \sum_{i=1}^{m} w_j = 1, (0 \leq w_j \leq 1) \qquad (3-46)$$

式中，α 和 β 代表决策制定者对于偏差性及相容性的偏好程度，其大小可以根据决策者自身偏好而定，若无明显偏好，则可令 $\alpha = \beta = 0.5$。

3.1.3 组合评价合理性检验

3.1.3.1 一致性检验

（1）事前检验。

事前检验主要考察单一评价方法之间的一致性问题，若单一评价方法结果之间关联较大，即评价结果具有一致性，则组合评价结果能够更加趋于现实，结果更优。反之，若单一评价方法结果差异较大，即不具有一致性，那么组合评价结果势必会偏离真实值，造成评价结论失真。因此，在对单一评价结论进行组合之前，一定要鉴别单一评价方法集是否存在"一致性"，并以此为依据确定相容评价集。

国内学者曾宪报（1997）提出要对组合评价结论进行事前事后检验，其采用了肯德尔（Kendall）一致性系数检验法事前检验了组合评价结果。肯德尔一致性系数是用于检验单一评价结果排序在总体上是否趋于一致的数学工具。其具体计算步骤如下：

首先，采用选取的 m 种单一评价方法对 n 个待评价对象进行评价，得到每种评价方法下的评价结果并对其进行排序。

假设 H_0：m 种单一评价方法的结果不具有一致性。

假设 H_1：m 种单一评价方法的结果具有一致性。

计算检验统计量并对上述假设进行检验。

当 $n \leq 7$ 时，检验统计量为：

$$S = \sum_{i=1}^{n} R_i^2 - \frac{\left(\sum_{i=1}^{n} R_i\right)^2}{n} \tag{3-47}$$

式中，S 为肯德尔一致性检验系数，$R_i = \sum_{j=1}^{m} y_{ij}$，确定显著性水平 α 后，根据"肯德尔一致性系数临界值表"获取临界值 S^*，若 $S > S^*$，则拒绝原假设，即单一评价方法之间具有一致性；反之，则不具有一致性。

当 $n > 7$ 时，检验统计量为：

$$\chi^2 = m(n-1)T \tag{3-48}$$

$$T = \frac{12 \sum_{i=1}^{n} R_i^2}{m^2 n(n^2-1)} - \frac{3(n+1)}{n-1} \tag{3-49}$$

式中，χ^2 服从自由度为 $n-1$ 的 $\chi^2(n-1)$ 分布，在给定显著性水平 α 下，依据 χ^2 分布表获取临界值 $\chi^2_{\alpha/2}$，当 $\chi^2(n-1) > \chi^2_{\alpha/2}(n-1)$ 时，拒绝原假设，即单一评价方法在显著性水平 α 上具有一致性；反之，则不具有一致性。

（2）事后检验。

事后检验的主要目的是检验组合评价结果与各单一评价结果是否具有一致性，以及重点检验组合评价的组合效果。组合评价法是在各单一评价方法结论不一致的背景下提出来的，其设计初衷是既要弱化单一评价方法的缺陷，又要汲取各单一评价方法的优点，使得相互之间取长补短。因此最终的组合评价结果既要与原单一评价方法不完全相同，又要相对接近。为了实现上述检验效果，本书采用学术界主流的斯皮尔曼（Spearman）等级相关系数。

斯皮尔曼等级相关系数方法主要用来检验组合评价结果与各单一评价结果之间是否存在显著的一致性，其具体原理步骤如下：

首先，采用选取的 m 种单一评价方法对 n 个待评价对象进行评价，得出每种评价方法下的评价结果并对其进行排序。

假设 H_0：第 k 种组合评价方法的评价结果与 m 种单一评价方法的结果不具有一致性。

假设 H_1：第 k 种组合评价方法的评价结果与 m 种单一评价方法的结果具有一致性。

计算检验统计量并对上述假设进行检验。

当 $n<10$ 时，检验统计量为：

$$\rho_k = \frac{1}{m\sum_{j=1}^{m}\rho_{jk}} \tag{3-50}$$

式中，ρ_k 表示第 k 种组合评价方法与 m 种单一评价方法之间的平均相关程度，ρ_{jk} 表示第 k 种组合评价方法结论与第 j 种单一评价方法结论间的斯皮尔曼等级相关系数值，值越大，则代表两者之间的相关性程度越高。

当 $n \geqslant 10$ 时，检验统计量为：

$$t_k = \rho_k \sqrt{\frac{n-2}{1-\rho_k^2}}, \quad (k=1, 2, \cdots, l) \tag{3-51}$$

统计量 t_k 服从自由度为 $n-2$ 的 t 分布，在给定显著性水平 α 的前提下，依据 t 分布表获取临界值 $t_{\alpha/2}$，当 $t(n-2) > t_{\alpha/2}(n-2)$ 时，拒绝原假设，即该组合评价结论与前述单一评价结论在显著性水平 α 上具有一致性；反之，则不具有一致性。

3.1.3.2 相对有效性检验

在确保组合评价结论与各单一评价结论之间存在显著一致性之后，为了遴选出最佳组合评价方法，本书采用郭亚军（2009）提出的相对有效性检验进行选择：假设采用 n 个单一评价方法对 m 个对象进行评价，得到的排序矩阵如下所示：

$$Y = [y_{ij}]_{m \times n} = \begin{bmatrix} y_{11} & \cdots & y_{1n} \\ \vdots & \ddots & \vdots \\ y_{m1} & \cdots & y_{mn} \end{bmatrix} \quad (3-52)$$

式中，y_{ij} 表示第 i 个评价对象在 j 种评价方法下的排序结果。假设第 t 种单一评价方法的排序结果最优，记为 $y^{(t)}$，其余 $m-1$ 种单一评价方法与评价方法 t 的排序结果有 v_{jt} 个相同的排序位置，则 $m-1$ 种单一评价方法与评价方法 t 的平均排序相似度为：

$$mean_t = \sum_{j=1, j \neq t}^{n} v_{jt} \quad (3-53)$$

假设有 p 种待检验的组合评价方法，记第 k 种组合评价方法与评价方法 t 排序结果有 v^k 个相同的排序位置，可以计算出第 k 个组合评价方法的相对有效系数 ε_{kt}：

$$\varepsilon_{kt} = \frac{(v^k - mean_t)}{n} \quad (3-54)$$

值得说明的是，此部分郭亚军（2009）在测算组合评价方法的相对有效性系数时采用的公式如下：

$$\varepsilon_{kt} = \frac{(v^k - max_t)}{n} \quad (3-55)$$

上述测算方式在处理单一评价结果排序差距较大时效果较明显，然而在单一评价结论排序差距较小时，此方法的有效性识别度会有所降低。为了解决上述问题，我们对相对有效性系数的测算进行了上述公式（3-55）的改进。

然后，为了解决上述对于排序结果最优的假设，基于大数定律的角度，可以依据单一评价方法与其余 $m-1$ 种单一评价方法的一致性程度来确定第 t 种单一评价方法的排序结果最优的概率 p_t。为了衡量这种一致性，这里采用斯皮尔曼等级相关系数，计算公式为：

$$s_{tl} = 1 - \frac{6 \sum_{i=1}^{n} p_i^2}{n(n^2 - 1)} \quad (3-56)$$

$$\bar{s}_t = \frac{1}{n-1} \sum_{i=1, l \neq t}^{n} s_{tl} \quad (3-57)$$

式中，s_{tl} 为第 t 种排序结果与第 l 种排序结果的等级相关系数，p_i 表示两

种评价结论中第 i 个评价对象排序的差值。$\bar{s}_t$ 代表第 t 种单一评价方法与其余单一评价方法排序结论的平均等级相关系数，间接反映了第 t 种评价方法结论最优的概率，因此，对其进行归一化处理可得 p_t：

$$p_t = \frac{\bar{s}_t}{\sum_{t=1}^{n} \bar{s}_t} \qquad (3-58)$$

最后，根据相对有效系数 ε_{kt} 和概率 p_t，即可求解出第 k 种组合评价方法的相对有效性，如下所示：

$$\tau^k = \sum_{t=1}^{n} p_t \varepsilon_{kt} \qquad (3-59)$$

上述基于一致性与相对有效性的组合评价过程如图 3-1 所示。

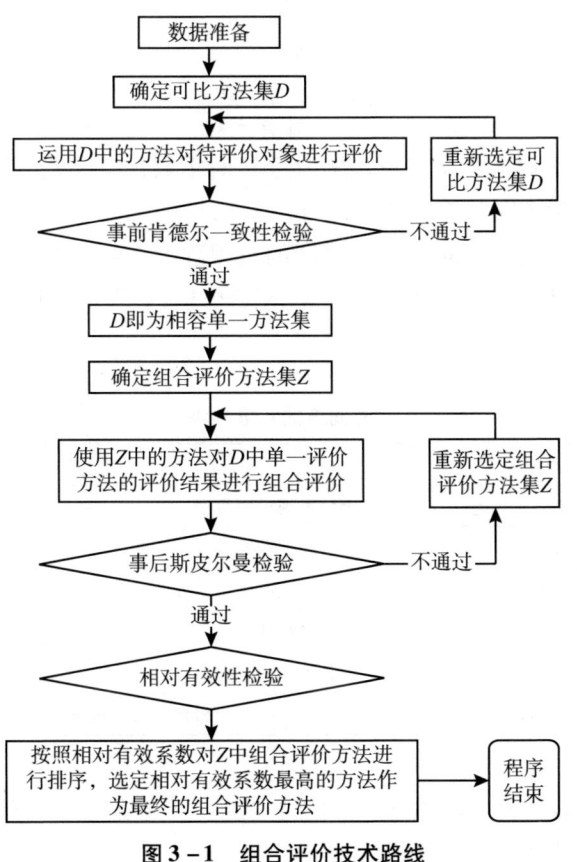

图 3-1 组合评价技术路线

3.1.4 动态组合评价方法

根据上述组合评价方法，可以计算得到 2010~2017 年我国省域基于"五位一体"总体布局的经济社会发展水平及各维度发展水平。为了更加全面地反映经济社会发展水平，需要对每一年的评价结果进行合成得出最终的评价结果，而如何科学地设置时间权重向量 $w = (w_1, w_2, \cdots, w_n)^T$ 是解决此问题的关键。基于信息熵指数的非线性规划法作为求解时间权重的方法之一，可以在区别不同时期重要程度的同时兼顾评价指标的重要性，从而避免因过度追求拉开时序差异而导致的测度指标"失灵"。因此本书借用"信息熵原理"构造熵指数 I，并引入时间度 λ 来刻画时间权向量之间的差异程度，其定义为：

$$I = -\sum_{k=1}^{N} w_k \ln w_k \qquad (3-60)$$

$$\lambda = \sum_{k=1}^{N} \frac{p-k}{p-1} w_k \qquad (3-61)$$

式中，w_k 为时间权重向量，N 为考察期年数，由公式（3-60）可以看出，时间权向量之间的差异越小，则 I 越大；反之，差异越大，I 越小。

时间度 λ 反映的是对考察期时序的重视程度，$\lambda \in [0, 1]$，λ 越接近于 0，表示评价过程越重视近期数据，λ 越接近于 1，表示评价过程越重视远期数据，λ 的确定可依据表 3-2 进行。

表 3-2　　时间度的标度参考

λ 赋值	说明
0.1	十分重视近期数据
0.3	较重视近期数据
0.5	同样重视所用时期数据
0.7	较重视远期数据
0.9	十分重视远期数据
0.2、0.4、0.6、0.8	对应以上两个相邻判断的中间情况

基于时间权重确立的原则——使得 $\{\omega_k\}$ 差异最小，时间权重的确定就转化为求解下述非线性规划问题：

$$\max\left(-\sum_{k=1}^{N} w_k \times \ln w_k\right)$$
$$\text{s.t.} \begin{cases} \lambda = \sum_{k=1}^{N} \dfrac{N-k}{N-1} \times w_k \\ \sum_{k=1}^{N} w_k = 1, w_k \in [0,1] \end{cases} \qquad (3-62)$$

3.2 研究对象、数据来源及预处理

3.2.1 研究对象

省（自治区、直辖市）是我国基本的行政管理单位，各省（区、市）统计局开展的数据统计工作为评价研究提供了丰富的统计资料。因此，本书以省（自治区、直辖市）为基本研究对象。此外，西部大开发、东北振兴、中部崛起、东部率先"四大板块"战略是基于区域地理位置形成的区域发展战略，这充分考虑了不同区域的经济社会基础，同时也重视了对上述区域未来发展的战略指引，在今后时期内是我国区域协调发展的重要指导性战略。因此，本书从我国省域和四大板块区域作为经济社会发展综合评价和非均衡问题研究的重要对象。限于资料的获取，本书研究对象不涉及我国香港、澳门、台湾地区及西藏自治区。

本书选取我国30个省（自治区、直辖市）为评价对象。其中，东部地区有：北京市、天津市、河北省、上海市、江苏省、浙江省、福建省、山东省、广东省、海南省；中部地区有：山西省、安徽省、江西省、河南省、湖北省、湖南省；西部地区有：内蒙古自治区、广西壮族自治区、重庆市、四川省、贵州省、云南省、陕西省、甘肃省、青海省、宁夏回族自治区、新疆维吾尔自治区；东北地区有：黑龙江省、吉林省、辽宁省。以下简称北京、天津、河北、上海、江苏、浙江、福建、山东、广东、海南；山西、安徽、江西、河南、湖北、湖南；内蒙古、广西、重庆、四川、贵州、云南、陕西、甘肃、青海、宁夏、新疆；黑龙江、吉林、辽宁。

3.2.2 数据来源及缺失值处理

基于"五位一体"总体布局的经济社会发展评价指标体系如表 2-11 所示。指标数据均来源于 2011~2018 年相应年份的《中国统计年鉴》《中国法治发展报告》《中国政府透明度》《中国司法透明度》《中国能源统计年鉴》《中国高技术产业统计年鉴》《中国环境统计年鉴》《中国教育统计年鉴》《中国卫生健康统计年鉴》《中国卫生与计划生育统计年鉴》《中国劳动统计年鉴》《中国社会统计年鉴》《中国消防年鉴》《中国文化文物统计年鉴》《中国文化及相关产业统计年鉴》,以及各省统计年鉴及统计公报。

然而,由于个别省(自治区、直辖市)统计资料不全导致统计数据无法收集完整。例如,国家统计局未统计 2010 年规模以上工业企业 R&D 经费,故该指标无法获取 2010 年数据,2016 年河北、山西、辽宁、广西每百万人火灾发生数缺失以及 2016 年北京市缺失工业用水重复利用率数据等。统计数据的缺失难免会对评价结果造成一定程度的误差,但总体而言,部分指标数据的缺失并不会影响整体评价结果的可靠性,在实际研究中往往可以适当地通过统计分析的方法对缺失数据进行插补。本书选取常用的均值插补法来对缺失数据进行合理填充,其原理如下所示:

$$\bar{y} = \frac{\sum_{i=1}^{n} \alpha_i y_i}{n_1} \qquad (3-63)$$

式中,α_i 为数据缺失标志向量,$\alpha_i = 0$ 代表该项数据缺失,$\alpha_i = 1$ 代表该项数据完整,n_1 表示数据完整的个数。

3.2.3 数据标准化处理

(1) 正向指标标准化。正向指标数值越大表明基于"五位一体"总体布局的经济社会发展水平越高,例如,绿色全要素生产率、产业高度化及产业合理化等指标。正向指标标准化公式为:

$$x_{ij}^* = \frac{x_{ij} - \min\limits_{1 \leq i \leq m}(x_{ij})}{\max\limits_{1 \leq i \leq m}(x_{ij}) - \min\limits_{1 \leq i \leq m}(x_{ij})} \qquad (3-64)$$

上述公式的含义为第 j 个指标与该指标整体最大值的差异相较最大值与最小值差异的相对距离。差异越大，距离越远，标准化后的值也越大。

（2）负向指标标准化。负向指标数值越大表明经济社会发展水平越低，例如，二元反差指数、城镇失业率及社会负担系数等指标。负向指标标准化公式为：

$$x_{ij}^* = \frac{\max\limits_{1 \leq i \leq m}(x_{ij}) - x_{ij}}{\max\limits_{1 \leq i \leq m}(x_{ij}) - \min\limits_{1 \leq i \leq m}(x_{ij})} \quad (3-65)$$

上述公式的含义为第 j 个指标与该指标整体最大值的差异相对于最大值与最小值差异的相对距离。差异越大，距离越远，标准化后的值也越大。

（3）适中指标标准化。适中指标的值越接近某一个最优值表明经济社会发展水平越高，例如，通货膨胀率，其值不能过大亦不能过小，太大则代表经济过热，太小则代表经济动力不足。适中指标标准化公式为：

$$x_{ij}^* = \begin{cases} 1 - \dfrac{x_{i0} - x_{ij}}{\max(x_{i0} - \min\limits_{1 \leq i \leq m}(x_{ij}), \max\limits_{1 \leq i \leq m}(x_{ij}) - x_{i0})}, & \min\limits_{1 \leq i \leq m}(x_{ij}) < x_{ij} < x_{i0} \\ 1 - \dfrac{x_{ij} - x_{i0}}{\max(x_{i0} - \min\limits_{1 \leq i \leq m}(x_{ij}), \max\limits_{1 \leq i \leq m}(x_{ij}) - x_{i0})}, & x_{i0} < x_{ij} < \max\limits_{1 \leq i \leq m}(x_{ij}) \\ 1, & x_{ij} = x_{i0} \end{cases}$$

$$(3-66)$$

上述公式中，分子代表第 j 个指标与最优值之间的差异，分母表示最优值与最大值和最小值之间的差异。指标数值越接近于最优值，标准化之后的数值越大。该标准化类型的引入可以解决片面认为指标值越大越好或者越小越好的问题。

3.3 基于"五位一体"总体布局的经济社会发展综合评价

3.3.1 单一评价

选取基于客观评价法——熵值法、逼近理想解法、CRITIC 法、主观评价法——序关系分析法（G1 法）、盲数理论法、网络层次分析法（ANP 法），组合评价的 6 种单一评价方法对 2010~2017 年我国省域基于"五位一体"总体布局的经济社会发展水平进行评价。①

根据表 3-3 给出的肯德尔一致性系数计算公式，可以计算出肯德尔一致性系数 $\chi^2(29)$ 介于 [167.484，171.372]。在给定显著性水平 $\alpha=0.05$ 下，查找卡方分布表可得 $\chi^2_{0.025}(29)=49.588<\chi^2(29)$，故拒绝原假设，说明在 95% 的显著性水平下 6 种单一评价方法的评价结果具有一致性，满足进一步开展组合评价的前提。

表 3-3　　　　　　　　单一评价方法的肯德尔一致性检验

项目	2010 年	2011 年	2012 年	2013 年	2014 年	2015 年	2016 年	2017 年
$\chi^2(n-1)$	167.914	168.890	169.256	167.609	167.484	170.516	170.774	171.372
$\chi^2_{\alpha/2}(n-1)$	49.588	49.588	49.588	49.588	49.588	49.588	49.588	49.588
显著性水平 α	0.05	0.05	0.05	0.05	0.05	0.05	0.05	0.05

3.3.2　组合评价

在此基础上，本书继续采用均值法、偏差平方最小法、最满意组合法、偏差熵法及基尼准则法对上述 6 种单一评价方法的评价结论进行组合评价。②

为了保证组合评价结果与原 6 种单一评价方法评价结论具有一致性，接下来将采用斯皮尔曼等级相关系数对 5 种组合评价结果进行事后检验，2010~2017 年各组合评价结果的统计量如表 3-4 所示，在给定显著性水平为 $\alpha=0.05$ 下，均拒绝原假设，即认为组合评价方法结论与原 6 种单一评价结论具有一致性。

---

① 单一评价方法的具体结果可向笔者索取。
② 组合评价方法的具体结果可向笔者索取。

第3章 | 基于"五位一体"总体布局的经济社会发展综合评价及结果分析

表3-4　　　　　　　　　　斯皮尔曼等级相关系数

组合评价方法	2010年	2011年	2012年	2013年	2014年	2015年	2016年	2017年
均值法	26.172**	27.001**	28.619**	25.105**	24.064**	33.848**	34.090**	38.811**
偏差平方最小法	25.948**	27.643**	29.381**	25.411**	23.888**	33.611**	34.337**	39.174**
最满意组合法	24.711**	27.126**	28.189**	23.976**	24.244**	33.379**	33.848**	36.522**
偏差熵法	25.622**	27.643**	29.381**	24.244**	23.976**	32.496**	33.379**	37.135**
基尼准则法	26.172**	27.001**	28.917**	25.105**	24.064**	33.848**	34.090**	39.174**

注：**代表在显著性水平为0.05下拒绝原假设。

为了保证评价结果具有时序可比性，需要指定某一种特定统一的组合评价方法对2010~2017年评价结果进行组合评价。本书采用相对有效性系数对5种组合评价进行评价结果有效性比较，进而确定最优组合评价方法。2010~2017年各组合评价方法的相对有效性检验结果如表3-5所示，结果表明最满意组合法＞偏差平方最小法＞偏差熵法＝基尼准则法＝均值法。

表3-5　　　　　组合评价方法的相对有效性检验

| 组合评价方法 | 相对有效系数 | | | | | | | | 最有效次数（次） | 最终有效性 |
	2010年	2011年	2012年	2013年	2014年	2015年	2016年	2017年		
均值法	0.1348	0.1491	0.1700	0.1342	0.1704	0.2031	0.1489	0.1351	1	0.125
偏差平方最小法	0.1459	0.1779	0.1812	0.2021	0.2095	0.1807	0.1708	0.1968	2	0.250
最满意组合法	0.1961	0.1607	0.1985	0.2130	0.2314	0.1750	0.2325	0.1910	5	0.625
偏差熵法	0.1347	0.1779	0.1253	0.0903	0.1818	0.1691	0.0980	0.1522	1	0.125
基尼准则法	0.1348	0.1491	0.1644	0.1342	0.1704	0.2031	0.1602	0.1742	1	0.125

基于上述组合评价方法的相对有效性检验结果，本书最终采用最满意组合评价法对6种单一评价方法进行组合评价，进而得到2010~2017年我国省域基于"五位一体"总体布局的经济社会发展水平评价结果及经济、政治、社会、文化、生态文明等5个维度的综合评价结果。

3.3.3 动态评价

本书根据 2010~2017 年各年份基于"五位一体"总体布局的经济社会发展水平及各维度发展水平，通过引入时序加权算子，得到时序权重向量 $w = (0.0537, 0.0662, 0.0816, 0.1006, 0.1240, 0.1529, 0.1885, 0.2324)^T$，进而计算出 2010~2017 年基于"五位一体"总体布局的经济社会发展水平及各维度发展水平的综合评价值。

3.4 综合评价结果的分维度分析

3.4.1 维度一：经济建设分析

3.4.1.1 区域经济建设

2010~2017 年我国 30 个省（自治区、直辖市）各年经济建设水平如表 3-6 所示，全国和东、中、西、东北地区各年经济建设水平变化趋势如图 3-2 所示。

表 3-6　　　　2010~2017 年各省域经济建设水平评价值

地区	2010年	2011年	2012年	2013年	2014年	2015年	2016年	2017年	时间加权	排序
北京	0.1199	0.1168	0.1252	0.1259	0.1280	0.1289	0.1305	0.1333	0.1282	2
天津	0.1018	0.1031	0.1141	0.1198	0.1214	0.1213	0.1224	0.1231	0.1190	6
河北	0.0780	0.0782	0.0920	0.0928	0.0921	0.0922	0.0947	0.0972	0.0922	11
山西	0.0737	0.0722	0.0816	0.0819	0.0766	0.0822	0.0820	0.0834	0.0806	20
内蒙古	0.0715	0.0695	0.0777	0.0819	0.0841	0.0838	0.0846	0.0817	0.0812	19
辽宁	0.0762	0.0761	0.0867	0.0862	0.0872	0.0887	0.0902	0.0908	0.0874	14
吉林	0.0722	0.0705	0.0820	0.0817	0.0817	0.0839	0.0789	0.0811	0.0801	21

续表

地区	2010年	2011年	2012年	2013年	2014年	2015年	2016年	2017年	时间加权	排序
黑龙江	0.0648	0.0668	0.0775	0.0770	0.0782	0.0775	0.0797	0.0798	0.0771	23
上海	0.1164	0.1130	0.1204	0.1200	0.1250	0.1236	0.1242	0.1269	0.1229	5
江苏	0.1087	0.1119	0.1254	0.1281	0.1308	0.1364	0.1413	0.1550	0.1361	1
浙江	0.0998	0.1196	0.1315	0.1157	0.1191	0.1229	0.1263	0.1297	0.1232	4
安徽	0.0648	0.0648	0.0737	0.0757	0.0787	0.0811	0.0835	0.0864	0.0794	22
福建	0.0882	0.0867	0.0978	0.0997	0.1021	0.1054	0.1075	0.1124	0.1037	8
江西	0.0777	0.0754	0.0887	0.0901	0.0916	0.0923	0.0965	0.0940	0.0910	12
山东	0.0871	0.0892	0.0994	0.1054	0.1087	0.1111	0.1158	0.1231	0.1102	7
河南	0.0720	0.0737	0.0863	0.0905	0.0921	0.0947	0.0957	0.1006	0.0922	10
湖北	0.0689	0.0665	0.0796	0.0836	0.0845	0.0905	0.0944	0.0956	0.0873	15
湖南	0.0726	0.0733	0.0867	0.0910	0.0922	0.0947	0.0974	0.1004	0.0926	9
广东	0.1013	0.1026	0.1145	0.1202	0.1273	0.1275	0.1324	0.1374	0.1258	3
广西	0.0646	0.0627	0.0728	0.0749	0.0765	0.0793	0.0777	0.0799	0.0759	24
海南	0.0728	0.0687	0.0798	0.0827	0.0876	0.0767	0.0872	0.0881	0.0828	18
重庆	0.0634	0.0601	0.0754	0.0812	0.0826	0.0861	0.0920	0.0947	0.0845	17
四川	0.0689	0.0696	0.0831	0.0842	0.0846	0.0889	0.0911	0.0948	0.0868	16
贵州	0.0594	0.0571	0.0657	0.0699	0.0742	0.0782	0.0777	0.0785	0.0734	27
云南	0.0541	0.0598	0.0705	0.0745	0.0741	0.0780	0.0786	0.0777	0.0741	26
陕西	0.0726	0.0743	0.0889	0.0901	0.0900	0.0887	0.0904	0.0919	0.0883	13
甘肃	0.0496	0.0497	0.0603	0.0597	0.0612	0.0637	0.0587	0.0644	0.0602	30
青海	0.0635	0.0661	0.0790	0.0705	0.0725	0.0767	0.0784	0.0778	0.0749	25
宁夏	0.0592	0.0559	0.0635	0.0666	0.0686	0.0680	0.0711	0.0737	0.0682	29
新疆	0.0652	0.0609	0.0664	0.0682	0.0709	0.0697	0.0715	0.0719	0.0695	28
东部	0.0974	0.0990	0.1100	0.1110	0.1142	0.1146	0.1182	0.1226	0.1144	1
中部	0.0716	0.0710	0.0828	0.0854	0.0859	0.0893	0.0916	0.0934	0.0872	2
西部	0.0629	0.0623	0.0730	0.0747	0.0763	0.0783	0.0792	0.0806	0.0761	4
东北	0.0711	0.0711	0.0821	0.0817	0.0824	0.0834	0.0829	0.0839	0.0815	3
全国	0.0770	0.0772	0.0882	0.0897	0.0915	0.0931	0.0951	0.0975	0.0916	—

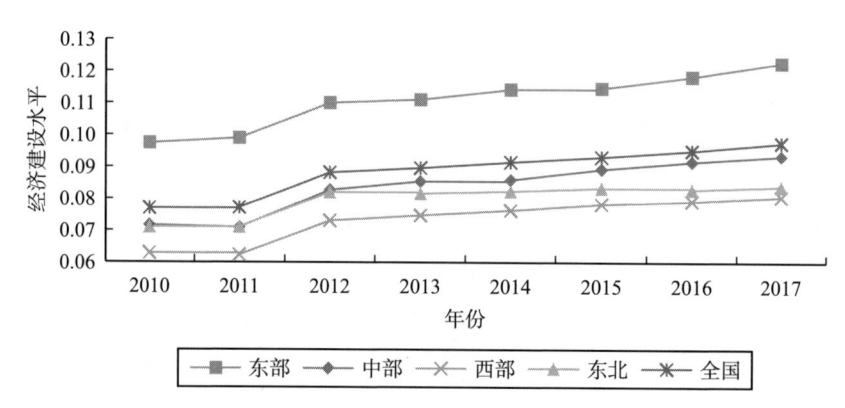

图 3-2　2010~2017 年全国及四大板块经济建设水平变化

从全国范围看，经济建设水平呈平稳上升趋势。2010~2017 年，经济建设水平从 2010 年的 0.0770 上升到 2017 年的 0.0975，提高了 0.0205，年均增长率达到 3.81%，增长态势较为平稳。需要说明的是，2012 年是中国经济进入高质量发展轨道的转折点，可能的解释是：2011~2012 年，全国经济建设受"唯 GDP 论"的经济社会发展方式影响，导致了一系列的发展问题，2012 年以来，我国推动经济发展模式由"高增长，低质量"转向"低增长，高质量"模式，一系列"稳增长"举措确保了中国经济平稳实现"软着陆"。

东部地区，经济建设水平全国最高，呈平稳上升趋势。2010~2017 年，经济建设水平从 0.0974 上升到 0.1226，提高了 0.0252，年均增长率达到 3.70%，增长态势较为平稳。需要说明的是，2012 年之后东部地区经济增速普遍调低，但作为改革开放的前沿阵地以及独有的沿海区位优势，东部地区经济竞争优势依然遥遥领先。

中部地区，经济建设水平全国次高，呈快速上升趋势。2010~2017 年，经济建设水平从 0.0716 上升到 0.0934，提高了 0.0218，年均增长率达到 4.35%，增长速度最快。需要说明的是，随着东部产业向中部转移步伐的加快，中部地区区位优势更加明显，经济增长的空间更大，中部地区正在逐渐成为中国经济增长动力最强的地区。

西部地区，经济建设水平全国最低，呈快速上升趋势。2010~2017 年，经济建设水平从 0.0629 上升到 0.0806，提高了 0.0177，年均增长率达到 4.03%，增长速度远超东部和东北地区。需要说明的是，近年来西部地区呈奋起直追之势，在 2017 年西部地区经济建设水平已接近东北地区，这主要是由于近年来西部地区积极实施创新驱动战略，加快产业转型升级和发展新兴产业，西部地区初步形成了具有地方特色的新经济发展模式。

东北地区，经济建设水平全国次低，呈缓慢上升趋势。2010~2017 年，经济建设水平从 0.0711 上升到 0.0839，提高了 0.0128，年均增长率为 2.57%，增长速度最慢。需要说明的是，在工业化转型和城镇化调整的加速时期，作为老工业基地的东北地区成为双调整期受冲击最大的地区，其固有的结构刚性和体制黏性是导致东北地区经济放缓的重要原因。

从四大板块的对比来看，基于"五位一体"总体布局的经济建设水平存在显著的空间差异和区域间不平衡现象。由图 3-2 可知，东部地区经济建设水平最高，远高于全国、中部、西部和东北地区水平，平均高出 0.0222、0.0270、0.0375 和 0.0311，处于经济建设水平的顶端；中部地区次之，略低于全国水平，但仍比西部、东北地区平均高出 0.0104 和 0.0041，处于经济建设水平的中间位置；西部地区最低，比全国水平平均低 0.0152，处于经济建设水平的末端；东北地区次低，比全国水平平均低 0.0088，处于经济建设水平的中等偏下位置。经济建设水平整体上呈现出东部 > 全国 > 中部 > 东北 > 西部的格局，但年均增长率表现为中部 > 西部 > 全国 > 东部 > 东北，呈现出中部、西部地区发展速度较快，东部和东北地区发展速度较慢的趋势。

3.4.1.2 省域经济建设

2010~2017 年我国 30 个省域各年经济建设水平变化趋势如图 3-3 至图 3-6 所示。

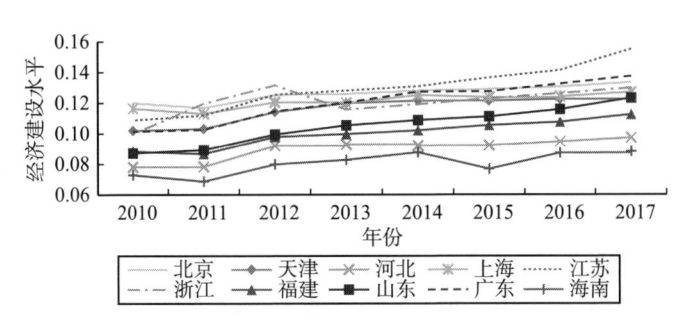

图 3-3 2010~2017 年东部地区省域经济建设水平变化

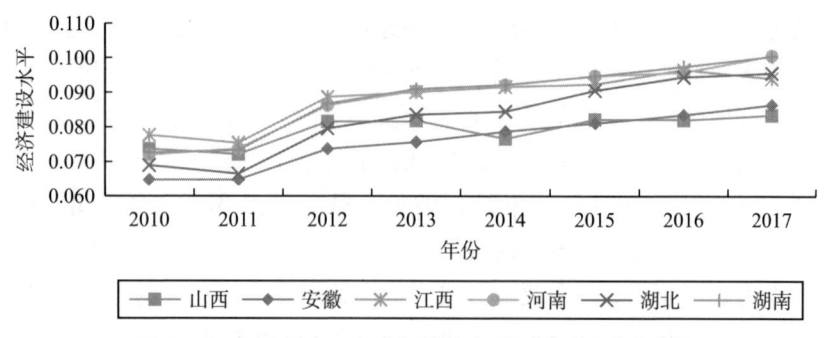

图 3-4　2010~2017 年中部地区省域经济建设水平变化

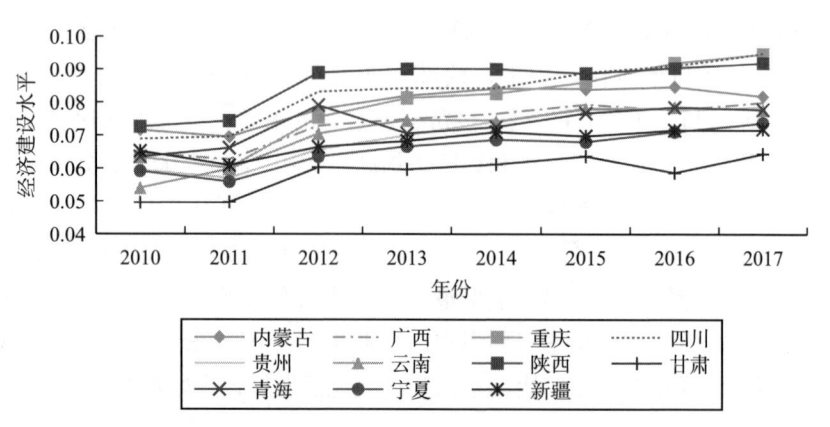

图 3-5　2010~2017 年西部地区省域经济建设水平变化

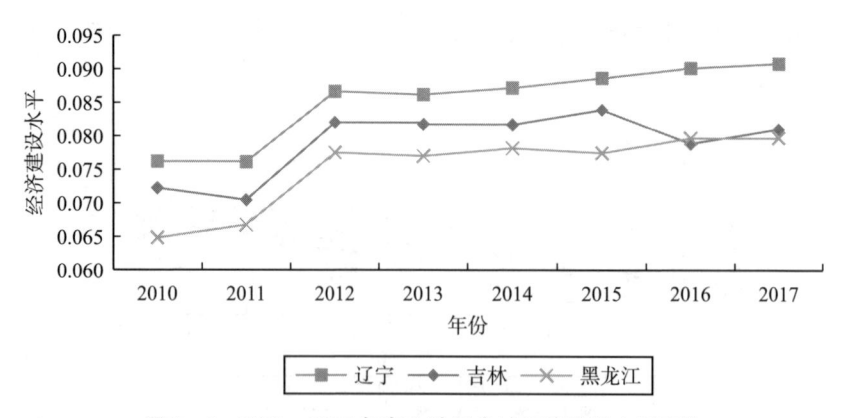

图 3-6　2010~2017 年东北地区省域经济建设水平变化

第 3 章 | 基于"五位一体"总体布局的经济社会发展综合评价及结果分析

从全国省域来看，30 个省域经济建设水平均呈现波动中上升的趋势，且区域间非均衡性显著。北京、天津、河北、上海、江苏、浙江、福建、山东、广东 9 个省域的经济建设水平基本保持上升态势，且始终高于全国同期平均水平，平均增速高于全国平均增速 0.04%，此 9 个省域均为东部地区省域；海南、安徽、内蒙古、广西、四川、贵州、云南、陕西、甘肃、青海、宁夏、新疆、辽宁、黑龙江整体在轻微波动中上升，大多数省域均低于全国同期平均水平，此 14 个省域主要为西部地区省域；山西、江西、吉林 3 个省域波动较为剧烈。2012 年之后，山西经济逐渐走向衰落主要是由于作为粗放型经济增长模式的典型代表，山西长期以来高度依赖煤炭发展经济，市场要素集聚能力较差，经济缺乏活力。2012~2016 年，江西经济建设水平在中部六省中始终排名前三，2017 年排名降到第四，对此可能的解释是：虽然江西近年来经济总量规模在稳步增长，但发展质量与可持续发展能力仍然整体偏低，尤其是 2017 年资金、技术、人才等要素保障出现了不同程度的新制约和新问题。吉林产业结构单一，近年来优势产业发展受限，缺乏经济发展的比较优势，资源枯竭、体制滞后和结构性后退是导致吉林经济发展受阻的主要原因；重庆、河南、湖北、湖南平均增速较大，高于全国平均增速，此 4 个省域主要为中部地区省域。

从区域省域来看，相同区域的省域经济建设水平增长态势具有高度趋同性。由图 3-3 至图 3-6 可知，东部地区 10 个省域经济建设水平变化趋势均为单向增长且无显著波动变化趋势，其中北京、天津、上海、江苏、浙江和广东 6 个省域的经济建设水平较高，处于"高水平均衡"，河北、福建、山东和海南 4 个省域较低，处于"低水平均衡"，东部地区省域经济建设水平"两极分化"较为显著；中部地区 6 个省域经济建设水平呈两阶段波动变化趋势，以 2012 年为分界线，2010~2012 年，波动较为剧烈，呈"V"字形，2012~2017 年，波动较为平缓，呈直线形上升趋势，中部地区省域经济建设水平协同性显著；西部地区 11 个省域经济建设水平也呈两阶段波动变化趋势，以 2013 年为分界线，2010~2013 年，波动较为剧烈，呈"N"字形，2013~2017 年，波动较为平缓，呈"一"字形，其中内蒙古、重庆、四川、陕西 4 个省域的经济建设水平较高，其余 7 个省域较低，西部地区省域经济建设水平空间异质性显著；东北地区 3 个省域经济建设水平波动变化趋势相同，内部差异较小。

3.4.2 维度二：政治建设分析

3.4.2.1 区域政治建设

2010~2017年全国30个省（自治区、直辖市）各年政治建设水平如表3-7所示，全国和东、中、西、东北地区各年政治建设水平变化趋势如图3-7所示。

表3-7　2010~2017年各省域政治建设水平评价值

地区	2010年	2011年	2012年	2013年	2014年	2015年	2016年	2017年	时间加权	排序
北京	0.0682	0.0638	0.0603	0.0626	0.0725	0.0728	0.0731	0.0779	0.0711	1
天津	0.0510	0.0491	0.0456	0.0496	0.0592	0.0593	0.0582	0.0651	0.0572	3
河北	0.0363	0.0358	0.0341	0.0359	0.0409	0.0464	0.0452	0.0466	0.0422	28
山西	0.0351	0.0340	0.0340	0.0383	0.0402	0.0421	0.0461	0.0526	0.0431	27
内蒙古	0.0373	0.0388	0.0402	0.0416	0.0464	0.0495	0.0503	0.0579	0.0483	16
辽宁	0.0475	0.0474	0.0415	0.0412	0.0451	0.0481	0.0468	0.0582	0.0485	14
吉林	0.0474	0.0437	0.0351	0.0296	0.0443	0.0458	0.0489	0.0559	0.0460	18
黑龙江	0.0341	0.0309	0.0324	0.0355	0.0439	0.0469	0.0494	0.0598	0.0459	19
上海	0.0617	0.0609	0.0589	0.0595	0.0660	0.0697	0.0678	0.0761	0.0675	2
江苏	0.0497	0.0436	0.0381	0.0464	0.0472	0.0504	0.0531	0.0580	0.0504	9
浙江	0.0456	0.0415	0.0439	0.0497	0.0541	0.0537	0.0595	0.0638	0.0548	5
安徽	0.0467	0.0384	0.0364	0.0425	0.0495	0.0514	0.0524	0.0540	0.0487	12
福建	0.0483	0.0449	0.0416	0.0433	0.0523	0.0509	0.0508	0.0513	0.0491	11
江西	0.0472	0.0427	0.0402	0.0403	0.0417	0.0451	0.0453	0.0501	0.0449	22
山东	0.0366	0.0327	0.0317	0.0346	0.0423	0.0392	0.0447	0.0531	0.0422	29
河南	0.0334	0.0338	0.0334	0.0347	0.0364	0.0405	0.0352	0.0405	0.0370	30
湖北	0.0369	0.0365	0.0355	0.0396	0.0395	0.0462	0.0459	0.0541	0.0445	25
湖南	0.0452	0.0412	0.0428	0.0416	0.0470	0.0503	0.0566	0.0611	0.0512	7
广东	0.0495	0.0486	0.0451	0.0440	0.0482	0.0454	0.0481	0.0537	0.0485	15
广西	0.0344	0.0344	0.0334	0.0399	0.0444	0.0470	0.0459	0.0524	0.0444	26
海南	0.0561	0.0564	0.0538	0.0558	0.0580	0.0505	0.0523	0.0572	0.0548	4

第3章 基于"五位一体"总体布局的经济社会发展综合评价及结果分析

续表

地区	2010年	2011年	2012年	2013年	2014年	2015年	2016年	2017年	时间加权	排序
重庆	0.0407	0.0404	0.0412	0.0469	0.0524	0.0556	0.0540	0.0606	0.0522	6
四川	0.0504	0.0460	0.0434	0.0422	0.0476	0.0473	0.0475	0.0561	0.0487	13
贵州	0.0488	0.0441	0.0401	0.0431	0.0447	0.0459	0.0467	0.0467	0.0454	21
云南	0.0388	0.0377	0.0347	0.0375	0.0468	0.0430	0.0453	0.0549	0.0449	24
陕西	0.0432	0.0393	0.0397	0.0404	0.0487	0.0471	0.0491	0.0466	0.0456	20
甘肃	0.0395	0.0413	0.0381	0.0394	0.0484	0.0521	0.0509	0.0502	0.0472	17
青海	0.0440	0.0483	0.0456	0.0497	0.0507	0.0500	0.0475	0.0525	0.0494	10
宁夏	0.0453	0.0494	0.0468	0.0513	0.0526	0.0502	0.0528	0.0523	0.0510	8
新疆	0.0395	0.0410	0.0430	0.0456	0.0485	0.0482	0.0446	0.0439	0.0449	23
东部	0.0503	0.0477	0.0453	0.0481	0.0541	0.0538	0.0553	0.0603	0.0538	1
中部	0.0408	0.0377	0.0370	0.0395	0.0424	0.0459	0.0469	0.0521	0.0449	4
西部	0.0420	0.0419	0.0406	0.0434	0.0483	0.0487	0.0486	0.0522	0.0474	2
东北	0.0430	0.0407	0.0363	0.0354	0.0444	0.0469	0.0484	0.0580	0.0468	3
全国	0.0446	0.0429	0.0410	0.0434	0.0487	0.0497	0.0505	0.0554	0.0490	

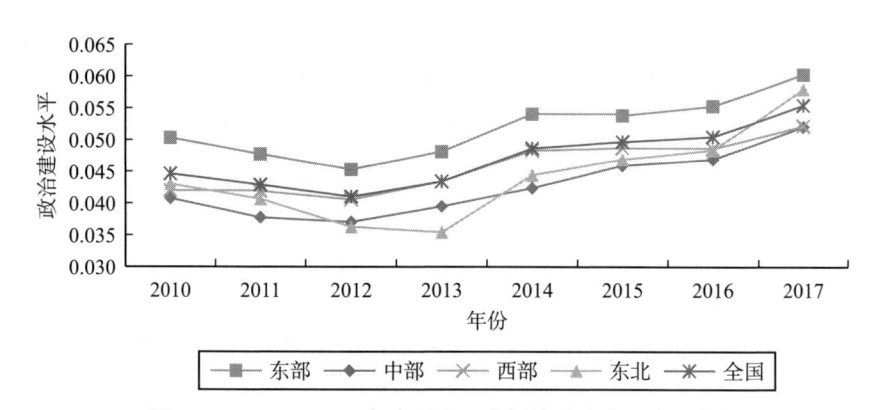

图3-7 2010~2017年全国及四大板块政治建设水平变化

从全国范围看，政治建设水平呈波动上升趋势。2010~2017年，政治建设水平从0.0446上升到0.0554，提高了0.0108，年均增长率达到3.47%。需要说明的是，2012年之后全国政治建设水平快速上升的可能解释是：2012年之后，中国的法治政府建设进入新的历史阶段，在加快政府职能转变、健全政府依法决策机制、深化行政执法体制改革、全面推进政务公开等方面取得了重大进展。

东部地区，政治建设水平全国最高，呈波动上升趋势。2010~2017年，政治建设水平从0.0503上升到0.0603，提高了0.0100，年均增长率为2.84%，增长态势较为平稳。

中部地区，政治建设水平全国最低，呈波动上升趋势。2010~2017年，政治建设水平从0.0408上升到0.0521，提高了0.0113，年均增长率达到3.96%，增长速度远超东部和西部地区。

西部地区，政治建设水平全国次高，呈波动上升趋势。2010~2017年，政治建设水平从0.0420上升到0.0522，提高了0.0102，年均增长率达到3.47%。

东北地区，政治建设水平全国次低，呈波动上升趋势。2010~2017年，政治建设水平从0.0430上升到0.0580，提高了0.0150，年均增长率达到4.98%，增长速度最快。需要说明的是，2013年之后东北地区政治建设水平快速上升。

从四大板块的对比来看，基于"五位一体"总体布局的政治建设水平存在显著的空间差异和区域间不平衡现象。由图3-7可知，东部地区政治建设水平最高，远高于全国、中部、西部和东北地区水平，平均高出0.0048、0.0091、0.0062和0.0077，处于政治建设水平的顶端；中部地区最低，比全国水平平均低0.0042，处于政治建设水平的末端；西部地区次高，略低于全国水平，但仍比中部、东北地区平均高出0.0029和0.0016，处于政治建设水平的中间位置；东北地区次低，比全国水平平均低0.0029，处于政治建设水平的中等偏下位置。政治建设水平整体上呈现出东部＞全国＞西部＞东北＞中部的格局，但年均增长率表现为东北＞中部＞西部＞全国＞东部，呈现出东北、中、西部地区发展速度较快，东部地区发展速度较慢的趋势。

3.4.2.2 省域政治建设

2010~2017年我国30个省域各年政治建设水平变化趋势如图3-8至图3-11所示。

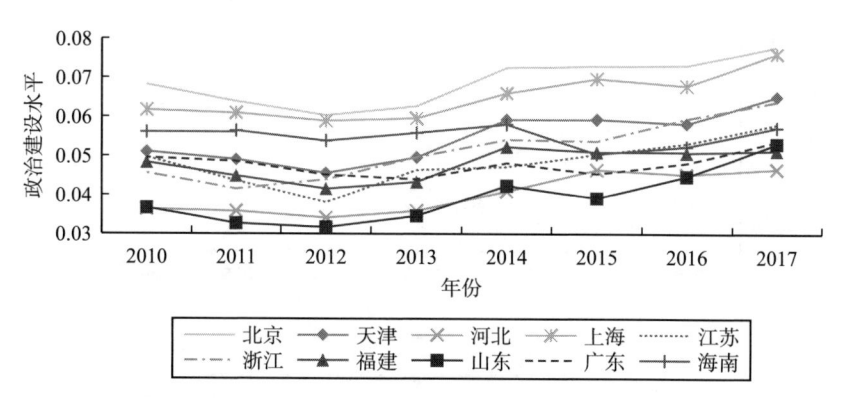

第3章 | 基于"五位一体"总体布局的经济社会发展综合评价及结果分析

图 3-8　2010~2017 年东部地区省域政治建设水平变化

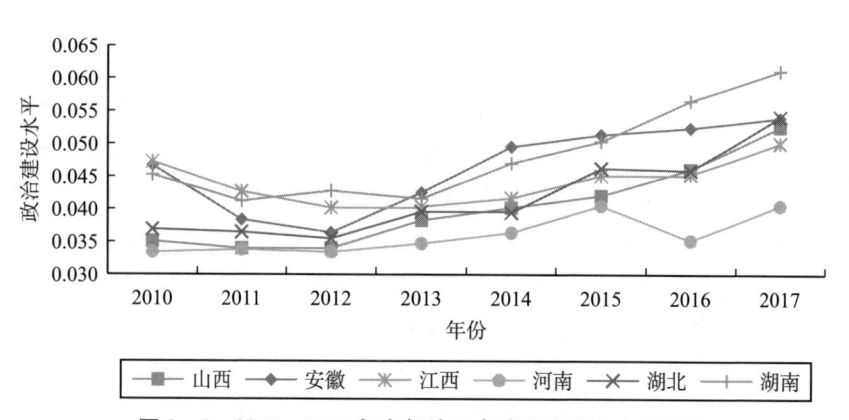

图 3-9　2010~2017 年中部地区省域政治建设水平变化

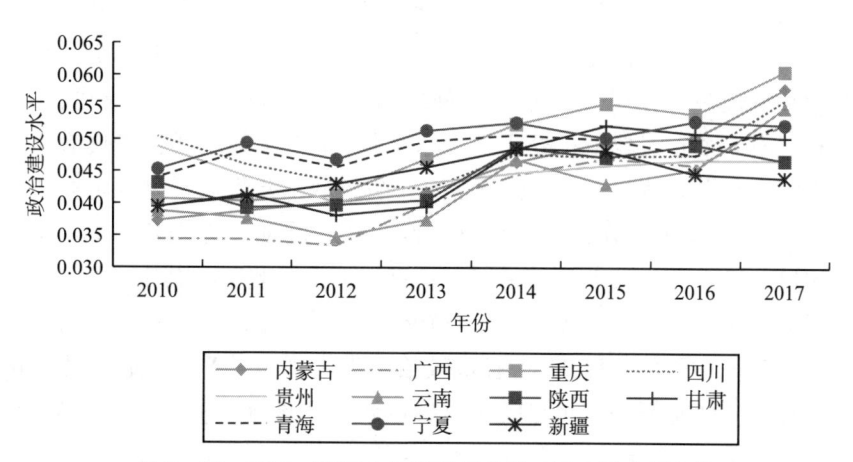

图 3-10　2010~2017 年西部地区省域政治建设水平变化

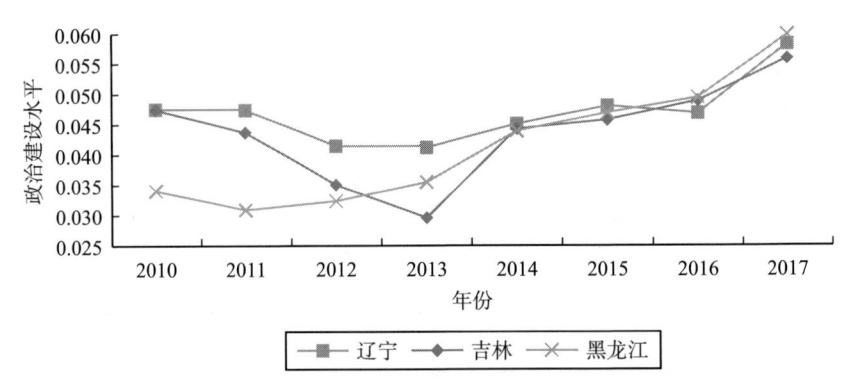

图 3-11 2010~2017 年东北地区省域政治建设水平变化

从全国省域来看，30 个省域政治建设水平均呈现波动中上升的趋势，但差异显著。北京、天津、上海、江苏、浙江、福建、湖南、广东、海南、重庆、四川、青海、宁夏政治建设水平基本保持上升态势，且大多数省域均高于全国同期平均水平，平均增速低于全国平均增速 0.73%，此 13 个省域主要为东部地区省域；河北、安徽、江西、河南、贵州整体在轻微波动中上升，大多数省域均低于全国同期平均水平；陕西、甘肃、新疆波动较为剧烈；山西、内蒙古、黑龙江、山东、湖北、湖南、广西、重庆、云南平均增速较大，高于全国平均增速，此 9 个省域主要为西部地区省域。

从区域省域来看，相同区域的省域政治建设水平增长态势具有高度趋同性。由图 3-8 至图 3-11 可知，东部地区 10 个省域政治建设水平变化趋势均为单向增长且无显著波动变化趋势，其中北京、天津、上海 3 个省域的政治建设水平较高，处于"高水平均衡"，河北、江苏、浙江、福建、山东、广东和海南 7 个省域较低，处于"低水平均衡"，东部地区省域政治建设水平"两极分化"较为显著；中部地区 6 个省域政治建设水平呈两阶段波动变化趋势，以 2013 年为分界线，2010~2013 年，波动较为剧烈，呈"V"字形，2013~2017 年，波动较为平缓，呈直线形上升趋势，其中安徽、湖南 2 个省域的政治建设水平较高，其余 4 个省域较低，中部地区省域政治建设水平异质性显著；西部地区 11 个省域政治建设水平呈"N"字形波动变化趋势，内部协同性显著；东北地区 3 个省域政治建设水平波动变化趋势相同，内部差异较小。

3.4.3 维度三：社会建设分析

3.4.3.1 区域社会建设

2010～2017年我国30个省（自治区、直辖市）各年社会建设水平如表3-8所示，全国和东、中、西、东北地区各年社会建设水平变化趋势如图3-12所示。

表3-8　　　　2010～2017年各省域社会建设水平评价

地区	2010年	2011年	2012年	2013年	2014年	2015年	2016年	2017年	时间加权	排序
北京	0.1355	0.1406	0.1480	0.1578	0.1531	0.1602	0.1626	0.1664	0.1574	1
天津	0.1156	0.1203	0.1241	0.1239	0.1222	0.1275	0.1291	0.1317	0.1264	8
河北	0.1055	0.1074	0.1201	0.1237	0.1222	0.1254	0.1282	0.1305	0.1239	10
山西	0.0852	0.0888	0.1020	0.1120	0.1125	0.1142	0.1165	0.1202	0.1114	21
内蒙古	0.0984	0.0997	0.1107	0.1118	0.1129	0.1171	0.1189	0.1209	0.1146	17
辽宁	0.1106	0.1131	0.1269	0.1252	0.1241	0.1264	0.1277	0.1290	0.1252	9
吉林	0.0938	0.0971	0.1118	0.1102	0.1112	0.1144	0.1120	0.1138	0.1105	22
黑龙江	0.1015	0.1040	0.1116	0.1126	0.1106	0.1155	0.1183	0.1211	0.1146	16
上海	0.1279	0.1366	0.1439	0.1457	0.1424	0.1496	0.1492	0.1523	0.1464	3
江苏	0.1155	0.1243	0.1383	0.1409	0.1443	0.1502	0.1542	0.1573	0.1464	2
浙江	0.1134	0.1202	0.1347	0.1315	0.1330	0.1379	0.1455	0.1490	0.1379	5
安徽	0.0920	0.0911	0.1036	0.1053	0.1083	0.1130	0.1156	0.1148	0.1092	23
福建	0.0990	0.1038	0.1155	0.1170	0.1155	0.1193	0.1179	0.1200	0.1161	14
江西	0.0964	0.1030	0.1151	0.1186	0.1160	0.1170	0.1166	0.1178	0.1150	15
山东	0.1165	0.1232	0.1313	0.1331	0.1334	0.1364	0.1406	0.1412	0.1353	6
河南	0.0977	0.1038	0.1169	0.1165	0.1179	0.1184	0.1208	0.1237	0.1176	12
湖北	0.1042	0.1061	0.1184	0.1251	0.1285	0.1346	0.1325	0.1324	0.1272	7
湖南	0.1000	0.1025	0.1123	0.1140	0.1138	0.1168	0.1198	0.1259	0.1166	13
广东	0.1156	0.1223	0.1356	0.1418	0.1442	0.1479	0.1573	0.1571	0.1463	4
广西	0.0938	0.0948	0.1051	0.1120	0.1104	0.1163	0.1195	0.1233	0.1138	19
海南	0.0832	0.0890	0.1002	0.1032	0.1044	0.1059	0.1103	0.1149	0.1056	24

续表

地区	2010年	2011年	2012年	2013年	2014年	2015年	2016年	2017年	时间加权	排序
重庆	0.0905	0.0976	0.1087	0.1099	0.1102	0.1143	0.1164	0.1179	0.1118	20
四川	0.0951	0.1021	0.1180	0.1184	0.1207	0.1257	0.1307	0.1313	0.1228	11
贵州	0.0789	0.0824	0.0972	0.1019	0.1047	0.1083	0.1005	0.1025	0.1002	27
云南	0.0866	0.0931	0.0994	0.1005	0.1011	0.1056	0.1074	0.1139	0.1045	25
陕西	0.0956	0.0994	0.1104	0.1105	0.1129	0.1159	0.1163	0.1232	0.1141	18
甘肃	0.0838	0.0878	0.0988	0.1001	0.1033	0.1068	0.1085	0.1076	0.1031	26
青海	0.0740	0.0790	0.0906	0.0936	0.0998	0.1056	0.1029	0.1036	0.0980	28
宁夏	0.0718	0.0740	0.0860	0.0858	0.0913	0.0943	0.0982	0.1052	0.0931	30
新疆	0.0806	0.0836	0.0885	0.0894	0.0940	0.0949	0.1012	0.1040	0.0955	29
东部	0.1128	0.1188	0.1292	0.1319	0.1315	0.1360	0.1395	0.1421	0.1341	1
中部	0.0959	0.0992	0.1114	0.1152	0.1162	0.1190	0.1203	0.1225	0.1162	3
西部	0.0863	0.0903	0.1012	0.1031	0.1056	0.1095	0.1110	0.1140	0.1065	4
东北	0.1020	0.1047	0.1168	0.1160	0.1153	0.1188	0.1193	0.1213	0.1168	2
全国	0.0986	0.1030	0.1141	0.1164	0.1173	0.1212	0.1232	0.1258	0.1187	

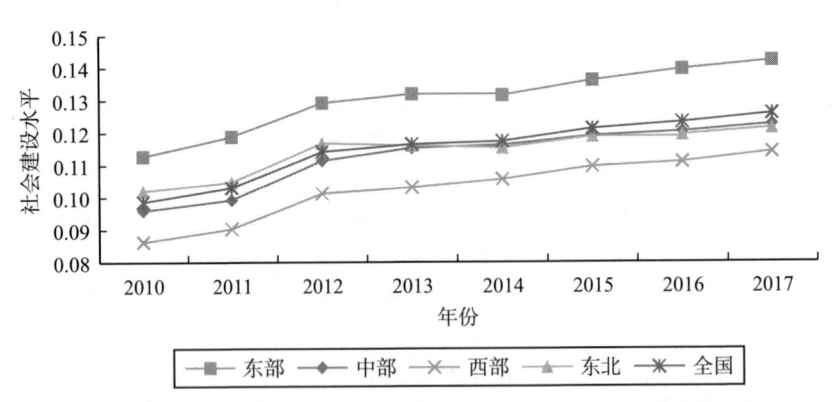

图3-12 2010~2017年全国及四大板块社会建设水平变化

从全国范围看，社会建设水平呈平稳上升趋势。2010~2017年，社会建设水平从0.0986上升到0.1258，提高了0.0272，年均增长率达到3.93%，增长态势较为平稳。

东部地区，社会建设水平全国最高，呈平稳上升趋势。2010~2017年，社会建设水平从0.1128上升到0.1421，提高了0.0293，年均增长率达到

3.71%，增长态势较为平稳。

中部地区，社会建设水平全国次低，呈平稳上升趋势。2010~2017年，社会建设水平从0.0959上升到0.1225，提高了0.0266，年均增长率达到3.95%，增长速度远超东部和东北地区。需要注意的是，2013年之前中部地区的社会建设水平低于东北地区，2013年之后略高于东北地区，可能的解释是：随着《国务院关于大力实施促进中部地区崛起的若干意见》和《促进中部地区崛起"十三五"规划》的实施，中部地区大力推进两型社会建设，加快实施促进中部地区崛起战略，推动形成了东、中、西部区域间良性互动协调发展趋势。

西部地区，社会建设水平全国最低，呈平稳上升趋势。2010~2017年，社会建设水平从0.0863上升到0.1140，提高了0.0277，年均增长率达到4.58%，增长速度最快。

东北地区，社会建设水平全国次高，呈缓慢上升趋势。2010~2017年，社会建设水平从0.1020上升到0.1213，提高了0.0193，年均增长率为2.71%，增长速度最慢。需要说明的是，2012年之前东北地区的社会建设水平高于全国平均水平，2012年之后低于全国平均水平，对此可能的解释是：东北老工业基地处在体制改革与社会转型的关键时期，历史上长期积累的产业结构矛盾逐渐凸显出来，这对东北地区的社会建设提出了严峻的挑战。

从四大板块的对比来看，社会建设水平存在较大的空间差异和区域非均衡现象。由图3-12可知，东部地区社会建设水平最高，远高于全国、中部、西部和东北地区水平，平均高出0.0177、0.0276、0.0159和0.0153，处于社会建设水平的顶端；中部地区次低，比全国水平平均低0.0025，处于社会建设水平的中等偏下位置；西部地区最低，比全国水平平均低0.0123，处于社会建设水平的末端；东北地区次高，略低于全国水平，但仍比中部、西部地区平均高出0.0018和0.0117，处于社会建设水平的中间位置。社会建设水平整体上呈现出东部＞全国＞东北＞中部＞西部的格局，但年均增长率表现为西部＞中部＞全国＞东部＞东北，呈现出中部、西部地区发展速度较快，东部、东北地区发展速度较慢的趋势。

3.4.3.2 省域社会建设

2010~2017年全国30个省域各年社会建设水平变化趋势如图3-13至图3-16所示。

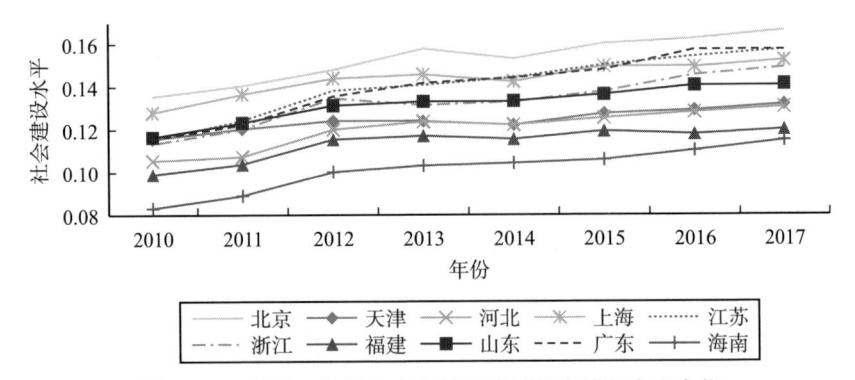

图 3-13 2010~2017 年东部地区省域社会建设水平变化

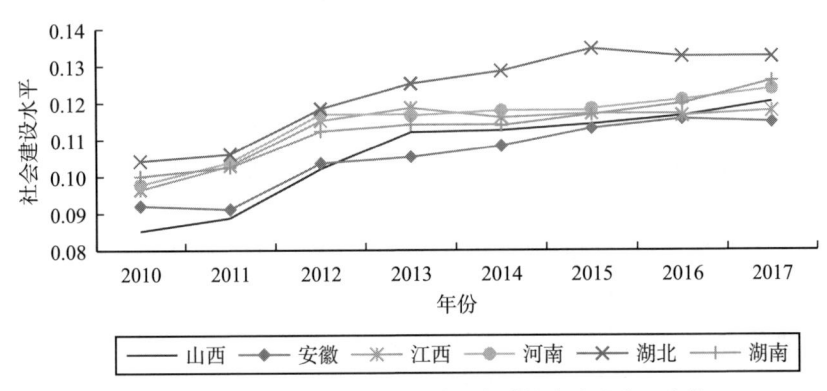

图 3-14 2010~2017 年中部地区省域社会建设水平变化

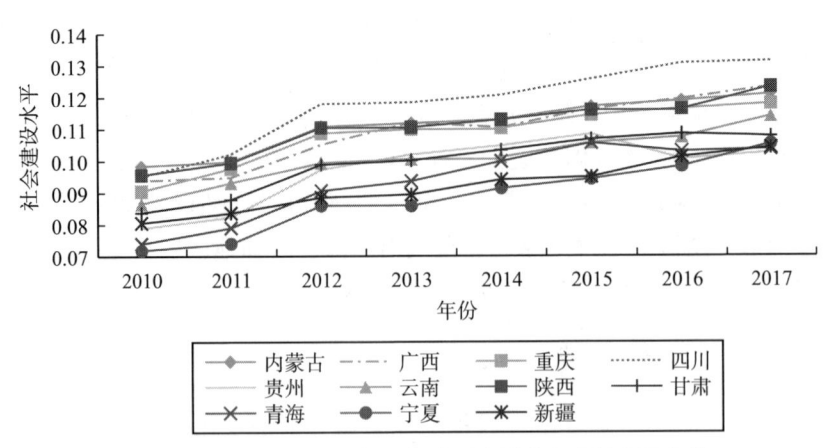

图 3-15 2010~2017 年西部地区省域社会建设水平变化

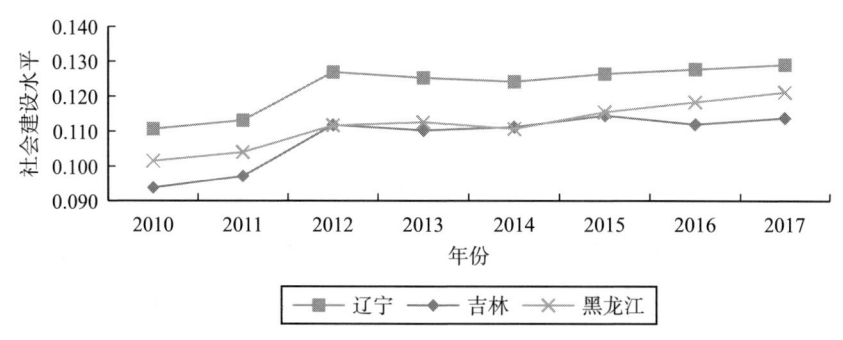

图 3-16　2010~2017 年东北地区省域社会建设水平变化

从全国省域来看，30 个省域社会建设水平均呈现波动中上升的趋势，但差异显著。北京、天津、河北、辽宁、上海、江苏、浙江、山东、湖北、广东、四川的社会建设水平基本保持上升态势，且大多数省域均高于全国同期平均水平，平均增速低于全国平均增速 0.22%，此 11 个省域主要为东部地区省域；内蒙古、黑龙江、安徽、福建、江西、河南、湖南整体在轻微波动中上升，大多数省域均低于全国同期平均水平，此 7 个省域主要为中部地区省域；吉林、贵州波动较为剧烈，主要原因在于受经济下行压力的影响，吉林、贵州在大规模的经济格局和利益格局调整过程中，新的矛盾和问题不断产生，在扩大就业、收入分配、城乡公共服务体系建设、健全社会保障等方面仍然存在很多问题；山西、广西、海南、重庆、云南、陕西、甘肃、青海、宁夏、新疆平均增速较大，高于全国平均增速，此 10 个省域主要为西部地区省域。

从区域省域来看，相同区域的省域社会建设水平增长态势具有高度趋同性。由图 3-13 至图 3-16 可知，东部地区 10 个省域社会建设水平变化趋势均为单向增长且无显著波动变化趋势，其中北京、上海、江苏、浙江、山东、广东 6 个省域的社会建设水平较高，处于"高水平均衡"，天津、河北、福建和海南 4 个省域较低，处于"低水平均衡"，东部地区省域社会建设水平"两极分化"较为显著；中部地区 6 个省域社会建设水平变化趋势也为单向增长且无显著波动变化趋势，其中湖北的社会建设水平远高于其他省域，中部地区省域社会建设水平异质性显著；西部地区 11 个省域社会建设水平变化趋势也为单向增长且无显著波动变化趋势，内部协同性显著；东北地区 3 个省域社会建设水平呈"N"字形波动趋势，地区内部差异较大。

3.4.4 维度四：文化建设分析

3.4.4.1 区域文化建设

2010～2017年全国30个省（自治区、直辖市）各年文化建设水平如表3－9所示，全国和东、中、西、东北地区各年文化建设水平变化趋势如图3－17所示。

表3－9　　　　　　2010～2017年各省域文化建设水平评价

地区	2010年	2011年	2012年	2013年	2014年	2015年	2016年	2017年	时间加权	排序
北京	0.0815	0.0879	0.0979	0.0873	0.0889	0.1089	0.1089	0.1185	0.1027	3
天津	0.0654	0.0674	0.0677	0.0657	0.0650	0.0685	0.0669	0.0872	0.0715	10
河北	0.0536	0.0558	0.0564	0.0585	0.0573	0.0611	0.0588	0.0641	0.0595	27
山西	0.0591	0.0606	0.0657	0.0568	0.0664	0.0674	0.0746	0.0726	0.0677	16
内蒙古	0.0593	0.0616	0.0623	0.0628	0.0662	0.0673	0.0699	0.0764	0.0681	15
辽宁	0.0675	0.0647	0.0671	0.0606	0.0632	0.0645	0.0642	0.0665	0.0647	20
吉林	0.0619	0.0633	0.0629	0.0609	0.0639	0.0662	0.0648	0.0669	0.0646	21
黑龙江	0.0496	0.0521	0.0523	0.0528	0.0527	0.0559	0.0553	0.0583	0.0547	30
上海	0.1074	0.1007	0.1148	0.1001	0.1040	0.1111	0.1145	0.1162	0.1104	1
江苏	0.0817	0.0827	0.0914	0.0822	0.0854	0.0894	0.0911	0.0973	0.0896	4
浙江	0.0909	0.0890	0.0944	0.0917	0.0961	0.1064	0.1221	0.1268	0.1084	2
安徽	0.0601	0.0627	0.0675	0.0637	0.0643	0.0703	0.0747	0.0772	0.0700	12
福建	0.0699	0.0661	0.0715	0.0664	0.0663	0.0716	0.0736	0.0771	0.0716	9
江西	0.0577	0.0609	0.0617	0.0616	0.0646	0.0643	0.0681	0.0745	0.0663	18
山东	0.0588	0.0597	0.0619	0.0624	0.0636	0.0647	0.0676	0.0717	0.0656	19
河南	0.0503	0.0523	0.0517	0.0505	0.0551	0.0605	0.0595	0.0672	0.0584	28
湖北	0.0530	0.0542	0.0617	0.0600	0.0616	0.0635	0.0671	0.0734	0.0646	22
湖南	0.0588	0.0579	0.0602	0.0589	0.0671	0.0692	0.0797	0.0822	0.0709	11
广东	0.0718	0.0723	0.0725	0.0676	0.0671	0.0731	0.0771	0.0810	0.0742	8
广西	0.0558	0.0574	0.0601	0.0569	0.0604	0.0643	0.0636	0.0606	0.0608	26
海南	0.0670	0.0639	0.0663	0.0641	0.0551	0.0557	0.0557	0.0726	0.0624	24

续表

地区	2010年	2011年	2012年	2013年	2014年	2015年	2016年	2017年	时间加权	排序
重庆	0.0744	0.0713	0.0702	0.0668	0.0705	0.0825	0.0860	0.1008	0.0822	5
四川	0.0591	0.0637	0.0634	0.0599	0.0637	0.0648	0.0718	0.0783	0.0681	14
贵州	0.0442	0.0446	0.0446	0.0522	0.0534	0.0580	0.0611	0.0716	0.0579	29
云南	0.0526	0.0572	0.0632	0.0646	0.0612	0.0625	0.0621	0.0653	0.0623	25
陕西	0.0655	0.0663	0.0700	0.0670	0.0688	0.0727	0.0849	0.0919	0.0774	7
甘肃	0.0499	0.0516	0.0616	0.0693	0.0668	0.0699	0.0731	0.0779	0.0689	13
青海	0.0497	0.0530	0.0598	0.0536	0.0652	0.0671	0.0661	0.0653	0.0624	23
宁夏	0.0710	0.0687	0.0595	0.0647	0.0686	0.0793	0.0826	0.0964	0.0783	6
新疆	0.0638	0.0648	0.0638	0.0613	0.0626	0.0699	0.0719	0.0702	0.0674	17
东部	0.0748	0.0746	0.0795	0.0746	0.0749	0.0810	0.0836	0.0913	0.0816	1
中部	0.0565	0.0581	0.0614	0.0586	0.0632	0.0658	0.0706	0.0745	0.0663	3
西部	0.0586	0.0600	0.0617	0.0617	0.0643	0.0689	0.0721	0.0777	0.0685	2
东北	0.0596	0.0600	0.0608	0.0581	0.0599	0.0622	0.0614	0.0639	0.0614	4
全国	0.0637	0.0645	0.0675	0.0650	0.0672	0.0717	0.0746	0.0802	0.0717	

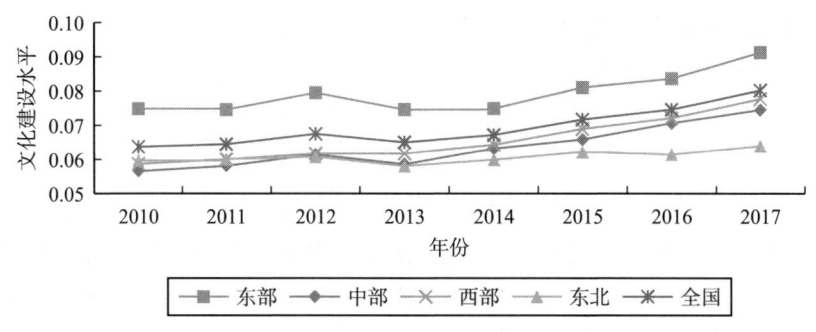

图3-17 2010~2017年全国及四大板块文化建设水平变化

从全国范围看，文化建设水平呈波动上升趋势。2010~2017年，文化建设水平从0.0637上升到0.0802，提高了0.0165，年均增长率达到3.70%，增长态势较为平稳。需要注意的是，2013年之后全国的文化建设水平在2012年的基础上有了新的飞跃的可能解释是：2013年以来，党和政府不断加大文化经费投入，稳步推进各项文化事业建设，完善现代文化市场体系，大力发展公共文化事业，经济效益和社会效益均得到明显提高。

东部地区，文化建设水平全国最高，呈波动上升趋势。2010~2017年，文化建设水平从0.0748上升到0.0913，提高了0.0164，年均增长率达到3.14%，增长态势较为平稳。

中部地区，文化建设水平全国次低，呈波动上升趋势。2010~2017年，文化建设水平从0.0565上升到0.0745，提高了0.0180，年均增长率达到4.55%，增长速度远超东部和东北地区。

西部地区，文化建设水平全国次高，呈持续上升趋势。2010~2017年，文化建设水平从0.0586上升到0.0777，提高了0.0191，年均增长率达到4.64%，增长速度最快。

东北地区，文化建设水平全国最低，呈波动上升趋势。2010~2017年，文化建设水平从0.0596上升到0.0639，提高了0.0043，年均增长率为1.03%，增长速度最慢。需要说明的是，2012年之前东北地区的文化建设水平高于中部地区，2012年之后低于中部地区，这主要是由于东北地区文化产业总量相对较小，且文化产业创新能力不足，导致产业结构不合理，集聚效应不明显，从而难以充分发挥区域资源合力优势；此外，东北地区文化建设依然存在文化投入与经济社会发展水平不相适应，文化发展的城乡结构、区域结构尚不均衡等深层次问题。

从四大板块的对比来看，文化建设水平存在显著的空间差异和区域间不平衡现象。由图3-17可知，东部地区文化建设水平最高，远高于全国、中部、西部和东北地区水平，平均高出0.0100、0.0157、0.0136和0.0185，处于文化建设水平的顶端；中部地区次低，比全国水平平均低0.0057，处于文化建设水平的中等偏下位置；西部地区次高，略低于全国水平，但仍比中部、西部地区平均高出0.0020和0.0049，处于文化建设水平的中间位置；东北地区最低，比全国水平平均低0.0085，处于文化建设水平的末端。文化建设水平整体上呈现出东部>全国>西部>中部>东北的格局，但年均增长率表现为西部>中部>全国>东部>东北，呈现出中部、西部地区发展速度较快，东部、东北地区发展速度较慢的趋势。

3.4.4.2 省域文化建设

2010~2017年我国30个省域各年文化建设水平变化趋势如图3-18至图3-21所示。

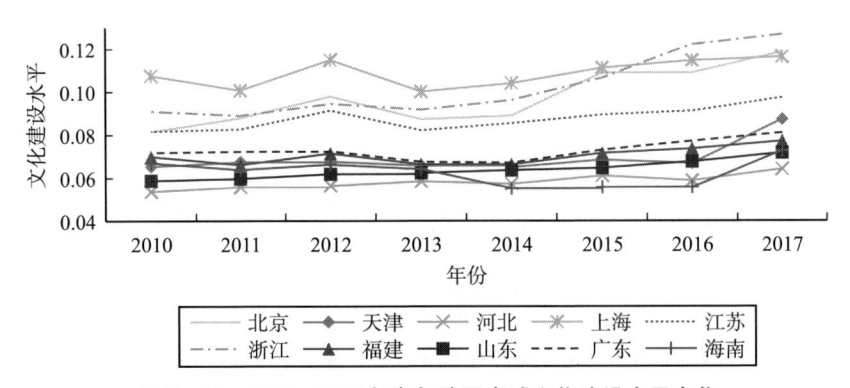

图 3-18　2010~2017 年东部地区省域文化建设水平变化

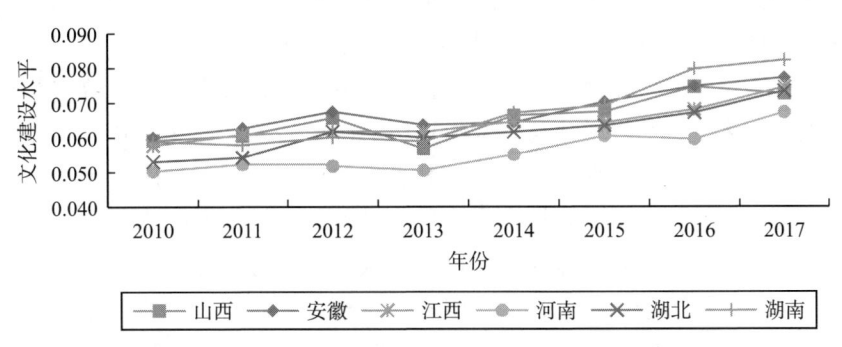

图 3-19　2010~2017 年中部地区省域文化建设水平变化

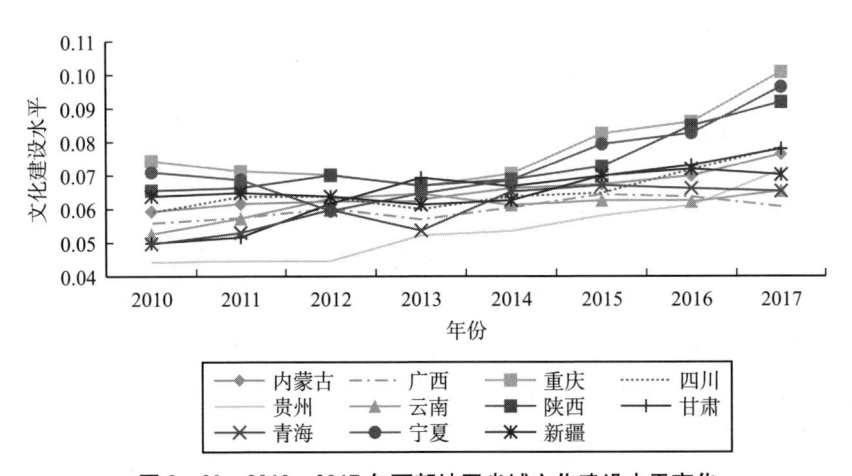

图 3-20　2010~2017 年西部地区省域文化建设水平变化

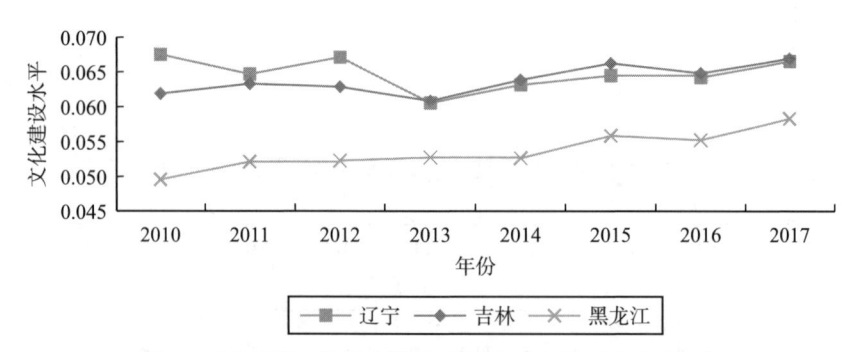

图 3-21　2010~2017 年东北地区省域文化建设水平变化

从全国省域来看，30 个省域文化建设水平均呈现波动中上升的趋势，但区域间发展水平差异较为显著。北京、上海、江苏、浙江、福建、广东、重庆、陕西、宁夏的文化建设水平基本保持上升态势，且大多数省域均高于全国同期平均水平，平均增速高于全国平均增速 0.22%，此 9 个省域主要为东部地区省域；河北、山西、辽宁、吉林、黑龙江、山东、云南、新疆整体在轻微波动中上升，此 8 个省域中大多数省域均低于同期平均水平。广西、海南波动较为剧烈，广西虽然拥有丰富的民族文化资源，但其在文化建设中存在文化产业结构不合理、公共文化服务体系建设相对滞后、新兴业态发展慢且不均衡等问题，因此，其文化建设任重道远。海南文化品牌虽然初步形成，但其文化资源开发利用效率低，文化建设社会参与度低，服务模式单一，这是 2016 年之前其发展停滞不前的主要原因。2016 年之后，作为"全国唯一的省域国际旅游岛"，海南通过大力发展高水平旅游业，加快推进国际旅游岛建设，为海南文化建设提供了巨大的发展空间。天津、内蒙古、安徽、江西、河南、湖北、湖南、四川、贵州、甘肃、青海平均增速较大，高于全国平均增速，此 11 个省域主要为中西部地区省域。

从区域省域来看，相同区域的省域文化建设水平增长态势具有高度趋同性。由图 3-18 至图 3-21 可知，东部地区 10 个省域文化建设水平变化趋势均为单向增长且无显著波动变化趋势，其中北京、上海、江苏、浙江四省的文化建设水平较高，处于"高水平均衡"，天津、河北、福建、山东、广东和海南 6 个省域较低，处于"低水平均衡"，东部地区省域文化建设水平"两极分化"较为显著；中部地区 6 个省域文化建设水平变化趋势也为单向增长且无显著波动变化趋势，内部协同性显著；西部地区 11 个省域文化建设水平呈"V"字形波动变化趋势，内部差异较小；东北地区3个省域文化建设水平波动变化趋势相同，其中辽宁、吉林的文化建设水平远高于黑龙江，东北地区省域文化建设水平内部差异较大。

3.4.5 维度五：生态文明建设分析

3.4.5.1 区域生态文明建设

2010~2017年我国30个省（自治区、直辖市）各年生态文明建设水平如表3-10所示，全国和东、中、西、东北地区各年生态文明建设水平变化趋势如图3-22所示。

表3-10   2010~2017年各省域生态文明建设水平评价

地区	2010年	2011年	2012年	2013年	2014年	2015年	2016年	2017年	时间加权	排序
北京	0.1650	0.1619	0.1684	0.1720	0.1741	0.1687	0.1728	0.1915	0.1751	5
天津	0.1673	0.1700	0.1684	0.1688	0.1716	0.1715	0.1721	0.1907	0.1752	4
河北	0.1519	0.1530	0.1540	0.1498	0.1546	0.1618	0.1678	0.1869	0.1649	10
山西	0.1358	0.1387	0.1445	0.1454	0.1461	0.1472	0.1492	0.1670	0.1505	22
内蒙古	0.1270	0.1279	0.1345	0.1351	0.1413	0.1416	0.1489	0.1667	0.1458	25
辽宁	0.1414	0.1469	0.1533	0.1510	0.1513	0.1539	0.1549	0.1735	0.1568	18
吉林	0.1309	0.1348	0.1376	0.1404	0.1482	0.1482	0.1480	0.1657	0.1488	23
黑龙江	0.1253	0.1304	0.1343	0.1399	0.1394	0.1432	0.1441	0.1611	0.1442	26
上海	0.1523	0.1530	0.1511	0.1544	0.1615	0.1624	0.1680	0.1847	0.1656	9
江苏	0.1611	0.1642	0.1645	0.1697	0.1715	0.1740	0.1784	0.1977	0.1775	1
浙江	0.1621	0.1638	0.1661	0.1679	0.1702	0.1711	0.1755	0.1949	0.1757	3
安徽	0.1382	0.1473	0.1525	0.1639	0.1628	0.1661	0.1711	0.1904	0.1682	7
福建	0.1509	0.1557	0.1564	0.1611	0.1591	0.1605	0.1615	0.1798	0.1639	11
江西	0.1480	0.1519	0.1545	0.1500	0.1551	0.1558	0.1603	0.1787	0.1605	15
山东	0.1653	0.1690	0.1696	0.1681	0.1701	0.1708	0.1748	0.1942	0.1761	2
河南	0.1488	0.1503	0.1514	0.1528	0.1563	0.1583	0.1622	0.1811	0.1619	12
湖北	0.1286	0.1357	0.1379	0.1430	0.1467	0.1568	0.1628	0.1817	0.1566	19
湖南	0.1364	0.1395	0.1412	0.1416	0.1468	0.1524	0.1541	0.1722	0.1529	20

续表

地区	2010年	2011年	2012年	2013年	2014年	2015年	2016年	2017年	时间加权	排序
广东	0.1570	0.1511	0.1505	0.1527	0.1574	0.1605	0.1599	0.1777	0.1616	13
广西	0.1442	0.1436	0.1516	0.1516	0.1540	0.1567	0.1598	0.1788	0.1596	16
海南	0.1519	0.1574	0.1664	0.1636	0.1616	0.1740	0.1731	0.1908	0.1722	6
重庆	0.1537	0.1609	0.1568	0.1599	0.1618	0.1652	0.1626	0.1812	0.1659	8
四川	0.1425	0.1450	0.1463	0.1476	0.1513	0.1538	0.1583	0.1768	0.1573	17
贵州	0.1026	0.1161	0.1202	0.1325	0.1382	0.1450	0.1581	0.1759	0.1463	24
云南	0.1392	0.1381	0.1361	0.1417	0.1475	0.1490	0.1553	0.1738	0.1527	21
陕西	0.1487	0.1501	0.1527	0.1537	0.1583	0.1604	0.1588	0.1774	0.1612	14
甘肃	0.1089	0.1163	0.1207	0.1265	0.1307	0.1302	0.1381	0.1555	0.1344	29
青海	0.1100	0.1201	0.1211	0.1190	0.1212	0.1211	0.1310	0.1472	0.1282	30
宁夏	0.1232	0.1237	0.1309	0.1375	0.1419	0.1414	0.1416	0.1587	0.1421	27
新疆	0.1147	0.1196	0.1231	0.1244	0.1317	0.1314	0.1395	0.1564	0.1357	28
东部	0.1585	0.1599	0.1615	0.1628	0.1652	0.1675	0.1704	0.1889	0.1708	1
中部	0.1393	0.1439	0.1470	0.1495	0.1523	0.1561	0.1599	0.1785	0.1584	2
西部	0.1286	0.1329	0.1358	0.1390	0.1434	0.1451	0.1502	0.1680	0.1481	4
东北	0.1325	0.1374	0.1418	0.1438	0.1463	0.1485	0.1490	0.1668	0.1499	3
全国	0.1411	0.1445	0.1472	0.1495	0.1527	0.1551	0.1587	0.1770	0.1579	

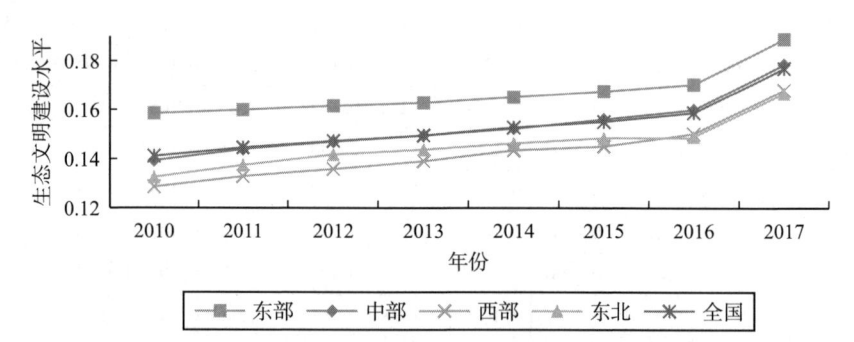

图3-22 2010~2017年全国及四大板块生态文明建设水平变化

从全国范围看,生态文明建设水平呈平稳上升趋势。2010~2017年,生态文明建设水平从0.1411上升到0.1770,提高了0.0359,年均增长率达到3.63%,增长态势较为平稳。需要重视的是,2017年全国生态文明建设水平快速上升的可能解释是:2017年中共十九大报告提出坚持节约资源和保护环境的基本国策,深化了生态文明建设的基本理念和战略方向,进而推进了生态文明建设的发展进程。

东部地区,生态文明建设水平全国最高,呈缓慢上升趋势。2010~2017年,生态文明建设水平从0.1585上升到0.1889,提高了0.0304,年均增长率为2.74%,增长态势较为平稳。

中部地区,生态文明建设水平全国次高,呈平稳上升趋势。2010~2017年,生态文明建设水平从0.1393上升到0.1785,提高了0.0392,年均增长率达到4.02%,增长速度远超东部和东北地区。

西部地区,生态文明建设水平全国最低,呈平稳上升趋势。2010~2017年,生态文明建设水平从0.1286上升到0.1680,提高了0.0394,年均增长率达到4.38%,增长速度最快。

东北地区,生态文明建设水平全国次低,呈波动上升趋势。2010~2017年,生态文明建设水平从0.1325上升到0.1668,提高了0.0342,年均增长率达到3.69%,超过全国平均增速。需要说明的是,2015~2016年东北地区的生态文明建设水平略有降低的可能解释是:由于东北地区生态文明建设还处在探索阶段,工业生产中能源利用率不高,环境污染度不断增大,生态经济增长速度变慢,因此,其生态文明建设形势依然严峻。

从四大板块的对比来看,生态文明建设水平存在较大的空间差异和区域间非均衡现象。由图3-22可知,东部地区生态文明建设水平最高,远高于全国、中部、西部和东北地区水平,平均高出0.0136、0.0135、0.0240和0.0211,处于生态文明建设水平的顶端;中部地区次高,略高于全国水平,比全国、中部、西部地区平均高出0.0001、0.0104和0.0076,处于生态文明建设水平的中间位置;西部地区最低,比全国水平平均低0.0104,处于生态文明建设水平的末端;东北地区次低,比全国水平平均低0.0075,处于生态文明建设水平的中等偏下位置。生态文明建设水平整体上呈现出东部>中部>全国>东北>西部的格局,但年均增长率表现为西部>中部>东北>东部,呈现出中部、西部、东北地区发展速度较快,东部地区发展速度较慢的趋势。

3.4.5.2 省域生态文明建设

2010~2017年全国30个省域各年生态文明建设水平变化趋势如图3-23至图3-26所示。

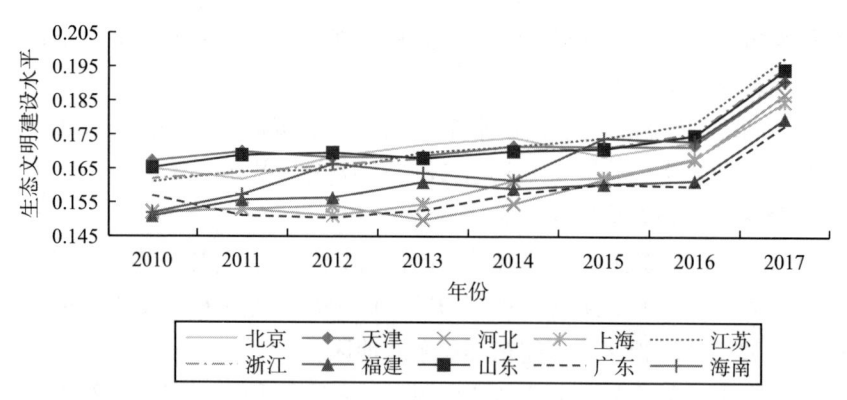

图 3-23　2010~2017 年东部地区省域生态文明建设水平变化

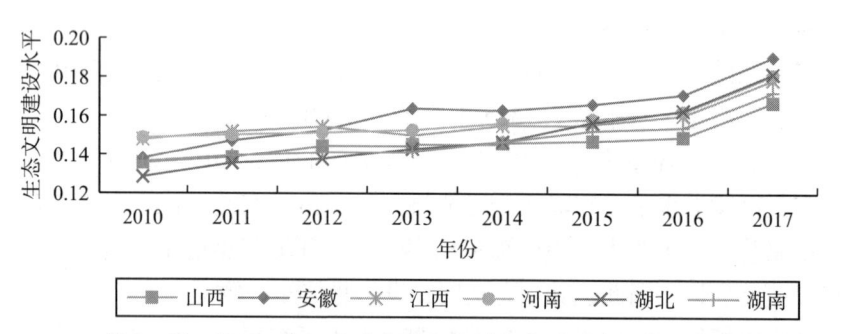

图 3-24　2010~2017 年中部地区省域生态文明建设水平变化

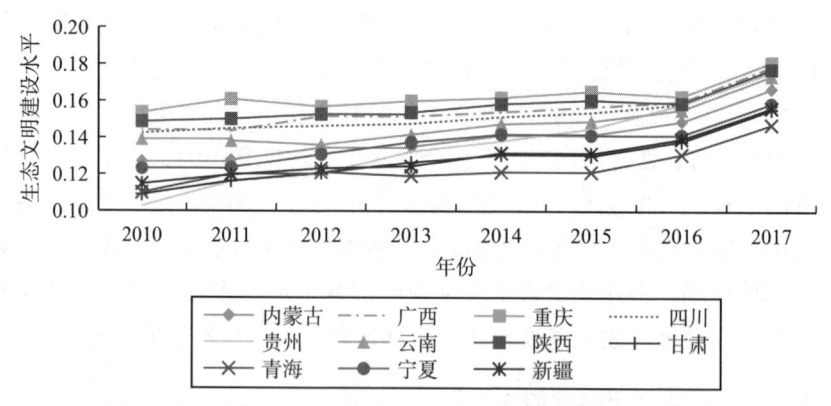

图 3-25　2010~2017 年西部地区省域生态文明建设水平变化

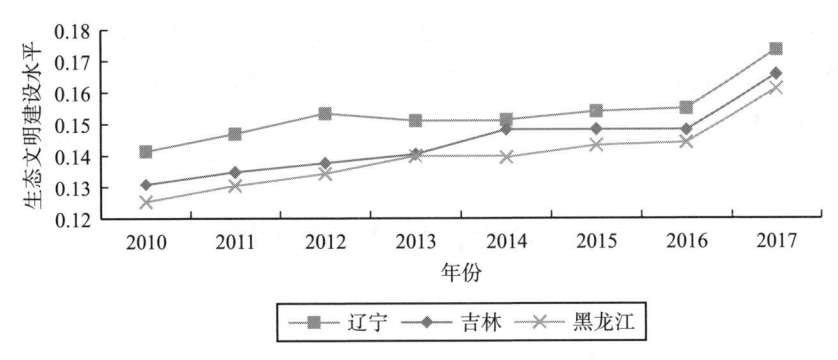

图 3-26 2010~2017 年东北地区省域生态文明建设水平变化

从全国省域来看，30 个省域生态文明建设水平均呈现波动中上升的趋势，但省域间存在显著差异。天津、河北、辽宁、上海、江苏、浙江、安徽、福建、江西、山东、河南、广东、广西、海南、陕西的生态文明水平基本保持上升态势，且大多数省域均高于全国同期平均水平，平均增速低于全国平均增速 0.48%，此 15 个省域主要为东部地区省域；山西、四川、云南整体在轻微波动中上升，大多数省域均低于全国同期平均水平；北京、重庆波动较为剧烈，主要原因在于 2011 年生态文明建设处于起步阶段，转变以牺牲环境为代价的经济增长方式是一项长期工程，难以短时间内实现由单要素治理转向系统防控、从扩张型城市化发展模式向新型城镇化发展模式的转变，可见，北京、重庆的生态文明建设面临的挑战十分巨大；内蒙古、吉林、黑龙江、湖北、湖南、贵州、甘肃、青海、宁夏、新疆平均增速较大，高于全国平均增速，此 10 个省域主要为西部地区省域。

从区域省域来看，相同区域的省域生态文明建设水平增长态势具有高度趋同性。由图 3-23 至图 3-26 可知，东部地区 10 个省域生态文明建设水平变化趋势呈两阶段波动变化趋势，以 2016 年为分界线，2010~2016 年，波动较为平缓，呈"一"字形，2013~2017 年，呈直线形上升趋势，其中北京、天津、江苏、浙江、山东和海南 6 个省域的生态文明建设水平较高，处于"高水平均衡"，河北、上海、福建、广东 4 个省域较低，处于"低水平均衡"，东部地区省域生态文明建设水平"两级分化"较为显著；中部地区 6 个省域生态文明建设水平呈缓慢上升趋势，内部协同性显著；西部地区 11 个省域生态文明建设水平呈波动上升趋势，其中广西、重庆、四川、陕西 4 个省域的生态文明建设水平较高,其余7个省域较低,西部地区省域生态文明建设水平异质性显著;东北地区3个省域生态文明建设水平波动变化趋势相同,内部差异较小。

3.5 综合评价结果的整体分析

3.5.1 基于"五位一体"总体布局的区域经济社会发展

2010~2017年全国30个省(自治区、直辖市)基于"五位一体"总体布局的各年经济社会发展水平如表3-11所示,全国和东、中、西、东北地区各年经济社会发展水平变化趋势如图3-27所示。

表3-11 基于"五位一体"总体布局的经济社会发展水平综合评价结果

地区	2010年	2011年	2012年	2013年	2014年	2015年	2016年	2017年	时间加权	排名
北京	0.5806	0.5833	0.6152	0.6181	0.6324	0.6498	0.6606	0.6810	0.6428	1
天津	0.5113	0.5236	0.5368	0.5403	0.5548	0.5598	0.5633	0.5921	0.5585	6
河北	0.4351	0.4439	0.4734	0.4733	0.4822	0.4998	0.5060	0.5211	0.4917	12
山西	0.3975	0.4066	0.4428	0.4456	0.4556	0.4644	0.4860	0.4913	0.4626	22
内蒙古	0.4021	0.4088	0.4397	0.4440	0.4649	0.4704	0.4837	0.4987	0.4659	20
辽宁	0.4526	0.4601	0.4907	0.4761	0.4855	0.4936	0.4936	0.5133	0.4908	14
吉林	0.4141	0.4195	0.4431	0.4339	0.4631	0.4697	0.4670	0.4778	0.4582	23
黑龙江	0.3822	0.3929	0.4195	0.4267	0.4366	0.4486	0.4605	0.4744	0.4435	25
上海	0.5751	0.5741	0.6020	0.5903	0.6127	0.6244	0.6330	0.6498	0.6192	2
江苏	0.5270	0.5415	0.5759	0.5814	0.5966	0.6139	0.6305	0.6612	0.6101	3
浙江	0.5218	0.5464	0.5856	0.5699	0.5891	0.6039	0.6425	0.6578	0.6087	4
安徽	0.4101	0.4160	0.4483	0.4628	0.4786	0.4935	0.5083	0.5174	0.4836	18
福建	0.4661	0.4697	0.4980	0.4995	0.5104	0.5192	0.5226	0.5362	0.5129	8
江西	0.4358	0.4456	0.4744	0.4717	0.4832	0.4858	0.4963	0.5103	0.4855	16
山东	0.4741	0.4886	0.5115	0.5173	0.5348	0.5361	0.5576	0.5791	0.5396	7
河南	0.4117	0.4276	0.4562	0.4574	0.4733	0.4852	0.4879	0.5100	0.4771	19

续表

地区	2010年	2011年	2012年	2013年	2014年	2015年	2016年	2017年	时间加权	排名
湖北	0.3991	0.4087	0.4459	0.4618	0.4745	0.5034	0.5149	0.5320	0.4879	15
湖南	0.4216	0.4256	0.4571	0.4583	0.4814	0.4948	0.5193	0.5369	0.4923	11
广东	0.5056	0.5106	0.5351	0.5396	0.5605	0.5678	0.5904	0.6038	0.5669	5
广西	0.4019	0.4059	0.4396	0.4473	0.4609	0.4758	0.4790	0.4904	0.4635	21
海南	0.4380	0.4424	0.4764	0.4768	0.4771	0.4718	0.4949	0.5186	0.4848	17
重庆	0.4320	0.4426	0.4676	0.4764	0.4925	0.5150	0.5257	0.5498	0.5053	9
四川	0.4247	0.4379	0.4684	0.4637	0.4822	0.4918	0.5084	0.5318	0.4911	13
贵州	0.3412	0.3544	0.3805	0.4094	0.4287	0.4465	0.4467	0.4705	0.4290	27
云南	0.3794	0.3972	0.4176	0.4305	0.4450	0.4500	0.4605	0.4811	0.4467	24
陕西	0.4348	0.4430	0.4780	0.4741	0.4940	0.4973	0.5206	0.5265	0.4972	10
甘肃	0.3383	0.3553	0.3913	0.4046	0.4231	0.4318	0.4363	0.4504	0.4198	28
青海	0.3483	0.3755	0.4078	0.3948	0.4206	0.4285	0.4363	0.4415	0.4191	29
宁夏	0.3788	0.3809	0.3991	0.4152	0.4357	0.4426	0.4615	0.4803	0.4402	26
新疆	0.3714	0.3797	0.3966	0.3980	0.4198	0.4228	0.4343	0.4412	0.4186	30
东部	0.5035	0.5124	0.5410	0.5406	0.5551	0.5647	0.5801	0.6001	0.5635	1
中部	0.4126	0.4217	0.4541	0.4596	0.4744	0.4879	0.5021	0.5163	0.4815	2
西部	0.3866	0.3983	0.4260	0.4326	0.4516	0.4611	0.4721	0.4875	0.4542	4
东北	0.4163	0.4242	0.4511	0.4455	0.4618	0.4706	0.4737	0.4885	0.4641	3
全国	0.4337	0.4436	0.4725	0.4753	0.4917	0.5019	0.5143	0.5309	0.4971	

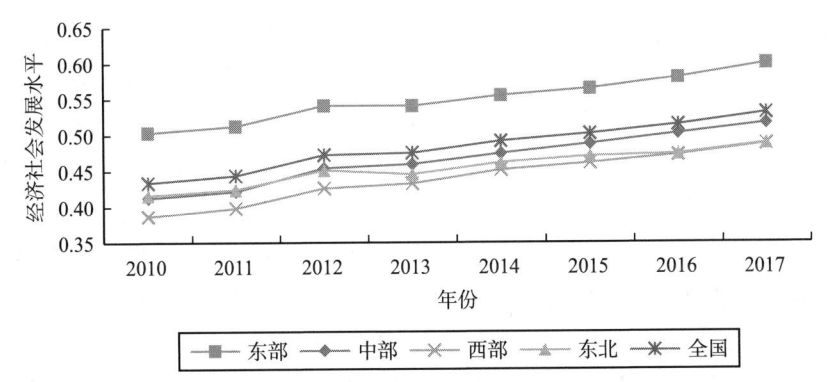

图3-27 2010~2017年全国及四大板块经济社会发展水平变化

从全国范围看，经济社会发展水平呈平稳上升趋势。2010~2017 年，经济社会发展水平从 0.4337 上升到 0.5309，提高了 0.0971，年均增长率达到 3.20%，增长态势较为平稳。

东部地区，基于"五位一体"总体布局的经济社会发展水平全国最高，呈平稳上升趋势。2010~2017 年，经济社会发展水平从 0.5035 上升到 0.6001，提高了 0.0966，年均增长率达到 2.74%，增长态势较为平稳。

中部地区，基于"五位一体"总体布局的经济社会发展水平全国次高，呈平稳上升趋势。2010~2017 年，经济社会发展水平从 0.4126 上升到 0.5163，提高了 0.1037，年均增长率达到 3.59%，增长速度远超东部和东北地区。

西部地区，基于"五位一体"总体布局的经济社会发展水平全国最低，呈平稳上升趋势。2010~2017 年，经济社会发展水平从 0.3866 上升到 0.4875，提高了 0.1009，年均增长率达到 3.73%，增长速度最快。

东北地区，基于"五位一体"总体布局的经济社会发展水平全国次低，呈波动上升趋势。2010~2017 年，经济社会发展水平从 0.4163 上升到 0.4885，提高了 0.0722，年均增长率为 2.48%，增长速度最慢。需要说明的是，2012 年之前东北地区的经济社会发展水平基本与中部地区持平，2012 年之后低于中部地区，这主要是由于 2012 年之后受全国经济下行压力的影响，东北地区长期传统产业发展困境与老工业基地深层次矛盾集中爆发，发展瓶颈制约了东北地区经济社会的发展。

从四大板块的对比来看，经济社会发展水平存在较大的空间差异和区域间非均衡现象。由图 3-27 可知，东部地区经济社会发展水平最高，远高于全国、中部、西部和东北地区水平，平均高出 0.0667、0.0836、0.1102 和 0.0957，处于经济社会发展水平的顶端；中部地区次高，略低于全国水平，但仍比西部、东北地区平均高出 0.0266 和 0.0121，处于经济社会发展水平的中间位置；西部地区最低，比全国水平平均低 0.0435，处于经济社会发展水平的末端；东北地区次低，比全国水平平均低 0.0290，处于经济社会发展水平的中等偏下位置。经济社会发展水平整体上呈现出东部 > 全国 > 中部 > 东北 > 西部的格局，但年均增长率表现为西部 > 中部 > 全国 > 东部 > 东北，呈现出中部、西部地区发展速度较快，东部、东北地区发展速度较慢的趋势。

3.5.2 基于"五位一体"总体布局的省域经济社会发展

2010~2017年我国30个省域基于"五位一体"总体布局的各年经济社会发展水平变化趋势如图3-28至图3-31所示。

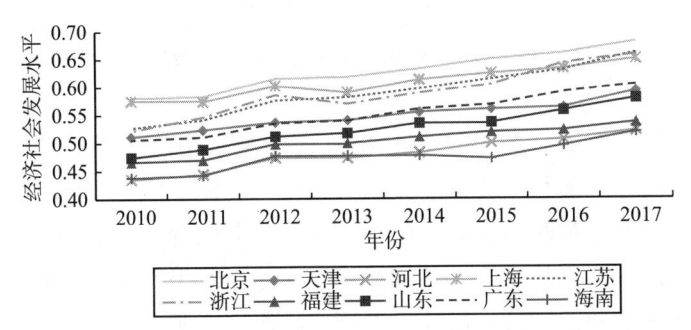

图3-28 2010~2017年东部地区省域经济社会发展水平变化

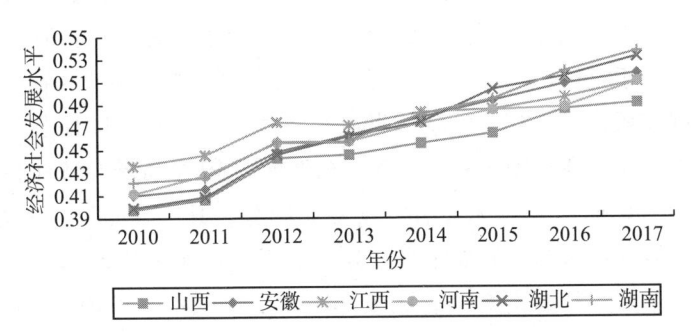

图3-29 2010~2017年中部地区省域经济社会发展水平变化

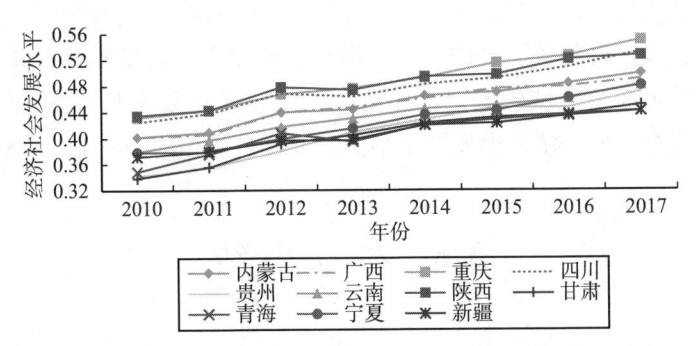

图3-30 2010~2017年西部地区省域经济社会发展水平变化

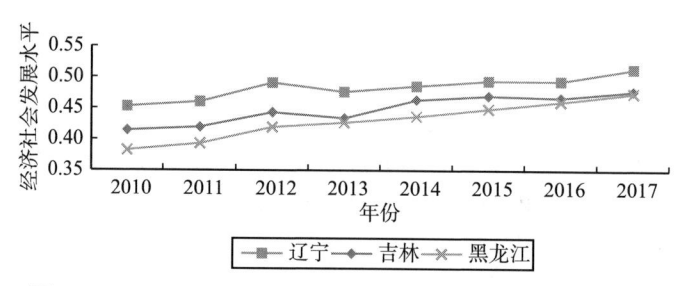

图 3-31　2010~2017 年东北地区省域经济社会发展水平变化

从全国省域来看，30 个省域经济社会发展水平均呈现波动中上升的趋势，但省域间差异显著。北京、天津、辽宁、上海、江苏、浙江、福建、山东、广东、重庆、陕西的经济社会发展水平基本保持上升态势，且大多数省域均高于全国同期平均水平，平均增速低于全国平均增速 0.39%，此 11 个省域主要为东部地区省域；河北、吉林、江西、广西、海南、新疆整体在轻微波动中上升，大多数省域均低于全国同期平均水平；山西、内蒙古、黑龙江、安徽、河南、湖北、湖南、四川、贵州、云南、甘肃、青海、宁夏平均增速较大，高于全国平均增速，此 13 个省域主要为中西部地区省域。

从区域省域来看，相同区域的省域经济社会发展水平增长态势具有高度趋同性。由图 3-28 至图 3-31 可知，东部地区 10 个省域经济社会发展水平变化趋势均为单向增长且无显著波动变化趋势，其中，北京、上海、江苏、浙江 4 个省域的经济社会发展水平较高，处于"高水平均衡"，天津、河北、福建、山东、广东和海南 6 个省域较低，处于"低水平均衡"，东部地区省域经济社会发展水平"两级分化"较为显著；中部地区 6 个省域经济社会发展水平呈直线形上升趋势，内部协同性显著；西部地区 11 个省域经济社会发展水平呈直线上升趋势，其中重庆、四川、陕西 3 个省域的经济社会发展水平较高，其余 8 个省域较低，西部地区省域经济社会发展水平异质性显著；东北地区 3 个省域经济社会发展水平波动变化趋势相同，内部差异较小。

3.6　本章小结

本章为了解决单一评价方法评价结果不一致的问题，提出了采用基于主

第 3 章 | 基于"五位一体"总体布局的经济社会发展综合评价及结果分析

客观评价方法相结合的组合评价方法对 2010~2017 年我国 30 个省（自治区、直辖市）经济社会发展水平进行综合评价，其中客观评价法采用熵值法、理想解法及 CRITIC 法，主观评价法采用群组 G1 法、盲数理论法及网络层次分析法。之后，通过事前一致性检验，确定相容单一评价方法集 D；通过事后斯皮尔曼检验确定组合评价方法集 Z。然后，采用 Z 中的组合评价方法分别对 D 种的单一组合评价结果进行组合评价，得出组合评价结果。最终，采用相对有效性检验法遴选出有效性最高的组合评价方法，并选择其组合评价结果作为最终经济社会发展水平，并对评价结果进行比较分析。

2010~2017 年我国区域经济社会发展水平地域差异化明显。就经济建设水平而言，呈现"东部 > 中部 > 东北 > 西部"的格局；就政治建设水平而言，呈现"东部 > 西部 > 东北 > 中部"的格局；就社会建设水平而言，呈现"东部 > 东北 > 中部 > 西部"的格局；就文化建设水平而言，呈现"东部 > 西部 > 中部 > 东北"的格局；就生态文明建设水平而言，呈现"东部 > 中部 > 东北 > 西部"的格局；就经济社会发展水平而言，呈现"东部 > 中部 > 东北 > 西部"的格局。

| 第 4 章 |

基于"五位一体"总体布局的经济社会发展系统内非均衡研究

前文从经济建设、政治建设、社会建设、文化建设、生态文明建设五个维度以及经济社会发展整体出发,较为深入地揭示了我国省域2010~2017年基于"五位一体"总体布局的经济社会发展水平、进程、所处阶段和动态变化规律。然而,"五位一体"总体布局引领下的经济社会发展是一个综合性的系统过程,五大子系统经济建设、政治建设、社会建设、文化建设和生态文明建设相互协作、相互影响、相互依存,必须全面推进,协调均衡发展。因此,开展基于"五位一体"总体布局的经济社会发展系统内非均衡研究,是掌握统筹推进"五位一体"总体布局进程、促进其均衡协调发展的重要基础,这有助于反映基于"五位一体"总体布局的经济社会发展存在的结构性失衡问题,对于补齐"五位一体"总体布局的内部短板,引导各级政府全面推进经济建设、政治建设、文化建设、社会建设、生态文明建设均衡协调发展具有重要的现实意义。本章借助耦合度模型及耦合协调发展模型测算经济社会发展系统内非均衡程度,并通过等级划分详细刻画"五位一体"总体布局经济社会发展系统内非均衡特征。

4.1 研究方法

4.1.1 耦合度模型

"耦合"概念的首次提出是在物理学领域，用来阐释两个或两个以上的系统之间相互影响以至产生联合的现象。若各子系统之间相互协调，则整体最终形成由无序转变为有序的良好状态。基于"五位一体"总体布局的经济社会发展耦合即是指经济建设、政治建设、社会建设、文化建设和生态文明建设五个维度之间相互作用并不断优化的过程。基于耦合理论构建的耦合度模型能够准确地衡量经济社会发展各子系统之间的相互影响程度，反映各子系统发展状况的同步性。参考物理学领域的容量耦合系数模型（顾先问、冯南平等，2016），构建耦合度模型如下所示：

$$C_n = \left[\frac{u_1 u_2 \cdots u_n}{(u_1 + u_2 + \cdots + u_n)^n}\right]^{\frac{1}{n}} \quad (4-1)$$

式中，C_n 为 n 个系统之间的耦合度；u_1，u_2，$\cdots$，u_n 是各子系统的综合评价结果。

经济社会发展耦合度模型为：

$$C = \left[\frac{u_1 \times u_2 \times u_3 \times u_4 \times u_5}{(u_1 + u_2 + u_3 + u_4 + u_5)^5}\right]^k \quad (4-2)$$

式中，k 为调节系数，本书取 $k=5$；C 为基于"五位一体"总体布局的经济社会发展耦合度，反映了经济建设、政治建设、社会建设、文化建设和生态文明建设五大子系统发展的密切关系程度，当 C 越趋向于 1 时，表明系统之间越靠近有序状态。

4.1.2 耦合协调度模型

耦合度虽然能够衡量子系统之间发展的同步性，反映子系统之间的相互影响程度,但是却忽略了各子系统自身的发展水平,无法反映出各子系统对整体的"协同"作用,难以精确判断高耦合度现象究竟来源于高水平一致性还是低水平一致性,具有一定的局限性。因此,本书进一步采用耦合协调度模型对经济社会发展进行协调性分析,该模型在耦合度模型的基础上引进协调度的概念,在考虑系统耦合度的同时,兼顾评价对象自身的发展水平,从而能够更加精确地反映系统间的协调发展状态。具体计算公式如下:

$$D = \sqrt{C \times T} \quad (4-3)$$

$$T = \alpha_1 u_1 + \alpha_2 u_2 + \alpha_3 u_3 + \alpha_4 u_4 + \alpha_5 u_5 \quad (4-4)$$

式中,D 为经济建设、政治建设、社会建设、文化建设和生态文明建设五个子系统之间的耦合协调程度;T 为评价对象经济社会综合发展水平;α_1、α_2、α_3、α_4、α_5 分别为经济建设、政治建设、社会建设、文化建设和生态文明建设五个子系统的权重。

4.2 基于"五位一体"总体布局的经济社会发展耦合度

4.2.1 四大板块耦合度

2010~2017年全国30个省(自治区、直辖市)经济社会发展耦合度如表4-1所示,全国、东、中、西、东北地区经济社会发展耦合度变化趋势如图4-1所示。

表4-1　2010~2017年全国、四大板块、省域经济社会发展耦合度

地区		2010年	2011年	2012年	2013年	2014年	2015年	2016年	2017年
东部地区	北京	0.2760	0.2670	0.2242	0.1891	0.2722	0.3426	0.3251	0.3216
	天津	0.1158	0.1012	0.0813	0.0938	0.1356	0.1459	0.1302	0.1913
	河北	0.0487	0.0478	0.0365	0.0474	0.0618	0.0814	0.0610	0.0519
	上海	0.3496	0.3112	0.2881	0.2667	0.3279	0.3628	0.3285	0.3506

续表

地区		2010年	2011年	2012年	2013年	2014年	2015年	2016年	2017年
东部地区	江苏	0.1639	0.1034	0.0629	0.0924	0.0957	0.1099	0.1175	0.1183
	浙江	0.1421	0.0959	0.0995	0.1468	0.1833	0.1834	0.2279	0.2172
	福建	0.1717	0.1164	0.0959	0.0867	0.1474	0.1471	0.1499	0.1154
	山东	0.0392	0.0240	0.0209	0.0286	0.0531	0.0410	0.0586	0.0744
	广东	0.1519	0.1533	0.1069	0.0773	0.0854	0.0772	0.0883	0.1017
	海南	0.2021	0.1593	0.1365	0.1509	0.1318	0.0686	0.0802	0.1049
中部地区	山西	0.0925	0.0780	0.0690	0.0690	0.0945	0.1085	0.1448	0.1317
	安徽	0.1561	0.0813	0.0672	0.0725	0.1113	0.1262	0.1295	0.0991
	江西	0.1300	0.0939	0.0729	0.0779	0.0852	0.1024	0.1041	0.1042
	河南	0.0388	0.0390	0.0319	0.0331	0.0413	0.0643	0.0367	0.0456
	湖北	0.0865	0.0687	0.0679	0.0733	0.0670	0.0845	0.0849	0.1056
	湖南	0.1507	0.1069	0.1135	0.0985	0.1499	0.1621	0.2406	0.2097
西部地区	四川	0.1650	0.1342	0.1059	0.0872	0.1186	0.1094	0.1133	0.1394
	重庆	0.0905	0.0631	0.0868	0.1115	0.1506	0.1917	0.2004	0.2099
	贵州	0.2903	0.1610	0.1051	0.1171	0.1154	0.1184	0.1049	0.0847
	云南	0.0711	0.0813	0.0833	0.0937	0.1325	0.1062	0.1021	0.1060
	陕西	0.1189	0.0904	0.0920	0.0896	0.1351	0.1244	0.1675	0.1048
	甘肃	0.1610	0.1403	0.1348	0.1362	0.1895	0.2331	0.1699	0.1359
	青海	0.2603	0.2509	0.2495	0.2516	0.3029	0.2924	0.2217	0.1891
	宁夏	0.2430	0.2617	0.1927	0.2212	0.2223	0.2214	0.2554	0.1835
	新疆	0.2289	0.2077	0.2145	0.2292	0.2212	0.2396	0.1666	0.1039
	广西	0.0554	0.0560	0.0450	0.0642	0.0917	0.1052	0.0865	0.0706
	内蒙古	0.1203	0.1319	0.1159	0.1275	0.1579	0.1774	0.1658	0.1715
东北地区	辽宁	0.1659	0.1348	0.0800	0.0713	0.0989	0.1120	0.1012	0.1248
	吉林	0.2147	0.1603	0.0749	0.0405	0.1162	0.1298	0.1475	0.1422
	黑龙江	0.0682	0.0479	0.0472	0.0542	0.0992	0.1108	0.1171	0.1300
全国平均		0.1523	0.1256	0.1068	0.1100	0.1399	0.1493	0.1476	0.1413
东部平均		0.1661	0.1380	0.1153	0.1180	0.1494	0.1560	0.1567	0.1647

续表

地区	2010年	2011年	2012年	2013年	2014年	2015年	2016年	2017年
中部平均	0.1091	0.0780	0.0704	0.0707	0.0916	0.1080	0.1234	0.1160
西部平均	0.1641	0.1435	0.1296	0.1390	0.1671	0.1745	0.1595	0.1363
东北平均	0.1496	0.1143	0.0674	0.0553	0.1048	0.1175	0.1220	0.1323

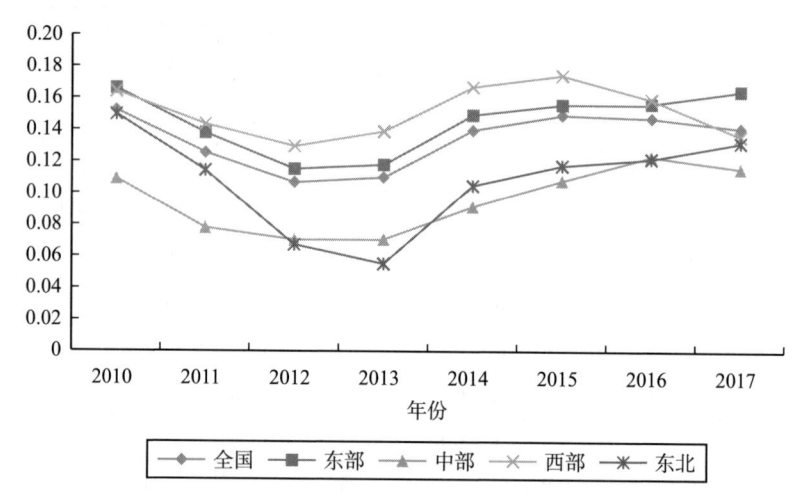

图4-1 2010~2017年全国及四大板块经济社会发展平均耦合度变化

从全国范围看，经济社会发展耦合度变化趋势大致以2012年和2015年为分界线。2010~2012年，全国耦合度呈下降态势，从2010年的0.1523下降到2012年的0.1068。2012~2015年，耦合度总体呈现上升态势，从2012年的0.1068上升到2015年的0.1493，对此可能的原因解释是：中共十八大报告提出"五位一体"现代化总体布局，自此我国经济社会发展开始注重经济建设、政治建设、社会建设、文化建设和生态文明建设五大子系统间的同步均衡发展。2015~2017年，耦合度整体呈现小幅度回落态势，数值从0.1493下降到0.1413，可能的解释是：国务院提出"十三五"生态环境保护规划后，部分区域生态环境发展水平增速明显高于其余子系统，因此子系统间的差距逐渐加大，同步性程度有所减弱，从而导致全国耦合度呈现小幅度回落态势。

东部地区经济社会发展耦合度全国次高，其变化趋势以2012年为分界线。2010~2012年，东部地区耦合度呈快速下降态势，从2010年的0.1661下降到2012年的0.1153，减少了0.0508，年均变化率达到15.29%。2012~2017年，东部地区耦合度呈缓慢上升态势，从2012年的0.1153上升到了2017年的0.1647，提高了0.0494，年均增长率达到8.57%。需要说明的是，虽然2017年东部地区经济社会发展水平相较于2010年有所提高，但耦合度未考虑到经济建设、政治建设、社会建设、文化建设和生态文明建设本身的发展水平，仅考虑了五个子系统之间的同步性，所以2017年东部地区经济社会发展耦合度小于2010年。

中部地区经济社会发展耦合度全国最低，其变化趋势以2012年和2016年为分界线。2010~2012年，中部地区耦合度呈快速下降态势，从2010年的0.1091下降到2012年的0.0704，减少了0.0387，年均变化率为17.74%。2012~2016年，中部地区耦合度呈快速上升态势，从2012年的0.0704上升到2016年的0.1234，提高了0.053，年均增长率达到18.82%。2016~2017年，中部地区耦合度呈现回落态势，从2016年的0.1234下降到2017年的0.1160，减少了0.0074，年变化率为6.00%。

西部地区经济社会发展耦合度全国最高，其变化趋势以2012年和2015年为分界线。2010~2012年，西部地区耦合度呈下降态势，从2010年的0.1641下降到2012年的0.1296，减少了0.0345，年均变化率为10.51%。2012~2015年，西部地区耦合度呈上升态势，从2012年的0.1296上升到2015年的0.1745，提高了0.0449，年均增长率达11.55%。2015~2017年，西部地区耦合度呈下降态势，从2015年的0.1745下降到2017年的0.1363，减少了0.0382，年均变化率为10.95%。

东北地区经济社会发展耦合度全国次低，其变化趋势以2013年为分界线。2010~2013年，东北地区耦合度呈快速下降态势，从2010年的0.1496下降到2013年的0.0553，减少了0.0943，年均变化率为21.01%。2013~2017年，东北地区耦合度呈波动上升态势，从2013年的0.0553上升到2017年的0.1323，提高了0.077，年均增长率为34.81%。

从四大板块的对比来看，各板块经济社会发展系统内非均衡特征显著，四大板块经济社会发展耦合度存在较大差异。由图4-1可以看出，西部地区经济社会发展耦合度整体最高，比全国、东部、中部、东北地区平均高出0.0176、0.0062、0.0558和0.0438，处于耦合度水平的顶端；东部地区次之，略低于西部地区，但比全国、中部、东北地区平均高出 0.0114、0.0496 和 0.0376；东北地区次低，比全国平均水平低 0.0262；中部地区最低，比全国平均水平低 0.0382，处于耦合度水平的末端。综上所述，除了 2012~2013 年四大板块经济社会发展耦合度呈现出西部 > 东部 > 全国 > 中部 > 东北的格局外，其余年份呈现出西部 > 东部 > 全国 > 东北 > 中部的格局。

4.2.2 省域耦合度

上文借助耦合度模型对全国和四大板块 2010~2017 年经济社会发展系统内非均衡进行了研究，为进一步探究省域经济社会发展系统内非均衡程度的具体分布状况，下文将从省域角度展开分析。

2010~2017 年我国 30 个省域经济社会发展耦合度如表 4-1 所示。2010 年，耦合度排名前四的省域依次是上海、贵州、北京和青海，均超过了 0.2603，表明这 4 个省域经济社会发展子系统之间的同步性较强。其中，上海和北京 2 个省域的子系统发展水平均处于全国领先地位，子系统之间属于高水平同步发展；贵州和青海 2 个省域的经济社会发展耦合度得分虽然较高，但各子系统的发展水平不高，相较于上海和北京，这 2 个省域属于低水平同步发展。与此同时，耦合度排名靠后的 4 个省域依次是广西、河北、山东和河南，这 4 个省域经济社会发展子系统之间发展不均衡，内部差距较大，导致子系统之间的同步性较差。

2017 年，经济社会发展耦合度排名前四的省域变化为上海、北京、浙江和重庆，其测度值依次是 0.3506、0.3216、0.2172 和 0.2099，子系统之间的同步性较强，排名第二、第三位的省域耦合度差距增大。与此同时，经济社会发展耦合度排名靠后的 4 个省域依次是山东、广西、河北和河南，其测度值分别是 0.0744、0.0706、0.0519 和 0.0456，相比 2010 年，各子系统之间的同步性得到了较大提升。综上所述，2010~2017 年我国省域经济社会发展五个子系统之间的同步性有所改善，末端队伍的耦合度有所提高。

4.2.3 耦合度等级划分

由上文可知，2010~2017 年我国省域经济社会发展耦合度存在较大差异。为直观了解各省域耦合度水平的空间分布,分析各省域经济社会发展的耦合度时空特征,基于现行的耦合度等级划分标准,获得了2010~2017年我国30个省域经济社会发展耦合度等级划分,具体如图4-2所示。

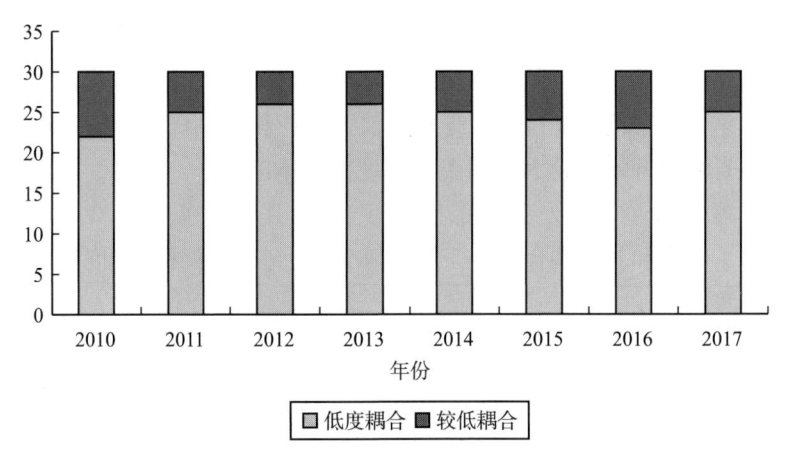

图4-2 我国省域经济社会发展耦合度等级划分

图例:低度耦合、较低耦合

2010年,30个省域中,北京、上海、吉林、海南、贵州、青海、宁夏和新疆这8个省域经济社会发展耦合度等级处于"较低耦合"区,其数值介于0.2~0.4之间。其中,上海耦合度远高于其他省域,比排名第二的贵州高出0.0593。天津、河北、山西和内蒙古等22个省域耦合度等级处于"低度耦合"区,其数值介于0~0.2之间。综合来看,上海经济社会发展耦合度处于第一阵营,北京、吉林、海南、贵州、青海、宁夏和新疆紧随其后,形成第二阵营,其余省域形成第三阵营,整体耦合度等级分布呈现"金字塔"形。

2013年,各省域经济社会发展耦合度所处等级发生了变化。上海、青海、宁夏和新疆这4个省域耦合度等级依旧处于"较低耦合",其具体测度值有所下降。北京、吉林、海南和贵州这4个省域耦合度等级由"较低耦合"降到"低度耦合",加上尚留在该等级的天津、河北、山西和内蒙古等22个省域,耦合度等级处于"低度耦合"的省域增加至26个。其中,北京和贵州这2个省域虽然经济建设、社会建设、文化建设和生态文明建设这四个子系统水平有所提高,但是就政治建设这一子系统而言有所下降,导致五个子系统之间的差距增大，同步性减弱，因此贵州和北京"五位一体"耦合度所处等级从 2010 年的"较低耦合"变化为 2013 年的"低度耦合"。

2017 年，北京、浙江、湖南和重庆这 4 个省域经济社会发展耦合度等级上升至"较低耦合"，加上仍留在该等级的北京，耦合度等级处于"较低耦合"的省域变化为 5 个，其数值在 0.2~0.4 之间。其中上海耦合度的排名始终名列前茅，北京耦合度排名始终位居前五，浙江和重庆 2 个省域耦合度排名较其他省域提升幅度较大，湖南耦合度排名不断攀升。天津、河北、山西和内蒙古等 25 个省域仍处于"低度耦合"区，其数值在 0~0.2 之间。综合来看，除了上海和北京耦合度处于第一阵营外，其余省域耦合度等级呈现均匀分布态势。

4.3 基于"五位一体"总体布局的经济社会发展耦合协调度

4.3.1 四大板块耦合协调度

由上文可知，耦合度模型无法识别高水平同步或低水平同步现象，且没有考虑到省域自身的经济社会发展水平，而耦合协调度模型是在耦合度模型的基础上建立的，能够更加精确地反映出经济建设、政治建设、社会建设、文化建设和生态文明建设这五大子系统之间的协调发展水平和同步关系，更好地揭示出各省域系统内非均衡发展的特征。因此，本书借助耦合协调度模型综合反映中国省域经济社会发展子系统内部非均衡发展特征及其同步关系。2010~2017 年我国 30 个省（自治区、直辖市）经济社会发展耦合协调度如表 4-2 所示，全国、东、中、西、东北地区经济社会发展耦合协调度变化趋势如图 4-3 所示。

第4章 基于"五位一体"总体布局的经济社会发展系统内非均衡研究

表4-2 2010~2017年全国、四大板块、省域经济社会发展耦合协调度

地区		2010年	2011年	2012年	2013年	2014年	2015年	2016年	2017年
东部地区	北京	0.4003	0.3946	0.3714	0.3419	0.4149	0.4719	0.4634	0.4679
	天津	0.2433	0.2302	0.2089	0.2252	0.2743	0.2858	0.2709	0.3366
	河北	0.1456	0.1457	0.1314	0.1498	0.1726	0.2017	0.1757	0.1645
	上海	0.4484	0.4227	0.4164	0.3967	0.4482	0.4759	0.4560	0.4773
	江苏	0.2939	0.2366	0.1904	0.2317	0.2390	0.2598	0.2722	0.2797
	浙江	0.2723	0.2289	0.2414	0.2893	0.3286	0.3328	0.3826	0.3780
	福建	0.2829	0.2339	0.2186	0.2081	0.2743	0.2764	0.2799	0.2488
	山东	0.1363	0.1084	0.1034	0.1216	0.1686	0.1482	0.1808	0.2075
	广东	0.2771	0.2798	0.2392	0.2043	0.2187	0.2094	0.2284	0.2478
	海南	0.2975	0.2655	0.2550	0.2682	0.2507	0.1799	0.1992	0.2333
中部地区	山西	0.1917	0.1781	0.1748	0.1753	0.2075	0.2245	0.2653	0.2544
	安徽	0.2530	0.1839	0.1736	0.1832	0.2308	0.2496	0.2566	0.2264
	江西	0.2381	0.2045	0.1859	0.1916	0.2029	0.2231	0.2273	0.2306
	河南	0.1264	0.1291	0.1206	0.1231	0.1399	0.1766	0.1337	0.1525
	湖北	0.1858	0.1676	0.1740	0.1840	0.1783	0.2063	0.2091	0.2370
	湖南	0.2520	0.2133	0.2277	0.2125	0.2687	0.2832	0.3535	0.3355
西部地区	四川	0.2647	0.2424	0.2228	0.2011	0.2391	0.2319	0.2400	0.2723
	重庆	0.1978	0.1671	0.2015	0.2305	0.2723	0.3142	0.3246	0.3397
	贵州	0.3147	0.2389	0.2000	0.2190	0.2224	0.2299	0.2165	0.1997
	云南	0.1643	0.1797	0.1865	0.2009	0.2428	0.2186	0.2168	0.2258
	陕西	0.2274	0.2001	0.2098	0.2061	0.2584	0.2487	0.2953	0.2349
	甘肃	0.2333	0.2233	0.2297	0.2347	0.2832	0.3172	0.2722	0.2474
	青海	0.3011	0.3070	0.3190	0.3152	0.3570	0.3540	0.3110	0.2889
	宁夏	0.3034	0.3157	0.2773	0.3031	0.3112	0.3130	0.3433	0.2968
	新疆	0.2916	0.2809	0.2917	0.3020	0.3047	0.3183	0.2690	0.2141
	广西	0.1492	0.1508	0.1406	0.1694	0.2056	0.2237	0.2036	0.1860
	内蒙古	0.2200	0.2322	0.2257	0.2380	0.2710	0.2889	0.2832	0.2925

续表

地区		2010年	2011年	2012年	2013年	2014年	2015年	2016年	2017年
东部地区	辽宁	0.2740	0.2490	0.1982	0.1843	0.2192	0.2351	0.2235	0.2530
	吉林	0.2981	0.2593	0.1822	0.1325	0.2320	0.2469	0.2625	0.2607
	黑龙江	0.1614	0.1371	0.1407	0.1520	0.2081	0.2229	0.2323	0.2483
全国平均		0.2482	0.2269	0.2153	0.2198	0.2548	0.2656	0.2683	0.2679
东部平均		0.2798	0.2546	0.2376	0.2437	0.2790	0.2842	0.2909	0.3041
中部平均		0.2078	0.1794	0.1761	0.1783	0.2047	0.2272	0.2409	0.2394
西部平均		0.2425	0.2307	0.2277	0.2382	0.2698	0.2780	0.2705	0.2544
东北平均		0.2445	0.2151	0.1737	0.1563	0.2198	0.2350	0.2394	0.2540

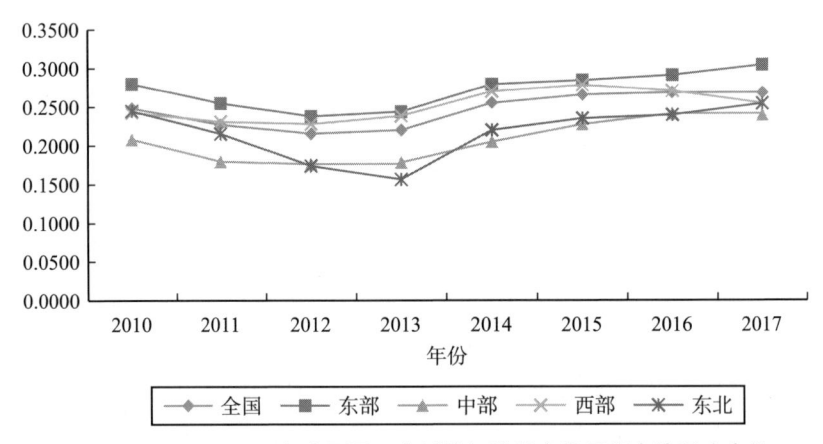

图4-3 2010~2017年全国及四大板块经济社会发展耦合协调度变化

从全国范围看，经济社会发展耦合协调度变化趋势大致以2012年和2016年作为分界线。2010~2012年，耦合协调度呈缓慢下降态势，从2010年的0.2482下降到2012年的0.2153，总体发展水平不高且五个子系统之间存在显著非均衡现象。2012~2016年，耦合协调度总体呈现上升态势，从2012年的0.2153上升到2016年的0.2683。2016~2017年，耦合协调度呈现回落态势，数值从0.2683下降到了0.2679。

东部地区经济社会发展耦合协调度全国最高，其变化趋势以2012年作为分界线。2010~2012年，东部地区耦合协调度呈缓慢下降态势，从2010年的 0.2798 下降到 2012 年的 0.2376，减少了 0.0422，年均变化率达到 7.54%。2012~2017 年，东部地区耦合协调度呈平缓上升态势，从 2012 年的 0.2376 上升到 2017 年的 0.3041，提高了 0.0665，年均增长率达到 5.60%。

中部地区经济社会发展耦合协调度全国最低，其变化趋势以 2012 年和 2016 年作为分界线。2010~2012 年，中部地区耦合协调度呈下降态势，从 2010 年的 0.2078 下降到 2012 年的 0.1761，减少了 0.0317，年均变化率为 7.63%。2012~2016 年，中部地区耦合协调度呈上升态势，从 2012 年的 0.1761 上升到 2016 年的 0.2409，提高了 0.0648，年均增长率达到 9.20%。2016~2017 年，中部地区耦合协调度呈现回落态势，从 2016 年的 0.2409 下降到 2017 年的 0.2394，减少了 0.0015，年变化率为 0.62%。

西部地区经济社会发展耦合协调度全国次高，其发展状况以 2012 年和 2015 年作为分界线。2010~2012 年，西部地区耦合协调度呈下降态势，从 2010 年的 0.2425 下降到 2012 年的 0.2277，减少了 0.0148，年均变化率为 3.05%。2012~2015 年，西部地区耦合协调度呈上升态势，从 2012 年的 0.2277 上升到 2015 年的 0.2780，提高了 0.0503，年均增长率达 7.36%。2015~2017 年，西部地区耦合协调度呈下降态势，从 2015 年的 0.2780 下降到 2017 年的 0.2544，减少了 0.0236，年均变化率为 4.24%。

东北地区经济社会发展耦合协调度全国次低，其变化趋势以 2013 年作为分界线。2010~2013 年，东北地区耦合协调度呈快速下降态势，从 2010 年的 0.2445 下降到了 2013 年的 0.1563，减少了 0.0882，年均变化率为 12.02%。2013~2017 年，东北地区耦合协调度呈波动上升态势，从 2013 年的 0.1563 上升到 2017 年的 0.2540，提高了 0.0977，年均增长率为 15.63%。

从四大板块对比来看，经济社会发展耦合协调度各板块间存在较大差异。从图 4-3 可以看出，东部地区经济社会发展耦合协调度整体最高，比全国、中部、西部、东北地区平均高出 0.0258、0.065、0.0202 和 0.0545，处于耦合协调度水平的顶端；西部地区次之，略低于中部地区，但比全国、中部、东北地区平均高出 0.0056、0.0448 和 0.0343；东北地区次低，比全国平均水平低 0.0287；中部地区最低，比全国平均水平低 0.0392，处于耦合协调度水平的末端。综合来看，四大板块经济社会发展耦合协调度基本呈现出东部 > 西部 > 全国 > 东北 > 中部的区域格局。

4.3.2 省域耦合协调度

上文分别从全国和四大板块的角度分析了 2010~2017 年经济社会发展耦合协调度及其变化趋势，为进一步探究经济社会耦合协调度具体分布状况，下文将从省域角度展开分析。

2010~2017 年我国 30 个省（自治区、直辖市）经济社会发展耦合协调度如表 4-2 所示。2010 年，经济社会发展耦合协调度排名前四的省域依次是上海、北京、贵州和宁夏，耦合协调度均超过了 0.3034。其中，北京和上海经济社会发展水平位列前两名，并且二者的耦合度也位于第一阵营，其自身发展水平较高且各子系统之间发展的一致性较强。贵州和宁夏耦合协调度排名第三、第四，这是因为虽然贵州和宁夏经济社会发展水平排名较为靠后，但两省在耦合度上的较大优势弥补了在经济社会发展上的微弱劣势，因此贵州和宁夏自身发展水平一般但各子系统之间发展的一致性较强。上述省域经济社会发展子系统中生态文明建设水平最高，政治建设和文化建设水平较低，尤其是政治建设严重影响了"五位一体"总体布局下经济社会的同步化发展。与此同时，耦合协调度排名靠后的 4 个省域依次是广西、河北、山东和河南，其值最高不超过 0.1492。虽然这 4 个省域经济社会发展水平处于全国中等水平，其在经济社会发展上的优势不足以弥补在耦合度上的劣势。这 4 个省域经济社会发展子系统中政治建设水平较低而生态建设水平较高，五大子系统之间发展不协调且差距较大，因此这 4 个省域的耦合协调度处在全国队伍的末端。

2017 年，经济社会发展耦合协调度排名前四的省域变化为上海、北京、浙江和重庆，数值均超过了 0.3397。其中，除重庆经济社会发展水平位于全国中游外，其余 3 个省域始终位于全国上游。这 4 个省域均是城市群或经济带建设的核心，依托国家战略布局，其在政治建设和文化建设方面均得到了显著提升，各子系统之间的一致性有所改善，属于高水平同步发展。与此同时，耦合协调度排名靠后的 4 个省域依次是贵州、广西、河北和河南，数值最高不超过 0.1997。其中，虽然贵州经济社会发展水平有所提高，但就政治建设而言，该子系统的发展水平相比 2010 年有所下降，其余四个子系统有所提升，五大子系统之间的差距有所增大，同步性降低，其经济社会发展水平上的提升不足以弥补耦合度上的劣势，因此贵州耦合协调度水平整体排名较低。其余3个省域经济社会发展排名有所下降且处于全国的中下游，耦合度排名较为靠后，因此，广西、河北和河南耦合协调度处于全国下游。

4.3.3 耦合协调度等级划分

由上文可知，2010~2017年我国省域经济社会发展耦合协调度存在较大差异。为直观了解各省域经济社会发展耦合协调度的空间分布，分析各省域耦合协调发展的时空特征，基于现行的耦合协调度等级划分标准（倪鹏飞、刘笑男等，2018），获得了2010~2017年30个省域经济社会耦合协调度等级划分，具体如图4-4所示。

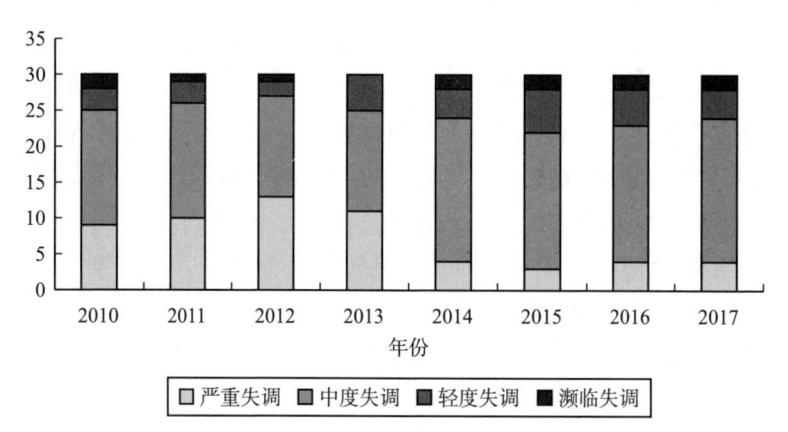

图4-4 我国省域经济社会发展耦合协调度

2010年，全国大部分省域经济社会发展耦合协调度处于"中度失调"区。从省域层面来看，北京和上海耦合协调度处于"濒临失调"等级，其数值介于0.4~0.5之间。其中，上海以0.0481的优势高于排名第二的北京。贵州、青海和宁夏耦合协调度处于"轻度失调"等级，其数值介于0.3~0.4之间。天津、内蒙古、辽宁、吉林、江苏、浙江、安徽、福建、江西、湖北、广东、海南、四川、陕西、甘肃和新疆这16个省域耦合协调度等级处于"中度失调"，其数值在0.2~0.3之间。河北、山西、黑龙江、山东、河南、湖北、广西、重庆和云南这9个省域耦合协调度等级处于"严重失调"，其数值在 0.1~0.2 之间。

2013 年，各省域经济社会发展耦合协调度所处等级发生了变化，上海和北京耦合协调度等级下降到"轻度失调"，加上尚留在此等级的青海和宁夏以及由"中度失调"上升到"轻度失调"等级的新疆，使得处于"轻度失调"等级的省域数增加至 5 个。贵州耦合协调度等级由"轻度失调"下降到"中度失调"，加上仍处于"中度失调"等级的天津、内蒙古、江苏、浙江、福建、湖南、广东、海南、四川、陕西和甘肃这 11 个省域以及由"严重失调"区上升到"中度失调"区的重庆和云南，耦合协调度处在"中度失调"等级的省域数共计 14 个。辽宁、吉林、安徽和江西这 4 个省域耦合协调度从"中度失调"下降到"严重失调"，加上尚留在该等级的河北、山西、黑龙江、山东、河南、湖北和广西这 7 个省域，耦合协调度处于"严重失调"等级的省域增加到 11 个，其数值处于 0.1~0.2 之间。

2017 年，上海和北京经济社会发展耦合协调度等级回迁至"濒临失调"，其具体耦合协调度相对于 2010 年有所增长。天津、浙江、湖南和重庆这 4 个省域耦合协调度由"中度失调"上升至"轻度失调"等级，耦合协调度处于"轻度失调"等级的省域共 4 个。青海、宁夏和新疆回迁至"中度失调"等级，加上仍留在该等级的山西、内蒙古、甘肃、陕西、云南、四川、广东、海南、福建和江苏这 10 个省域以及耦合协调度等级由"严重失调"上升为"中度失调"的辽宁、吉林、黑龙江、湖北、山东、江西和安徽这 7 个省域，耦合协调度处在"中度失调"等级的省域数增加至 20 个。耦合协调度等级处于"严重失调"的包括河北、河南、广西和贵州这 4 个省域。此时整体耦合协调度等级分布呈现出"纺锤"形，即两头尖中间大的格局。

4.4 本章小结

本章以系统论为理论基础，利用物理学中的容量耦合系数模型，构建了经济社会发展耦合度模型和耦合协调度模型，测算出 2010~2017 年我国省域经济社会发展五大子系统的耦合度和耦合协调度，并据此对全国、四大板块以及我国省域经济社会发展系统内非均衡现状的发展趋势以及等级划分进行了详细分析。研究结果表明：

（1）经济社会发展耦合度整体呈现出西部地区＞东部地区＞全国＞东北地区＞中部地区的格局。不论是全国、四大板块还是各省域的耦合度基本都从2010~2013年呈现下降趋势，而自2013~2017年政治建设水平的提高弥补了经济社会发展的短板之后，五大子系统发展的同步性得到提升，系统内非均衡程度逐渐得到了缓解。在省域层面，北京和上海始终位居耦合度排名前列，排在队伍末端的省域是山东、广西、河北和河南，省际耦合度差异明显。考察期内，我国省域经济社会发展耦合度等级分布由"金字塔"形逐渐转化为均匀分布。

（2）经济社会发展耦合协调度整体呈现出东部地区＞西部地区＞全国＞东北地区＞中部地区的格局。从全国范围来看，耦合协调度基本从2010~2012年呈现下降态势，而自2013年起，逐渐由失调向协调转化，其中，在2016~2017年，耦合协调度呈现出回落态势，表明全国范围内经济社会发展系统内非均衡程度呈现降低态势。在省域层面，上海和北京等省域耦合协调度位居前列，广西、山东、河北和河南等省市一直处在全国排名末端，省际耦合协调度差异显著。考察期内，我国省域经济社会发展耦合协调度等级整体不断上升，等级分布由"金字塔"形逐渐转化为"纺锤"形。

|第 5 章|
基于"五位一体"总体布局的经济社会发展区域差异水平测度

第 3 章综合评价研究结果表明,"五位一体"总体布局引领下我国经济社会发展水平地域差异化明显。为科学测度区域间经济社会发展空间差异大小并揭示其差异来源,本章基于区域非均衡发展理论,选取泰尔指数、对数离差均值和基尼系数作为测度指标,对全国省域及四大板块经济社会发展的区域差异进行测度,探讨经济社会发展区域间和区域内经济社会发展的差异大小、来源及演变态势。这有助于考察出四大板块区域间和区域内(省域间)非均衡性对我国经济社会发展总体区域差异的影响程度,可研判出目前我国政府推行的西部开发、东北振兴、中部崛起、东部率先的区域均衡发展总体战略对缩小我国经济社会发展区域差异的效果,从而为政府制定区域经济发展政策,使各省域在全局框架下协同发展提供重要参考依据。

5.1 研究方法

区域差异测度的指标主要有变异系数(coefficient of variation)、泰尔指数（Theil's entropy index）和基尼系数（Gini coefficient）等。已有研究表明，泰尔指数对数据的上层水平变化比较敏感，基尼系数对数据的中层水平变化比较敏感，对数离差均值对数据的低层水平变化较为敏感。为了全面科学度量区域经济社会发展差异（刘亦文、文晓茜等，2016），结合上述三项指标的特点，本书综合运用对数离差均值、泰尔指数、基尼系数三项指标探究我国省域及四大板块的区域经济社会发展差异状况。

5.1.1 对数离差均值

对数离差均值是利用信息熵理论中的熵概念来计算发展水平之间差异的指标。具体计算公式如下：

$$MLD(e) = \frac{1}{n}\sum_{i=1}^{n}\ln\frac{u}{e_i} \qquad (5-1)$$

式中，n 为样本个数，即地区个数；e_i 表示发展水平按小到大的顺序排列后第 i 个样本的发展水平；u 为省域间发展水平的均值。

进一步分解对数离差均值，可以比较分析我国四大板块区域内和区域间经济社会发展的差异状况，具体分解公式为：

$$MLD(e^1, e^2, \cdots, e^m) = \frac{1}{n}\sum_{k=1}^{m}\sum_{i=1}^{n_k}\ln\frac{u}{e_i} = \sum_{k=1}^{n_k}\frac{n_k}{n}\frac{1}{n_k}\sum_{i=1}^{n_k}\ln\frac{u_k}{e_i} + \frac{1}{n}\sum_{k=1}^{m}\sum_{i=1}^{n_k}\ln\frac{u}{u_k}$$

$$= \sum_{k=1}^{m}v_k MLD(e^k) + \sum_{k=1}^{m}v_k\ln\frac{u}{u_k} = W + B \qquad (5-2)$$

式中，n 为总样本个数，被分为 m 组 n_k（$k=1, 2, 3, \cdots, m$）；每组对应的经济社会发展水平向量为 e^k；发展水平均值为 u_k；区域数量为 n_k，则其占总区域的比重为 $v_k = n_k/n$；W 表示 k 个组不等值加权平均，是经济社会发展水平的组内差异；B 代表经济社会发展水平的组间差异。最后将各区域经济社会发展水平换算为其对应的组均值，即可算出结果，其中 W 和 B 包含的权数 $v_k u_k/u$ 即为第 k 组经济社会发展水平占总经济社会发展水平的份额。

5.1.2 泰尔指数

泰尔指数又称为泰尔熵标准，是作为广义熵指标体系的一种特殊形式。

其最初用来研究地区收入水平的区域差异，如今已经被广泛运用于计算经济发展差异等相关范畴（陈明华、仲崇阳等，2018）。该方法不仅能够计算出区域的总体差异，还能够获取将其分解后的区域内差异和区域间差异，从而探究出区域内差异和区域间差异在总体差异中的贡献度以及各自的发展规律。具体计算公式如下：

$$TI(e) = \frac{1}{n}\sum_{i=1}^{n}\frac{e_i}{u}\ln\frac{e_i}{u} \qquad (5-3)$$

式中，n 为样本个数，即地区个数；e_i 表示经济社会发展水平按从小到大的顺序排列后第 i 个样本的发展水平；u 为省域间经济社会发展水平的均值。

进一步分解泰尔指数，可以比较我国四大板块区域内和区域间经济社会发展水平的差异状况，具体分解公式为：

$$\begin{aligned}
TI(e^1, e^2, \cdots, e^m) &= \frac{1}{n}\sum_{k=1}^{m}\sum_{i=1}^{n_k}\frac{e_i}{u}\ln\frac{e_i}{u} \\
&= \sum_{i=1}^{n_k}\frac{n_k}{n}\frac{u_k}{u}\frac{1}{n_k}\sum_{i=1}^{n_k}\frac{e_i}{u}\ln\frac{e_i}{u} + \frac{1}{n}\sum_{k=1}^{m}\frac{u_k}{u}\sum_{i=1}^{n_k}\ln\frac{u_k}{u} \\
&= \sum_{k=1}^{m}v_k\frac{u_k}{u}TI(e^k) + \sum_{k=1}^{m}v_k\frac{u_k}{u}\ln\frac{u_k}{u} \\
&= W + B \qquad (5-4)
\end{aligned}$$

$$R_w = \frac{W}{TI} \qquad (5-5)$$

$$R_b = \frac{B}{TI} \qquad (5-6)$$

$$R_k = \frac{u_k}{u} \times \frac{\frac{1}{n_k}\sum_{i=1}^{n_k}\frac{e_i}{u_k}\ln\frac{e_i}{u_k}}{TI} \qquad (5-7)$$

式中，n 为总样本个数，被分为 m 组 n_k（$k=1,2,3,\cdots,m$）；每组对应的经济社会发展水平向量为 e^k；发展水平均值为 u_k；区域数量为 n_k，则其占总区域的比重为 $v_k = n_k/n$；W 表示 k 个组不等值加权平均，代表了经济社会发展水平的组内差异部分；B 代表经济社会发展水平的组间差异部分，是通过将每个区域内经济社会发展水平换算成其相应的组均值计算得到的，其中 W 和 B 包含的权数 $v_k u_k/u$ 即为第 k 组经济社会发展水平占总经济社会发展水平的份额。R_w 为区域内贡献率，代表区域内差异对总体差异的影响程度。

R_b 为区域间贡献率,代表区域间差异对总体差异的影响程度。R_k 为各子区域的贡献率,代表各子区域对总体差异的影响程度。

5.1.3 基尼系数

与传统的基尼系数相比,达格姆(Dagum,1997)提出的基尼系数能够进行分解,这给学者们研究各种问题提供了极大的便利。该方法按子群对基尼系数进行分解,有效解决了样本数据间交叉重叠以及识别区域差异来源的问题。具体计算公式如下:

$$G = \sum_{j=1}^{k} \sum_{h=1}^{k} \sum_{i=1}^{n_j} \sum_{r=1}^{n_h} \frac{|y_{ji} - y_{hr}|}{2n^2 \bar{y}} \qquad (5-8)$$

式中,G 是总体基尼系数;$\bar{y}$ 是全国经济社会发展水平的均值;n 是样本个数;k 是地区划分的个数;y_{ji}、y_{hr} 分别为 j 地区、h 地区内任意省份经济社会发展水平的评价值;n_j、n_h 分别为 j 地区、h 地区内的省份个数;j、h 代表地区划分个数;i、r 代表地区内省份的个数。

将基尼系数分解成以下三部分(张红凤、吕杰,2019):超变密度的贡献 G_t、地区内差距的贡献 G_w 和区域间差距的贡献 G_{nb},其中 $G = G_w + G_{nb} + G_t$。具体公式如下:

$$G_{ij} = \frac{\frac{1}{2Y_j} \sum_{i=1}^{n_j} \sum_{r=1}^{n_j} |y_{ji} - y_{jr}|}{n_j^2} \qquad (5-9)$$

$$G_w = \sum_{j=1}^{k} G_{ij} p_j s_j \qquad (5-10)$$

$$G_{jh} = \frac{\sum_{i=1}^{n_j} \sum_{r=1}^{n_h} |y_{ji} - y_{hr}|}{n_j n_h (\bar{Y}_h + \bar{Y}_j)} \qquad (5-11)$$

$$G_{nh} = \sum_{j=2}^{k} \sum_{h}^{j-1} G_{jh} (p_j s_h + p_h s_j) D_{jh} \qquad (5-12)$$

$$G_t = \sum_{j=2}^{k} \sum_{h}^{j-1} G_{jh} (p_j s_h + p_h s_j) (1 - D_{jh}) \qquad (5-13)$$

$$D_{jh} = \frac{d_{jh} - p_{jh}}{d_{jh} + p_{jh}} \qquad (5-14)$$

$$d_{jh} = \int_0^\infty dF_j(y) \int_0^y (y-x) dF_h(x) \qquad (5-15)$$

$$p_{jh} = \int_0^\infty dF_h(y) \int_0^y (y-x) dF_j(x) \qquad (5-16)$$

式中，G_{ij}、G_w、G_{jh}、G_{nh}、G_t 分别为 j 地区的基尼系数，地区内差异的贡献，j、h 地区间基尼系数，地区间差距的贡献，超变密度的贡献；$p_j = n_j \overline{Y}$，$s_j = n_j \overline{Y}_j / n \overline{Y}_j$，$j=1,2,3,\cdots,k$；$D_{jh}$ 为 j、h 省份间的相对影响，d_{jh}、p_{jh} 分别为 j、h 地区中所有 $y_{jh} - y_{hr} > 0$ 的样本值加总的数学期望，j、h 省份中所有 $y_{hr} - y_{ji} > 0$ 的样本值加总的数学期望，$F_j(F_h)$ 为 $j(h)$ 省份的累积密度分布函数。

5.2 我国省域经济社会发展区域差异水平测度

2010～2017 年我国省域经济社会发展 Dagum 基尼系数、对数离差均值、泰尔指数如表 5-1 和图 5-1 所示。由表 5-1 可知，2010～2017 年基尼系数、泰尔指数、对数离差均值总体上均呈现下降趋势，但在数值测算结果和变动幅度上存在一定差异，其中基尼系数值大于对数离差均值和泰尔指数值，而基尼系数增长率的绝对值小于对数离差均值和泰尔指数，表明基尼系数敏感的中层经济社会发展地区的区域差异变动小于上层和低层地区。从三项指标增长率的符号变动情况来看，其符号变动基本一致，表明 2010～2017 年我国经济社会发展不同层次地区的区域差异变动方向基本一致，我国经济社会发展的内部结构保持相对稳定。从三项指标的变动情况和统计特征来看，对数离差均值的平均值为 0.756%、最大值为 0.983%、最小值为 0.639%；泰尔指数的平均值为 0.774%、最大值为 1.000%、最小值为 0.657%；基尼系数的平均值为 6.850%、最大值为 7.886%、最小值为 6.251%。通过对上述三项指标的统计分析可以得出，三项指标均在 2014 年达到最低值，对此可能的原因为：国家相继提出的京津冀协同发展、雄安新区建设和港珠澳大湾区建设等区域协调发展战略在很大程度上缩减了我国经济社会发展的区域差异。

表 5-1　　　　2010~2017 年我国省域经济社会发展区域差异

年份	对数离差均值	泰尔指数	基尼系数	对数离差均值增长率（%）	泰尔指数增长率（%）	基尼系数增长率（%）
2010	0.983	1.001	7.886	—	—	—
2011	0.894	0.913	7.531	-9.011	-8.722	-4.498
2012	0.807	0.823	7.147	-9.760	-9.867	-5.097
2013	0.699	0.715	6.605	-13.325	-13.081	-7.584
2014	0.639	0.657	6.251	-8.602	-8.223	-5.364
2015	0.647	0.664	6.311	1.138	1.172	0.958
2016	0.682	0.700	6.494	5.468	5.380	2.903
2017	0.698	0.715	6.583	2.411	2.202	1.366

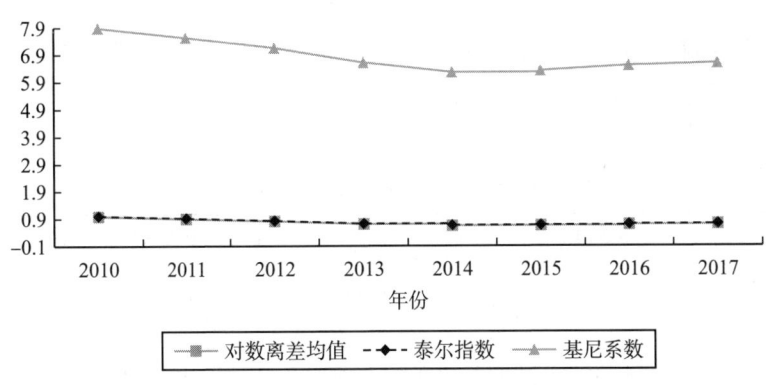

图 5-1　我国省域经济社会发展区域差异变动趋化

表 5-1 对 2010~2017 年我国省域经济社会发展的基尼系数、对数离差均值、泰尔指数进行了描述统计分析，为了更进一步分析三项指标的演进趋势，本书绘制了图 5-1 并对其展开进一步说明。从位置分布上看，基尼系数曲线处于对数离差均值曲线和泰尔指数曲线的上方，对数离差均值曲线和泰尔指数曲线基本重合。从图形变化趋势上看，三项指标的变动趋势大体相同，2010~2014 年，曲线呈现下降趋势，意味着在这一阶段我国经济社会发展的区域差异呈现逐渐缩小的趋势；2015~2017 年，曲线呈现略微上升的态势，表明这一阶段我国经济社会发展的区域差异呈现缓慢上升态势。

5.3 四大板块经济社会发展区域差异水平测度

上述研究表明我国省域经济社会发展存在一定的空间差异性，为展开更深层次的研究，本章将基于四大板块视角对我国经济社会发展的空间差异进行分解，考察我国东部、中部、西部和东北地区经济社会发展的区域内差异及区域间差异程度，并在此基础上进一步揭示我国经济社会发展的总体空间差异特征。基于此，本章分别利用基尼系数、对数离差均值和泰尔指数对我国经济社会发展空间差异进行分解。通过前文分析，反映我国经济社会发展区域差异的基尼系数、对数离差均值和泰尔指数三项指标的变动趋势基本相同，因此本书只列出了基尼系数的分解结果，如表5-2所示，其中区域内差异包括我国东部、中部、西部和东北地区四大板块的内部区域差异，区域间差异包括中部与东部、西部与东部、西部与中部、东北与东部、东北与中部、东北与西部地区之间的区域差异。

表5-2   2010~2017年中国经济社会发展总体及区域差异

年份	G总	区域内基尼系数（G_w）				区域间基尼系数（G_{nb}）					
		东部	中部	西部	东北	中部-东部	西部-东部	西部-中部	东北-东部	东北-中部	东北-西部
2010	0.079	0.054	0.018	0.050	0.038	0.099	0.131	0.046	0.097	0.033	0.055
2011	0.075	0.053	0.017	0.044	0.035	0.097	0.125	0.042	0.097	0.031	0.049
2012	0.071	0.052	0.012	0.044	0.035	0.087	0.119	0.043	0.093	0.030	0.048
2013	0.066	0.049	0.009	0.038	0.025	0.081	0.111	0.038	0.097	0.028	0.036
2014	0.063	0.052	0.010	0.034	0.024	0.079	0.104	0.034	0.093	0.022	0.032
2015	0.063	0.056	0.013	0.036	0.021	0.076	0.103	0.037	0.092	0.024	0.032
2016	0.065	0.056	0.014	0.039	0.016	0.075	0.105	0.040	0.101	0.031	0.032
2017	0.066	0.055	0.016	0.041	0.018	0.077	0.105	0.040	0.102	0.031	0.033

5.3.1 四大板块经济社会发展的区域内差异

结合表 5-2 和图 5-2 来看，东部地区经济社会发展区域内差异的最大值为 0.056、最小值为 0.049、平均值为 0.053，中部地区最大值为 0.018、最小值为 0.009、平均值为 0.014，西部地区最大值为 0.050、最小值为 0.034、平均值为 0.041，东北地区最大值为 0.038、最小值为 0.016、平均值为 0.026。由测算结果可以看出，东部和西部地区经济社会发展差异程度要远大于东北和中部地区。从四大板块区域差异的变动趋势来看，2010~2017 年四大板块经济社会发展的区域差异变动情况相对复杂，东部、中部、西部和东北地区呈现出不同的变动趋势。具体来看，2010~2013 年东部地区区域内差异呈现下降趋势，2013~2016 年区域内差异逐年递增，2016~2017 年出现急剧下降的现象；2010~2017 年中部地区区域内差异呈现先下降后上升的"U"形变动趋势；2010~2014 年西部地区区域内差异逐渐下降，2014~2017 年呈现逐年上升的趋势；2010~2016 年东北地区区域内差异呈现逐年下降趋势，东北地区经济社会发展的区域内差异逐渐缩小，直至 2017 年区域内差异略微增大。

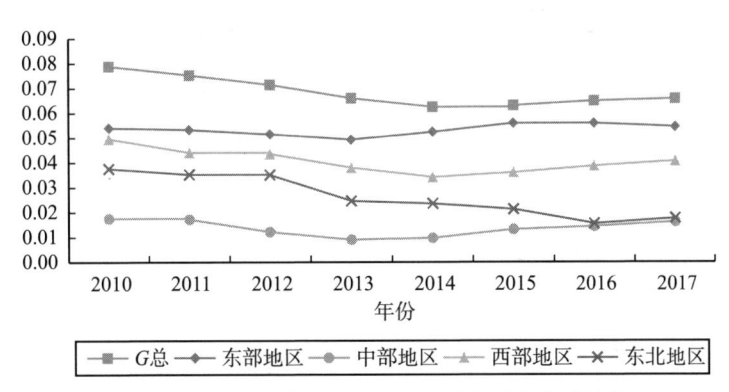

图 5-2 经济社会发展总体及区域内差异变动趋势

5.3.2 四大板块经济社会发展的区域间差异

上述研究表明我国四大板块区域内部经济社会发展空间非均衡性显著且其演进态势各不相同，在此基础上本章进一步探究四大板块区域间经济社会发展的空间差异。经济社会发展区域间基尼系数如表 5-2 所示，区域间差异变动趋势如图 5-3 所示。从整体角度看，2010~2017 年我国经济社会发展区域间差异中，东部－西部地区区域间差异最大，属于第一梯队，东部－中部、东部－东北地区区域间差异位于第二梯队，而西部－中部、东北－中部和西部－东北地区区域间差异相对较小，位列第三梯队。从波动状态来看，区域间差异变化趋势大致相同，均呈现出先下降后上升的趋势，且总体呈现为下降态势，这表明四大板块经济社会发展区域间差异在逐渐缩小。具体而言，中部－东部、西部－东部、西部－中部地区区域间基尼系数在 2010 年达到最大值，分别为 0.099、0.131、0.046，随后呈现下降趋势，分别在 2016 年、2015 年、2014 年达到最低值 0.075、0.103、0.034；而东北－东部地区区域间基尼系数在 2010~2017 年呈现下降趋势，并在 2015 年达到极小值 0.092；东北－中部、东北－西部地区区域间基尼系数分别在 2014 年、2016 年达到最小值 0.022、0.032。另外，东部－西部地区区域间差异最大，差异均值为 0.113；东北－东部地区次之，差异均值为 0.096；中部－西部和东北－西部地区的区域间差异一致，差异均值为 0.040；东北－中部地区区域间差异最小，差异均值为 0.029，并且中部－东部、东北－东部、西部－东部地区区域间差异始终大于其他地区。可能原因在于东部地区凭借其丰富的物质资源和优越的地理位置，以及长三角一体化、长江经济带等区域协调发展战略的提出，在一定程度上加快了东部地区的经济社会发展，其经济社会发展水平远远高于其他地区，因此东部与西部、中部、东北地区之间的经济社会发展存在较大差异。

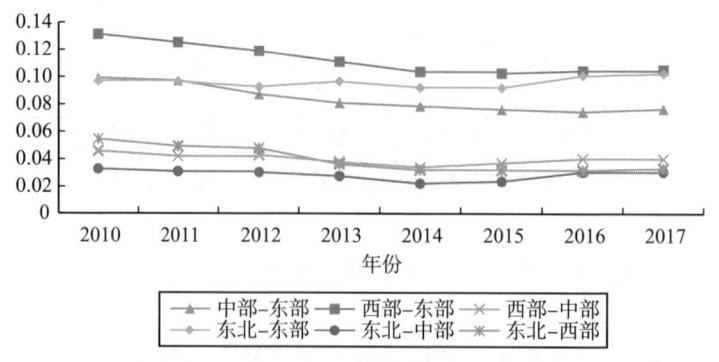

图 5-3 经济社会发展区域间差异变动趋势

5.3.3 我国经济社会发展的区域差异来源及其贡献

综合上述分析,无论是我国省域经济社会发展总体,还是四大板块区域内,抑或是四大板块区域间,其空间非均衡特征均十分显著,为进一步揭示该空间差异是来源于四大板块区域内部还是板块之间的交叉重叠效应,本章采用按子群分解法对基尼系数进行分解,进而得到差异来源贡献度。经济社会发展区域差异来源及贡献率如表5-3所示。由表5-3可知,区域内差异贡献率均值为18.3%、区域间差异贡献率均值为75.9%、超变密度贡献率均值为5.8%,这表明导致我国经济社会发展存在空间非均衡现象的主要原因依次为区域间差异和区域内差异。换言之,我国经济社会发展总体空间非均衡特征绝大部分可以由不同板块间的经济社会发展差异来解释。基尼系数中超变密度主要用于识别区域交叉重叠现象,超变密度的贡献率呈现先增大后减小的变动趋势,这意味着区域交叉重叠现象正缓慢消失,区域间经济社会发展非均衡现象更加显著。

表5-3　　　2010~2017年经济社会发展区域差异来源及贡献率

年份	区域内	区域间	超变密度	区域内差异贡献率(%)	区域间差异贡献率(%)	超变密度贡献率(%)
2010	0.014	0.061	0.004	17.68	76.91	5.40
2011	0.013	0.058	0.004	17.48	76.79	5.74
2012	0.013	0.055	0.004	17.68	76.64	5.68
2013	0.011	0.052	0.003	17.35	78.11	4.53
2014	0.011	0.048	0.003	18.23	76.26	5.51
2015	0.012	0.047	0.004	19.27	74.37	6.36
2016	0.012	0.048	0.004	19.22	74.21	6.57
2017	0.013	0.049	0.005	19.24	73.76	7.00

为了进一步识别四大板块内部区域对区域间差异的贡献度,本章对四大板块经济社会发展区域间差异的贡献度展开进一步探究。四大板块对我国省

域经济社会发展区域间差异贡献度如图5-4所示。由图5-4可以看出，东部地区对区域间差异贡献最大，其次是西部地区，其值分别为19.81%、12.33%，中部地区和东北地区贡献率处于较低水平，其值分别为0.86%、1.65%，表明东部和西部地区内部差异是造成我国经济社会发展区域间差异的主要原因，而中部和东北地区对我国经济社会发展区域间差异的影响程度偏小，因此解决我国四大板块经济社会发展空间非均衡问题的关键在于缩小东部和西部地区区域内经济社会发展差异程度。

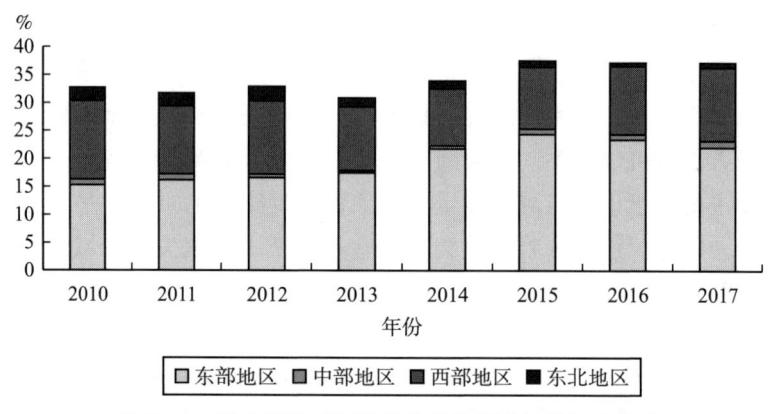

图5-4 四大板块对经济社会发展区域间差异贡献度

5.4 本章小结

本章利用 Dagum 基尼系数、泰尔指数和对数离差均值对我国省域及四大板块区域内和区域间经济社会发展非均衡程度进行探析。研究结果表明，无论是我国省域还是四大板块区域内或是四大板块区域间经济社会发展均存在显著的空间非均衡性。

由我国省域经济社会发展总体差异分析可知，2010~2017年基尼系数、泰尔指数和对数离差均值三项指标的变动趋势大体相同且总体呈现出下降趋势。考察期内，经济社会发展区域差异先减小后增大，呈"U"形变化态势，整体上表现为缩减趋势，其中上层和低层发展水平的区域差异变化幅度大于中层水平地区。

由四大板块经济社会发展区域内差异分析可知,东部和西部地区区域内差异程度明显大于中部和东北地区;由区域间差异分析可知,东部-西部地区区域间差异最大,属于第一梯队,东部-中部和东部-东北地区区域间差异位于第二梯队,而西部-中部、东北-中部和西部-东北地区区域间差异相对较小,位列第三梯队;由区域差异来源及其贡献度可知,我国经济社会发展区域差异的75%左右由区域间差异造成,且东部地区经济社会发展的区域内差异对总差异的贡献最大。

| 第6章 |

基于"五位一体"总体布局的经济社会发展区域差异分布动态演进

前文研究表明,"五位一体"总体布局引领下我国省域经济社会发展整体水平稳步上升,但省域间差异明显,经济社会发展存在一定的区域非均衡性。第5章有关对数离差均值、泰尔指数和基尼系数的测度结果仅反映了经济社会发展的区域差异大小及来源,缺乏对于差异分布形态的进一步描述。换言之,区域差异的测度结果仅能反映区域间经济社会发展的非均衡程度,无法有效研判出区域差异测度结果相同的两个区域之间其经济社会发展是否呈现出相同的区域差异时空变化规律。因此,有必要在上述研究的基础上,进一步探索经济社会发展区域差异分布动态演进规律。由此,本章基于区域非均衡发展理论和区域经济空间结构理论,综合采用核密度估计、传统马尔科夫链分析和空间马尔科夫链分析方法深入研究我国以及四大板块区域2010~2017年经济社会发展区域差异的分布形态及其等级变化规律。这为揭示区域非均衡的时空特征提供了一个新的解释视角,有助于掌握全国及四大板块经济社会发展等级变化规律,识别空间因素对我国区域经济社会发展动态演变的影响,为有关部门和不同地区制定区域协调发展的长期规划提供有价值的参考依据。

6.1 研究方法

6.1.1 核密度估计方法

核密度估计方法是利用连续的密度曲线描述出随机变量的概念密度,从而揭示其动态分布规律的非参数估计方法,现已成为众多学者研究空间非均衡性分布的主要工具(沈丽、张好圆等,2019;刘华军、杜广杰,2017),其对模型的依赖性较弱,具有较强的稳健性。

设随机变量 X 的密度函数 $f(x)$ 为:

$$f(x) = \frac{1}{ml}\sum_{i=1}^{n} K\left(\frac{X_i - x}{l}\right) \qquad (6-1)$$

式中,m 代表样本观测值的数量;X_i 代表独立同分布的随机变量的观测值;x 代表随机变量观测值的平均值;l 代表带宽,带宽的大小决定核密度估计精度的大小,在实际应用中应尽可能选择比较小的带宽;$K(\cdot)$ 代表核函数,一般包括 Epanechnikov 核函数、Gaussian 核函数、三角核函数、四次核函数等类型,本书采用 Gaussian 核函数对我国经济社会发展的分布动态演进进行研究,如公式(6-2)所示。

$$K(\cdot) = \frac{1}{\sqrt{2\pi}}\exp\left(-\frac{x^2}{2}\right) \qquad (6-2)$$

6.1.2 传统马尔科夫链分析方法

马尔科夫链是一种研究时间和状态均为离散的随机转移问题的分析方法(刘华军、孙淑惠,2019)。其主要通过状态转移概率来描述等级变化规律以及动态演进趋势,是研究俱乐部趋同、刻画俱乐部成员等级变化过程的有效工具。因此,本书采用马尔科夫链分析方法探究我国经济社会发展等级变化规律及其动态演进特征。主要运算步骤如下：

首先，将连续状态的随机变量分为 F 个等级，将 t 时刻处于不同等级的随机变量的概率分布表示为状态概率向量 G_t，其中 $G_t = (G_{1,t}, G_{2,t}, \cdots, G_{k,t})$。

其次，计算 F 个等级相应的概率和每个时刻的概率分布情况，以此来研究我国经济社会发展转移特征及规律（杨明海、张红霞等，2018）。不同年份区域之间的转移特征用 $F \times F$ 的马尔科夫链转移概率矩阵 P 表示。

最后，计算矩阵 P 的元素 p_{ij}。p_{ij} 表示 t 年份等级为 i 的区域在 $t+1$ 年变为等级 j 的概率，如公式（6-3）所示。

$$p_{ij} = \frac{m_{ij}}{m_i} \qquad (6-3)$$

式中，m_{ij} 表示在整个样本考察期内，由 t 年份等级 i 的区域在 $t+1$ 年份转化为等级 j 的区域数量；m_i 表示所有年份中属于等级 i 的总区域数量。假如在初始年份某个区域的等级为 i，在随后年份其发展等级保持不变，则区域发展较为稳定；如果发展等级有所提高，则区域向上转移；如果发展等级有所下降，则区域向下转移。

传统马尔科夫链转移概率矩阵，如表6-1所示。

表6-1　　传统马尔科夫链转移概率矩阵（$F=4$）

t_i/t_{i+1}	1	2	3	4
1	p_{11}	p_{12}	p_{13}	p_{14}
2	p_{21}	p_{22}	p_{23}	p_{24}
3	p_{31}	p_{32}	p_{33}	p_{34}
4	p_{41}	p_{42}	p_{43}	p_{44}

6.1.3　空间马尔科夫链分析方法

传统马尔科夫链分析方法没有将空间效应纳入考虑范畴，仅将研究对象看成不存在任何空间联系的独立个体，而空间马尔科夫链分析方法则是将"空间滞后"这一概念引入传统马尔科夫链分析过程，有效地将空间邻近关系考虑其中,从而辨别出邻近区域是否影响本区域的等级转移。具体方法是:在传统的 $F \times F$ 转移概率矩阵的基础上,分解成为 $F \times F \times F$ 转移概率矩阵,如表6-2所示。其中,p_{ij}^{F} 代表区域在下一年份空间滞后等级由 i 变为 j 的转移概率,揭示了空间效应对区域经济社会发展演变的影响。"空间滞后"由空间权重矩阵计算得到,即各区域的观测值向量与空间权重矩阵的乘积(王乾、冯长春等,2019)。

表6-2 空间马尔科夫链转移概率矩阵($F=4$)

空间滞后	t_i/t_{i+1}	1	2	3	4
1	1	p_{11}^1	p_{12}^1	p_{13}^1	p_{14}^1
	2	p_{21}^1	p_{22}^1	p_{23}^1	p_{24}^1
	3	p_{31}^1	p_{32}^1	p_{33}^1	p_{34}^1
	4	p_{41}^1	p_{42}^1	p_{43}^1	p_{44}^1
2	1	p_{11}^2	p_{12}^2	p_{13}^2	p_{14}^2
	2	p_{21}^2	p_{22}^2	p_{23}^2	p_{24}^2
	3	p_{31}^2	p_{32}^2	p_{33}^2	p_{34}^2
	4	p_{41}^2	p_{42}^2	p_{43}^2	p_{44}^2
3	1	p_{11}^3	p_{12}^3	p_{13}^3	p_{14}^3
	2	p_{21}^3	p_{22}^3	p_{23}^3	p_{24}^3
	3	p_{31}^3	p_{32}^3	p_{33}^3	p_{34}^3
	4	p_{41}^3	p_{42}^3	p_{43}^3	p_{44}^3
4	1	p_{11}^4	p_{12}^4	p_{13}^4	p_{14}^4
	2	p_{21}^4	p_{22}^4	p_{23}^4	p_{24}^4
	3	p_{31}^4	p_{32}^4	p_{33}^4	p_{34}^4
	4	p_{41}^4	p_{42}^4	p_{43}^4	p_{44}^4

6.2 基于核密度估计的经济社会发展分布动态演进

为了具体探索全国以及四大板块经济社会发展随时间的动态演化趋势,

本书通过核密度估计方法刻画全国和四大板块经济社会发展的整体分布状态，并从时间维度对其分布状态进行比较分析，以此更为直观地考察我国经济社会发展的分布动态演进过程。本书运用 Matlab 软件得到 2010 年、2014 年和 2017 年全国以及四大板块经济社会发展核密度曲线，如图 6-1 所示。

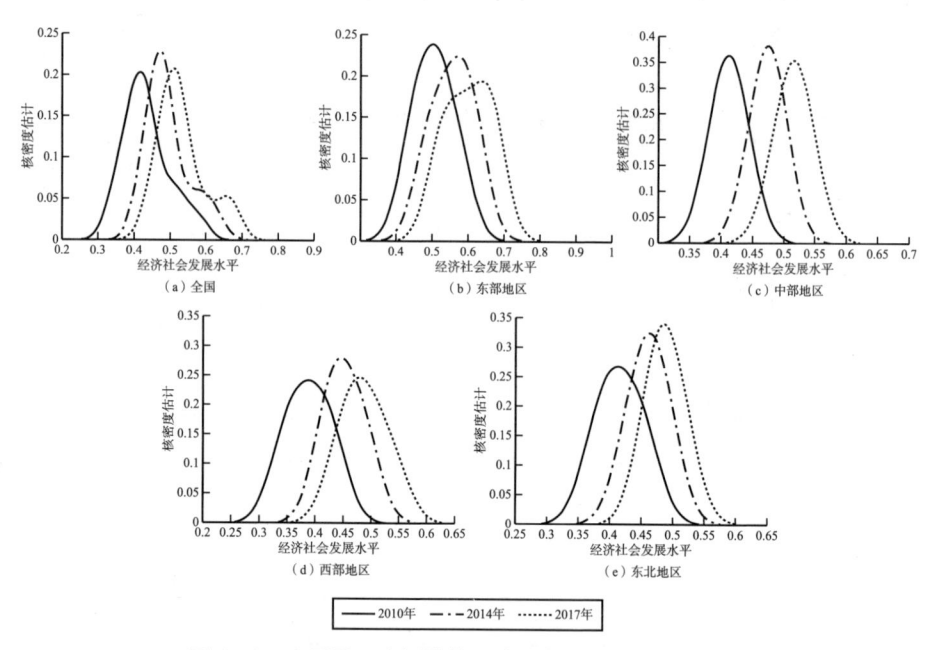

图 6-1 全国及四大板块的经济社会发展分布动态演进

（1）全国经济社会发展分布的变化规律。

从位置上看，2010~2017 年，我国经济社会发展水平的密度分布曲线中心出现右移态势，波峰对应的经济社会发展水平不断提高，说明在样本考察期内，我国经济社会发展总体呈上升趋势，经济社会发展取得一定成效，整个区域形成快速全面的发展格局。从形态上来看，样本考察期内，我国经济社会发展水平核密度分布图从"单峰状"演进为右侧"双峰状"，这意味着我国经济社会发展逐渐呈现两极分化趋势，我国经济社会发展的空间非均衡程度逐渐加深。从峰度上来看，我国经济社会发展水平分布在 2010~2017 年呈现"上升—下降"的变化趋势。相比 2010 年，2014 年核密度图的主峰波峰高度明显上升，这意味着我国经济社会发展的区域差异呈现缩小态势。相比 2014 年，2017 年主峰波峰高度下降，表明大部分省域经济社会发展的区域差异进一步扩大。因此，我国经济社会发展的整体差距有待进一步缩小。

(2) 东部地区经济社会发展分布的变化规律。

从位置上看，2010~2017 年，东部地区经济社会发展水平的密度分布曲线中心不断向右移动，波峰对应的经济社会发展水平逐年提高，这意味着整个区域经济社会发展成效显著。从形态上来看，样本观察期内，东部地区经济社会发展水平核密度分布图为"单峰状"，核密度曲线两尾之间的绝对距离基本保持不变，这说明东部地区经济社会发展集聚程度无明显变化。从峰度上来看，东部地区经济社会发展水平分布在 2010~2017 年呈下降趋势，表明在此期间东部地区经济社会发展的区域差异逐渐扩大。

(3) 中部地区经济社会发展分布的变化规律。

从位置上看，2010~2017 年，中部地区经济社会发展水平的密度分布曲线中心逐渐向右移动，波峰对应的经济社会发展水平不断提高，这意味着中部地区经济社会发展取得一定成效。从形态上来看，样本观察期内，中部地区经济社会发展水平核密度分布图为"单峰状"，核密度曲线两尾之间的绝对距离先减小后增加，这说明中部地区经济社会发展集聚程度先增加后减小。从峰度上来看，中部地区经济社会发展水平分布在 2010~2017 年呈现先上升后下降的轻微波动，这表明中部地区经济社会发展的区域差异先减后增，有待于进一步加强中部地区经济社会的协调均衡发展。

(4) 西部地区经济社会发展的变化规律。

从位置上看，2010~2017 年西部地区经济社会发展水平的密度分布曲线中心不断向右移动，波峰对应的经济社会发展水平普遍提高，这说明西部地区经济社会发展水平逐年提升。从形态上来看，样本观察期内，西部地区经济社会发展水平核密度分布图为"单峰状"，经济社会发展水平分布比较集中。具体来看，相比 2010 年，2014 年核密度曲线两尾之间的绝对距离减小，意味着西部地区经济社会发展表现为趋同发展趋势，而与 2014 年相比，2017 年核密度曲线两尾之间的绝对距离增加，经济社会发展水平的分布集中度下降。经济社会发展水平分布密度函数曲线右尾移动距离大于左尾，这表明西部地区经济社会发展低水平省市发展速度较快，逐渐步入高水平发展行列。从峰度上来看，西部地区经济社会发展水平分布在 2010~2017 年出现先上升后下降的变化趋势。同2010年相比,2014年核密度图的波峰高度上升,各省域经济社会发展区域差异变小;随着时间的推进,2017年波峰高度下降,区域差异变大,有待于进一步提升西部地区的趋同效应,减小地区非均衡性。

(5)东北地区经济社会发展的变化规律。

从位置上看,2010~2017年东北地区经济社会发展水平的密度分布曲线中心向右移动,波峰对应的经济社会发展水平逐渐提高,这说明样本观察期内东北地区已经形成了经济社会快速全面的发展格局。从形态上来看,样本观察期内,东北地区经济社会发展水平核密度分布图为基本对称的"单峰状",经济社会的发展出现趋同现象。具体来看,2010年、2014年和2017年东北地区经济社会发展水平核密度曲线两尾之间的绝对距离逐渐减小,这意味着整个区域经济社会发展水平分布越来越集中。从峰度上来看,东北地区经济社会发展水平分布在2010~2017年呈现不断上升趋势,这说明东北地区经济社会发展的区域差异逐渐下降,区域协调发展取得一定成效。

6.3 基于马尔科夫链分析的经济社会发展分布动态演进

核密度估计方法以连续的密度曲线从时间维度考察了全国及四大板块经济社会发展非均衡特征,刻画了区域经济社会发展水平的分布动态演进,但无法展现区域经济社会发展水平的时空转移规律。基于此,本书利用马尔科夫链分析方法得到转移概率矩阵,进一步揭示区域经济社会发展的转移趋势和差异情况。

6.3.1 传统马尔科夫链分析

本书在前文综合评价的基础上,借助传统马尔科夫链分析方法探究全国及四大板块区域经济社会发展的转移特征和规律。首先将30个省域的经济社会发展水平分为四个等级,满足初始分布为 $K = [1/3, 1/3, 1/3, 1/3]$,即每个等级包含的区域数量基本相同。然后运用极大似然估计法测算整个样本考察期内及两阶段内我国整体和四大板块内部经济社会发展等级的转移概率矩阵，结果如表6-3至表6-7所示。

表6-3　我国整体经济社会发展的传统马尔科夫链转移矩阵

时间	t/(t+1)	n	1	2	3	4
2010~2013年	1	42	0.6905	0.3095	0.0000	0.0000
	2	23	0.0000	0.6522	0.3043	0.0000
	3	10	0.0000	0.2000	0.6000	0.2000
	4	15	0.0000	0.0000	0.0000	1.0000
2014~2017年	1	10	0.5000	0.5000	0.0000	0.0000
	2	21	0.0000	0.5714	0.4286	0.0000
	3	34	0.0000	0.0294	0.7647	0.2059
	4	25	0.0000	0.0000	0.0000	1.0000
2010~2017年	1	60	0.6500	0.3500	0.0000	0.0000
	2	55	0.0182	0.5636	0.4182	0.0000
	3	49	0.0000	0.0612	0.7347	0.2041
	4	46	0.0000	0.0000	0.0000	1.0000

注：表中非对角线上的数表示经济社会发展等级发生变化的概率，对角线上的数表示经济社会发展等级不发生变化的概率。

表6-4　东部地区经济社会发展的传统马尔科夫链转移矩阵

时间	t/(t+1)	n	1	2	3	4
2010~2013年	1	12	0.8333	0.1667	0.0000	0.0000
	2	8	0.0000	0.7500	0.2500	0.0000
	3	8	0.0000	0.0000	0.7500	0.2500
	4	2	0.0000	0.0000	0.5000	0.5000
2014~2017年	1	5	0.6000	0.4000	0.0000	0.0000
	2	6	0.0000	0.8333	0.1667	0.0000
	3	7	0.0000	0.0000	0.5714	0.4286
	4	12	0.0000	0.0000	0.0000	1.0000

续表

时间	$t/(t+1)$	n	1	2	3	4
2010~2017年	1	20	0.7500	0.2500	0.0000	0.0000
	2	16	0.0000	0.6875	0.3125	0.0000
	3	19	0.0000	0.0000	0.6316	0.3684
	4	15	0.0000	0.0000	0.0667	0.9333

注：表中非对角线上的数表示经济社会发展等级发生变化的概率，对角线上的数表示经济社会发展等级不发生变化的概率。

表6-5　中部地区经济社会发展的传统马尔科夫链转移矩阵

时间	$t/(t+1)$	n	1	2	3	4
2010~2013年	1	11	0.4545	0.5455	0.0000	0.0000
	2	6	0.0000	0.8333	0.1667	0.0000
	3	1	0.0000	0.0000	1.0000	0.0000
	4	0	—	—	—	—
2014~2017年	1	0	—	—	—	—
	2	2	0.0000	0.5000	0.5000	0.0000
	3	9	0.0000	0.0000	0.4444	0.5556
	4	7	0.0000	0.0000	0.0000	1.0000
2010~2017年	1	11	0.4545	0.5455	0.0000	0.0000
	2	13	0.0000	0.5385	0.4615	0.0000
	3	11	0.0000	0.0000	0.5455	0.4545
	4	7	0.0000	0.0000	0.0000	1.0000

注：表中非对角线上的数表示经济社会发展等级发生变化的概率，对角线上的数表示经济社会发展等级不发生变化的概率。

表6-6　西部地区经济社会发展的传统马尔科夫链转移矩阵

时间	$t/(t+1)$	n	1	2	3	4
2010~2013年	1	19	0.6842	0.2632	0.0526	0.0000
	2	7	0.1429	0.2857	0.5714	0.0000

续表

时间	t/(t+1)	n	1	2	3	4
2010~2013年	3	6	0.0000	0.0000	0.6667	0.3333
	4	1	0.0000	0.0000	0.0000	1.0000
2014~2017年	1	0	—	—	—	—
	2	11	0.0000	0.5455	0.4545	0.0000
	3	10	0.0000	0.0000	0.6000	0.4000
	4	12	0.0000	0.0000	0.0000	1.0000
2010~2017年	1	22	0.5909	0.3636	0.0000	0.0000
	2	21	0.0476	0.4762	0.4762	0.0000
	3	19	0.0000	0.0000	0.6316	0.3684
	4	15	0.0000	0.0000	0.0000	1.0000

注：表中非对角线上的数表示经济社会发展等级发生变化的概率，对角线上的数表示经济社会发展等级不发生变化的概率。

表6-7 东北地区经济社会发展的传统马尔科夫链转移矩阵

时间	t/(t+1)	n	1	2	3	4
2010~2013年	1	5	0.8000	0.2000	0.0000	0.0000
	2	2	0.0000	0.5000	0.5000	0.0000
	3	1	0.0000	0.0000	0.0000	1.0000
	4	1	0.0000	0.0000	0.0000	1.0000
2014~2017年	1	0	—	—	—	—
	2	2	0.0000	0.5000	0.5000	0.0000
	3	4	0.0000	0.0000	0.7500	0.2500
	4	3	0.0000	0.0000	0.0000	1.0000
2010~2017年	1	6	0.6667	0.3333	0.0000	0.0000
	2	5	0.0000	0.4000	0.6000	0.0000
	3	5	0.0000	0.0000	0.6000	0.4000
	4	5	0.0000	0.0000	0.0000	1.0000

注：表中非对角线上的数表示经济社会发展等级发生变化的概率，对角线上的数表示经济社会发展等级不发生变化的概率。

(1) 全国经济社会发展的等级变化规律。

首先，样本考察期内，我国区域经济社会发展等级存在高水平、中高水平、中低水平和低水平4个趋同俱乐部。每个时间段处于非对角线上的数值均小于对角线上的数值，并且对角线上的数值最小值为0.5，最大值为1，这意味着我国经济社会发展等级保持平稳的概率至少在50%以上，大于经济社会等级发生转变的概率，这可能是因为区域经济社会发展对于原有经济社会发展等级存在路径依赖，很难发生等级变化。其次，非对角线上的数值不全为零，且非零的数值都位于对角线的两侧，这意味着在邻近两个年份之间，我国大部分地区经济社会发展等级只是向上或向下转移一个等级，出现等级跃迁的概率较低。最后，样本考察期内，我国省域经济社会发展存在稳定的高水平和低水平俱乐部现象。开始处于低水平等级的省份在下一年仍为低水平等级的概率最大为69.05%，最小为50%，而初期为高水平等级的省份在下一年等级不变的概率为100%，说明低水平省份很难打破路径依赖而导致的"锁定效应"，容易陷入"低水平陷阱"，而高水平省份在经济社会发展演变过程中形成一种"自我强化机制"。

(2) 东部地区经济社会发展的等级变化规律。

首先，样本考察期内，东部地区经济社会发展等级存在高水平、中高水平、中低水平和低水平4个趋同俱乐部。每个时间段处于非对角线上的数值均小于对角线上的数值，而且对角线上的数值最小值为0.5，最大值为1，这意味着东部地区经济社会发展等级不发生变化的概率大于发生变化的概率，即东部地区经济社会发展水平分布状态的流动性较小，稳定性较大。其次，非对角线上的数值不全为零，且非零的数均位于对角线的右侧，这意味着在邻近两个年份之间，东部地区经济社会发展仅出现向上转移的情况，即经济社会发展水平不断提升。最后，样本考察期内，我国省域经济社会发展等级存在稳定性较强的高水平俱乐部和低水平俱乐部。初期为高水平等级的省域在下一年仍为高水平等级的概率最大为100%，最小也达到50%，而初期为低水平等级的省市在下一年仍为低水平等级的概率最大为83.33%，最小也达到50%，这说明研究时段内，东部地区经济社会发展高水平区域出现倒退的可能性较小，而低水平区域易陷入"低水平陷阱"，所以东部地区经济社会发展存在一定的空间非均衡性。

(3) 中部地区经济社会发展的等级变化规律。

首先，样本考察期内，中部地区经济社会发展等级存在高水平、中高水平、中低水平和低水平 4 个趋同俱乐部。只有 2010~2013 年、2014~2017 年、2010~2017 年存在对角线元素的数值小于非对角线元素，说明中部地区经济社会发展水平分布动态具有较高的稳定性。2010~2013 年、2010~2017 年低水平经济社会发展等级对角线转移概率小于相应的向上转移概率，这说明中部地区经济社会发展低水平区域向上转移的概率大于其保持平稳的概率。2014~2017 年中高水平经济社会发展等级对角线转移概率小于相应的向上转移概率，这说明中部地区经济社会发展中高水平区域向上转移的概率大于其保持平稳的概率。其次，非对角线上的数值不全为零，且非零的数均位于对角线的右侧，这意味着在邻近两个年份之间，中部地区经济社会发展没有出现跳跃转移的可能性，发生向上转移的情况比较多，而且未出现向低级状态转移的情形。最后，样本考察期内，中部地区经济社会发展等级存在稳定性较强的高水平俱乐部。初期为高水平等级的区域在下一年中始终保持不变，且中部地区经济社会发展水平出现较稳定的提升趋势，经济社会发展等级向上转移的概率最少为 16.67%，最大为 55.56%。一方面，说明了中部地区经济社会发展有较强的高水平俱乐部趋同现象；另一方面，也说明中部地区经济社会发展动态演进过程中处于不同状态的省份之间流动性逐渐增加。

（4）西部地区经济社会发展的等级变化规律。

首先，样本考察期内，西部地区经济社会发展等级存在高水平、中高水平、中低水平和低水平 4 个趋同俱乐部。只有 2010~2013 年存在对角线上的数值小于非对角线数值，说明西部地区经济社会发展水平分布动态稳定性较高，流动性较低。2010~2013 年中低水平经济社会发展等级对角线转移概率小于相应的向上转移概率，这说明西部地区经济社会发展中低水平区域向上转移的概率大于其保持平稳的概率。其次，非对角线上的数值不全为零，且非零的数大都位于对角线的两侧，这意味着西部地区经济社会发展在邻近年份内很难实现跳跃转移，大多是向上或向下转移。具体来看，出现跳跃转移的仅为 2010~2013 年经济社会发展低水平区域，其向中高水平转移的概率为 5.26%，这表明西部地区经济社会发展具有向上跨越的可能，但转移难度较大。最后，样本考察期内，西部地区经济社会发展出现稳定的高水平和低水平俱乐部现象。开始为高水平等级的区域在下一年中始终保持不变，初期为低水平等级的区域在下一年向上转移的概率最大为 36.36%，仍为低水平等级区域的概率至少为59.09%，这意味着通常情况下低水平省市的经济社会发展易陷入"低水平陷阱"，高水平省市的经济社会发展不会发生转移，所以西部地区经济社会发展存在一定的空间非均衡性。

（5）东北地区经济社会发展的等级变化规律。

首先，样本考察期内，东北地区经济社会发展等级存在高水平、中高水平、中低水平和低水平4个趋同俱乐部。只有2010~2013年、2010~2017年存在对角线元素的数值小于非对角线元素，说明东北地区经济社会发展水平分布动态稳定性较高，流动性较低。2010~2013年中高水平经济社会发展等级对角线转移概率小于相应的向上转移概率，这说明东北地区经济社会发展中高水平区域向上转移的概率大于其保持平稳的概率。2010~2017年中低水平经济社会发展等级对角线转移概率小于相应的向上转移概率，这说明东北地区经济社会发展中低水平区域向上转移的概率大于其保持平稳的概率。其次，非对角线上的数值不全为零，且非零的数均位于对角线的右侧，这意味着样本考察期内东北地区所有省份均无跨状态转移的可能，转移只发生在邻近状态之间。可见，东北地区经济社会发展水平的动态演进是一个平稳的过程，很难实现跨越式发展。最后，样本考察期内，东北地区经济社会发展等级存在稳定性较强的高水平俱乐部和低水平俱乐部。初期为高水平等级的区域在下一年中始终保持不变，而初期为低水平等级的区域在下一年仍为低水平等级的概率至少为66.67%，向上转移的概率最大为33.33%。这意味着研究时段内，东北地区经济社会发展低水平和高水平等级维持稳定性的概率最大，经济社会发展存在向低水平和高水平收敛的可能性，即存在"俱乐部收敛"现象。

6.3.2 空间马尔科夫链分析

传统马尔科夫链分析描述了全国及四大板块内部经济社会发展随时间推移变化的转移特征，而未考虑其邻近区域经济社会发展的影响效应，但市场经济环境下各地区之间存在较强的关联性，区域经济社会发展空间交互影响和溢出效应显著（陈明华、刘玉鑫等，2019）。因此，本书将运用空间马尔科夫链分析方法进一步研究全国及四大板块经济社会发展的空间转移规律，结果如表6-8所示。

表6-8 全国及四大板块经济社会发展的空间马尔科夫链转移矩阵

地区	空间滞后	等级	n	1	2	3	4
全国	1	1	40	0.7500	0.2500	0.0000	0.0000
		2	7	0.0000	0.5714	0.4286	0.0000
		3	1	0.0000	0.0000	1.0000	0.0000
		4	0	—	—	—	—
	2	1	19	0.4737	0.5263	0.0000	0.0000
		2	28	0.0357	0.7143	0.2500	0.0000
		3	12	0.0000	0.0833	0.7500	0.1667
		4	3	0.0000	0.0000	0.0000	1.0000
	3	1	1	0.0000	1.0000	0.0000	0.0000
		2	19	0.0000	0.3684	0.6316	0.0000
		3	21	0.0000	0.0476	0.6667	0.2857
		4	16	0.0000	0.0000	0.0000	1.0000
	4	1	0	—	—	—	—
		2	1	0.0000	0.0000	1.0000	0.0000
		3	15	0.0000	0.0667	0.8000	0.1333
		4	27	0.0000	0.0000	0.0000	1.0000
东部	1	1	4	0.5000	0.5000	0.0000	0.0000
		2	3	0.0000	0.6667	0.3333	0.0000
		3	4	0.0000	0.0000	0.5000	0.5000
		4	1	0.0000	0.0000	0.0000	1.0000
	2	1	7	1.0000	0.0000	0.0000	0.0000
		2	7	0.0000	0.7143	0.2857	0.0000
		3	3	0.0000	0.0000	1.0000	0.0000
		4	5	0.0000	0.0000	0.0000	1.0000
	3	1	8	0.7500	0.2500	0.0000	0.0000
		2	4	0.0000	0.5000	0.5000	0.0000
		3	12	0.0000	0.0000	0.5833	0.4167
		4	4	0.0000	0.0000	0.2500	0.7500

续表

地区	空间滞后	等级	n	1	2	3	4
东部	4	1	1	0.0000	1.0000	0.0000	0.0000
		2	2	0.0000	1.0000	0.0000	0.0000
		3	0	—	—	—	—
		4	5	0.0000	0.0000	0.0000	1.0000
中部	1	1	11	0.4545	0.5455	0.0000	0.0000
		2	1	0.0000	0.0000	1.0000	0.0000
		3	0	—	—	—	—
		4	0	—	—	—	—
	2	1	0	—	—	—	—
		2	9	0.0000	0.6667	0.3333	0.0000
		3	2	0.0000	0.0000	1.0000	0.0000
		4	0	—	—	—	—
	3	1	0	—	—	—	—
		2	3	0.0000	0.3333	0.6667	0.0000
		3	7	0.0000	0.0000	0.5714	0.4286
		4	1	0.0000	0.0000	0.0000	1.0000
	4	1	0	—	—	—	—
		2	0	—	—	—	—
		3	2	0.0000	0.0000	0.0000	1.0000
		4	6	0.0000	0.0000	0.0000	1.0000
西部	1	1	15	0.6667	0.2667	0.0000	0.0000
		2	5	0.0000	0.2000	0.8000	0.0000
		3	1	0.0000	0.0000	0.0000	1.0000
		4	0	—	—	—	—
	2	1	6	0.5000	0.5000	0.0000	0.0000
		2	5	0.2000	0.6000	0.2000	0.0000
		3	7	0.0000	0.0000	0.8571	0.1429
		4	1	0.0000	0.0000	0.0000	1.0000

续表

地区	空间滞后	等级	n	1	2	3	4
西部	3	1	1	0.0000	1.0000	0.0000	0.0000
		2	10	0.0000	0.6000	0.4000	0.0000
		3	6	0.0000	0.0000	0.5000	0.5000
		4	8	0.0000	0.0000	0.0000	1.0000
	4	1	0	—	—	—	—
		2	1	0.0000	0.0000	1.0000	0.0000
		3	5	0.0000	0.0000	0.6000	0.4000
		4	6	0.0000	0.0000	0.0000	1.0000
东北	1	1	4	0.7500	0.2500	0.0000	0.0000
		2	1	0.0000	0.0000	1.0000	0.0000
		3	1	0.0000	0.0000	0.0000	1.0000
		4	0	—	—	—	—
	2	1	2	0.5000	0.5000	0.0000	0.0000
		2	2	0.0000	0.5000	0.5000	0.0000
		3	0	—	—	—	—
		4	2	0.0000	0.0000	0.0000	1.0000
	3	1	0	—	—	—	—
		2	2	0.0000	0.5000	0.5000	0.0000
		3	3	0.0000	0.0000	1.0000	0.0000
		4	3	0.0000	0.0000	0.0000	1.0000
	4	1	0	—	—	—	—
		2	0	—	—	—	—
		3	1	0.0000	0.0000	0.0000	1.0000
		4	0	—	—	—	—

（1）全国经济社会发展等级变化的空间效应。

当"邻居"省域经济社会发展处于低水平时，低水平省域向中低水平转移的概率为25%，中低水平省域向中高水平转移的概率为42.86%；当"邻居"省域经济社会发展处于中低水平时，低水平省域向上转移的概率为52.63%，中低水平省域向上转移的概率为25%，向下转移的概率为3.57%，中高水平省域向上和向下转移的概率分别为16.67%、8.33%；当"邻居"省域经济社会发展处于中高水平时，低水平省域向上转移的概率为100%，中低水平省域向上转移的概率为63.16%，中高水平省域向上和向下转移的概率分别为28.57%、4.76%；当"邻居"省域经济社会发展处于高水平时，中低水平省域向上转移的概率为100%，中高水平省域向上和向下转移的概率分别为13.33%、6.67%。

以上结果表明，我国经济社会发展低水平的省域要靠自身力量提升发展水平的难度较大，即周围省域经济社会发展水平都较低的情况下，某一省域向上转移的概率较小，不同区域背景对低水平省域的带动力不同，中高水平省域对其带动力较大，中低水平省域次之；中高水平省域能有效带动周边省域的经济社会发展，但带动力对不同水平的"邻居"有所不同，低水平省域受其带动较大，中低水平省域受其带动较小。

(2) 东部地区经济社会发展等级变化的空间效应。

当"邻居"省域经济社会发展处于低水平时，低、中高水平省域向上转移的概率均为50%，而中低水平省域向上转移的概率仅为33.33%；当"邻居"省域经济社会发展处于中低水平时，中低水平省域向上转移的概率为28.57%；当"邻居"省域经济社会发展处于中高水平时，高水平省域向下转移的概率为25%，低、中低、中高水平省域向上转移的概率分别为25%、50%、41.67%；当"邻居"省域经济社会发展处于高水平时，低水平省域向上转移的概率为100%。

上述结果表明东部地区经济社会发展相对低水平的省域具有较强的自我发展能力，且不易受高等级省域的带动，即周围省域经济社会发展水平的提高对低水平省域的带动作用不大；中低水平"邻居"仅对中低水平省域经济社会发展具有一定的正向溢出效应；中高水平"邻居"对低、中低、中高水平省域经济社会发展均有正向影响，对高水平省域具有一定的负向影响。

(3) 中部地区经济社会发展等级变化的空间效应。

经济社会发展低水平省域的"邻居"也为低水平时，随后年份向中高水平转移的概率为54.55%，等级维持不变的概率为45.45%；经济社会发展中低水平省域的"邻居"为低水平时，随后年份其向中高水平转移的概率为

100%，而拥有中低水平"邻居"的中低水平省域随后年份其等级保持不变的概率为66.67%，向上转移的概率为33.33%，拥有中高水平"邻居"的中低水平省域随后年份其等级向上转移的概率为66.67%，保持不变的概率为33.33%；经济社会发展中高水平省域的"邻居"为中低水平时，随后年份其等级保持不变的概率为100%，而拥有中高水平"邻居"的中高水平省域随后年份等级不变的概率为57.14%，向高水平转移的概率为42.86%，中高水平省域通过高水平"邻居"的带动在随后年份向上转移概率为100%，即将发展成为高水平省域；经济社会发展高水平省域的"邻居"为中高水平和高水平时，下一年其发展保持平稳的概率为100%。

可见，中部地区经济社会发展低水平省域具有一定的自我强化机制，且未受到高水平省域的辐射带动；中低水平省域受周边中高水平省域的带动作用最大；中高水平省域在高水平省域的带动下经济社会发展水平都能向高水平转移。

（4）西部地区经济社会发展等级变化的空间效应。

当"邻居"省域经济社会发展处于低水平时，低、中低、中高水平省域向上转移的概率分别为26.67%、80%、100%；当"邻居"省域经济社会发展处于中低水平时，中高水平省域向高水平转移的概率为14.29%，中低水平省域向中高水平转移的概率为20%，向低水平转移的概率为20%，低水平省域向中低水平转移的概率为50%；当"邻居"省域经济社会发展处于中高水平时，低、中低、中高水平省域向上转移的概率分别为100%、40%、50%；当"邻居"省域经济社会发展处于高水平时，中低、中高水平省域向上转移的概率分别为100%、40%。

可以明显看到，不同的区域背景下，西部地区经济社会发展转移的概率有所差异，低水平背景下某地区向下转移的概率大于高水平背景下的转移概率，这意味着低水平地区会抑制周边地区经济社会的发展，相反，高水平地区能为周边省域提供更多的发展机会，有效促进周边省域的经济社会发展。

（5）东北地区经济社会发展等级变化的空间效应。

经济社会发展低水平省域的"邻居"也为低水平时，随后年份其等级向中高水平转移的概率为25%，维持不变的概率为75%，而拥有中低水平"邻居"的低水平省域随后年份向中低水平转移的概率为50%，等级不变的概率为50%；经济社会发展中低水平省域的"邻居"为低水平时，随后年份其等级不变的概率为0，向中高水平转移的概率为100%，将进入经济社会发展中高水平行列，拥有中高、高水平"邻居"的中低水平省域在随后年份等级不变与向中高水平转移的概率均为50%；经济社会发展中高水平省域的"邻居"为低水平时，随后年份其等级向高水平转移的概率为100%，等级不变的概率为0，而拥有中水平"邻居"的中高水平省域在随后年份等级不变的概率为100%，在高水平"邻居"的带动下，随后年份所有中高水平省域均转换为高水平省域，即向高水平转移的概率为100%。

通过以上分析可知，东北地区经济社会发展具有一定的集聚现象，中低水平省域对低水平省域经济社会的发展具有正向影响效应，经济社会发展中低水平的省域自我发展能力较强，不易受经济社会发展较高级别省域的带动。

为检验空间因素对区域经济社会发展的影响是否统计显著，本书利用卡方检验进行验证，原假设是空间因素对地区经济社会发展水平没有影响。通过检验，全国及四大板块的 Q 统计值均大于临界值，这表明"邻居"省域的经济社会发展对其相邻省域具有显著影响，即存在明显的空间交互影响和溢出效应。

6.4 本章小结

本章通过核密度估计、传统马尔科夫链分析和空间马尔科夫链分析方法研究了2010~2017年全国及四大板块地区经济社会发展区域差异的分布动态演进及等级变化规律。

通过核密度估计方法揭示了全国及四大板块经济社会发展的区域差异分布动态演进过程，其主要结论为：全国及四大板块经济社会发展水平分布呈现出右移的趋势，说明全国及四大板块经济社会发展水平在考察期内不断提升；各区域经济社会发展水平核密度分布图总体上呈"单峰状"，表明全国及四大板块经济社会发展水平分布较为集中；东部和中部地区经济社会发展水平分布主峰高度下降，东北地区主峰高度上升，全国及西部地区主峰高度无明显变化，这意味着东部及中部地区经济社会发展水平的区域差异在变大，东北地区的区域差异在变小，全国及西部地区无明显变化。

马尔科夫链分析揭示了全国及四大板块经济社会发展的等级变化规律，

第6章 基于"五位一体"总体布局的经济社会发展区域差异分布动态演进

其主要结论为：在不考虑空间因素的条件下，各区域经济社会发展整体向较高水平转移的趋势较明显，但难以实现跨越式转移，且维持原有状态的可能性较高，高水平地区经济社会发展等级保持不变的概率最大，存在"高高集聚"的可能；将空间因素纳入考察范畴后，邻域经济社会发展水平的高低，对其周边省域经济社会发展产生不同方向的影响，中高及高水平省域对其邻域省域经济社会发展具有较强的带动作用，低水平省域对其邻域省域经济社会发展具有一定的抑制作用。

| 第 7 章 |
基于"五位一体"总体布局的经济社会发展收敛性分析

前文研究表明"五位一体"总体布局引领下我国省域经济社会发展存在显著的空间关联性和空间非均衡性,那么根据区域非平衡发展理论,接下来要深入探究的问题是:这种非均衡性是否会随时间的推移逐渐收敛?经济社会发展水平较低的地区能否实现对经济社会发展水平较高地区的追赶?如果可能,在何种条件下能实现?各省域之间的差距在长期内是否保持一个相对平稳的变化路径?考虑到空间尺度效应,空间交互影响和空间溢出效应在一定程度上是否会影响区域间经济社会发展的收敛?本章将基于区域非平衡发展理论和区域经济空间结构理论,应用收敛性相关理论和方法回答上述问题,探索"五位一体"总体布局引领下的中国经济社会发展区域差异的收敛趋势,具体安排为:首先,利用 σ 收敛检验中国省域地区经济社会发展的绝对收敛趋势;其次,利用绝对 β 收敛和条件 β 收敛分析方法检验中国省域经济社会发展的追赶效应;最后,利用面板单位根和单变量单位根检验方法对我国省域地区经济社会发展的随机收敛性进行了检验，判定我国省域经济社会发展的区域差异是否会长期存在，并遵循全子集分析路径来识别特定区域内部可能存在的收敛俱乐部。本章的研究揭示了我国经济社会发展区域差异的变化以及未来发展趋势，对明确区域的角色和定位，促进区域经济社会发展的协同与互补，有效引导"富裕"俱乐部与"贫困"俱乐部的合作交流，实现区域经济社会协调均衡发展具有重要指导意义。

7.1 研究方法

7.1.1 σ 收敛

σ 收敛分析是通过观察不同国家或地区间实际相关指标的离差是否随着时间的推移而逐步缩小，来判断其是否存在收敛趋势，若 $\sigma_{t+1}<\sigma_t$，则存在 σ 收敛。σ 收敛检验方法属于统计指标法，该方法比较简单、直观，在实际研究中通常作为先行收敛指标用来初步分析地区间相关指标随时间推移而变化的情况。

经济社会发展的 σ 收敛是指各个区域经济社会发展的差距随时间的推移逐步减小，最终经济社会发展水平较高的区域逐步趋同于经济社会发展水平较低的区域。本书采用标准差指标衡量各个区域经济社会发展离差程度，若标准差趋于下降，这说明存在 σ 收敛。σ 收敛计算公式如下：

$$\sigma_t = \sqrt{\frac{1}{n}\sum_{i}^{n}(Y_{i,t}-\overline{Y}_t)^2} \quad (7-1)$$

其中，σ_t 表示 t 期经济社会发展的标准差；$Y_{i,t}$ 表示 t 期地区 i 经济社会发展评价值；$\overline{Y}_t$ 表示 t 期所有地区经济社会发展评价值的均值；n 为地区总数。当 $\sigma_{t+1}<\sigma_t$ 时，说明我国经济社会发展存在 σ 收敛；反之，不存在 σ 收敛。

7.1.2 β 收敛

σ 收敛是基于相关指标水平差距逐渐缩小的角度考察地区收敛趋势，而

β 收敛是从相关指标增长速度的角度来衡量收敛趋势，即 σ 收敛是 β 收敛的充分而非必要条件，β 收敛是 σ 收敛的必要而非充分条件。β 收敛分析是通过考察经济系统中期初发展水平较高的经济单元与其自身增长速度是否呈反比例关系，体现了落后地区向先进地区的追赶过程。按照检验模型考虑主体的不同，可将 β 收敛分为绝对 β 收敛和条件 β 收敛，β 收敛检验方法属于趋同回归分析法，是研究地区趋同与差异的传统方法。

7.1.2.1 传统 β 收敛模型

（1）绝对 β 收敛。

经济社会发展的绝对 β 收敛是指在各区域初始技术水平、城镇化水平、人力资本、开放程度和生态环境相同的情况下，经过长期的演变，各区域经济社会发展都将收敛于某个相同的稳态值。这是由于经济社会发展水平较低的区域发展速度往往比经济社会发展水平较高的区域更快。经济社会发展的绝对 β 收敛模型如下：

$$\ln y_{i,t+1} - \ln y_{i,t} = \alpha + \beta \ln y_{i,t} + \varepsilon_{i,t}, \quad \varepsilon_{i,t} \sim N(0, \sigma^2) \quad (7-2)$$

其中，$y_{i,t}$、$y_{i,t+1}$ 分别表示 t 期、$t+1$ 期地区 i 经济社会发展评价值；α 为常数项；$\varepsilon_{i,t}$ 是随机误差项；β 为经济社会发展变量的回归系数。若 β 显著为负，则表明经济社会发展存在绝对 β 收敛，也即发展水平落后的区域发展速度要快于发展水平高的区域。

（2）条件 β 收敛。

经济社会发展的条件 β 收敛是指在考虑不同区域的技术水平、城镇化水平、人力资本、开放程度和生态环境等多个方面差异的前提下，各区域经济社会发展收敛于各自的均衡状态。各区域的经济社会发展速度取决于当前发展水平与其均衡水平之间的差距，因此不是经济社会发展水平越低的区域发展速度越快，而是离本区域均衡状态差距越大的区域发展速度越快，因为经济社会发展水平越低的区域其均衡水平可能也越低。在经济社会发展绝对 β 收敛模型的基础上，加上适当的外生变量（外生变量的选择与数据来源见下文），则绝对 β 收敛模型转换为条件 β 收敛模型。经济社会发展条件 β 收敛模型如下：

$$\ln y_{i,t+1} - \ln y_{i,t} = \alpha + \beta \ln y_{i,t} + \gamma X_{i,t} + \varepsilon_{i,t}, \quad \varepsilon_{i,t} \sim N(0, \sigma^2) \quad (7-3)$$

其中，$X_{i,t}$ 表示模型中加入的外生变量；γ 为控制变量的估计系数。其余字母含义同上。

根据上述回归方程系数 β 的估计值，可以分别计算出收敛速度 θ 和收敛周期 τ，如公式（7-4）和公式（7-5）所示：

$$\theta = -\ln(1+\beta) \tag{7-4}$$

$$\tau = \frac{\ln 2}{\theta} \tag{7-5}$$

7.1.2.2 空间 β 收敛模型

由于经济单元之间的联系逐渐加强，各种要素的空间交互在经济社会发展中的影响效应不容忽视（李丽辉、温涛等，2017）。上述模型尚未考虑相邻区域之间相互影响的空间因素，因此实际估算中可能存在误差。我国经济社会发展存在较强的空间相关性，因此需要将空间尺度效应纳入考虑范畴，构建经济社会发展空间收敛模型。本书将采用空间滞后模型（SLM）和空间误差模型（SEM）（杨朝峰、赵志耘等，2015）这两种空间收敛模型来进行分析。

（1）空间滞后模型。

空间滞后模型是将被解释变量的滞后项引入回归模型中，表示某区域经济社会发展速度不仅受自身区域因素影响，还受相邻区域经济社会发展速度变化率的影响。经济社会发展绝对 β 收敛和条件 β 收敛的空间滞后模型形式如公式（7-6）、公式（7-7）所示。

$$\begin{aligned}\ln y_{i,t+1} - \ln y_{i,t} &= \alpha + \beta \ln y_{i,t} + \rho W(\ln y_{i,t+1} - \ln y_{i,t}) + \varepsilon_{i,t},\\ \varepsilon_{i,t} &\sim N(0, \sigma^2)\end{aligned} \tag{7-6}$$

$$\begin{aligned}\ln y_{i,t+1} - \ln y_{i,t} &= \alpha + \beta \ln y_{i,t} + \rho W(\ln y_{i,t+1} - \ln y_{i,t}) + \gamma X_{i,t} + \varepsilon_{i,t},\\ \varepsilon_{i,t} &\sim N(0, \sigma^2)\end{aligned} \tag{7-7}$$

其中，ρ 为空间滞后回归系数，反映各经济单元空间影响效应的大小；W 为空间权重矩阵，反映相邻省域之间相互关系的网络结构；其余字母含义同上。若回归系数 β 显著为负，则表明经济社会发展存在空间绝对 β 收敛或空间条件 β 收敛。

（2）空间误差模型。

空间误差模型是将误差项引入回归模型中，假定区域间的空间相关关系是来自外生冲击的作用,表示某区域的随机冲击不仅影响本地区经济社会发展速度的变化率,这种冲击也会对邻近地区的经济社会发展速度变化率产生影响。经济社会发展绝对 β 收敛和条件 β 收敛的空间误差模型形式如公式(7-8)、公式(7-9) 所示。

$$\ln y_{i,t+1} - \ln y_{i,t} = \alpha + \beta \ln y_{i,t} + \mu_{i,t},$$
$$\mu_{i,t} = \lambda W \mu_{i,t} + \varepsilon_{i,t}, \ \varepsilon_{i,t} \sim N(0, \ \sigma^2) \quad (7-8)$$

$$\ln y_{i,t+1} - \ln y_{i,t} = \alpha + \beta \ln y_{i,t} + \gamma X_{i,t} + \mu_{i,t},$$
$$\mu_{i,t} = \lambda W \mu_{i,t} + \varepsilon_{i,t}, \ \varepsilon_{i,t} \sim N(0, \ \sigma^2) \quad (7-9)$$

其中,λ 为空间误差回归系数,反映回归残差之间空间关联的程度;$\mu_{i,t}$ 表示模型的随机误差项;其余字母含义同上。若回归系数 β 显著为负,则表明经济社会发展存在空间绝对 β 收敛或空间条件 β 收敛。

7.1.2.3 条件变量选择

(1) 技术水平。本章选择互联网覆盖率和高技术产业 R&D 项目经费作为技术水平的外生变量。互联网覆盖率指的是联入互联网的用户占地区总人口数的比重,反映了当地的互联网使用普及程度。互联网覆盖率越高,代表当地信息化建设水平越高。高技术产业 R&D 项目经费直接反映了本地 R&D 经费投入强度,而创新投入是推动创新驱动战略实施动力来源,因此作为创新投入端的高技术产业 R&D 项目经费支出可以衡量一个地区的宏观创新驱动水平。该部分的数据来源于国家统计局《中国统计年鉴》和《中国高技术产业年鉴》。

(2) 城镇化水平。本章选择城镇化率作为城镇化的外生变量。衡量城镇化水平主要从人口城镇化以及土地城镇化两个角度来考虑,本章则选取学术界普遍采用的人口城镇化来反映整体城镇化。人口城镇化率指的是城镇人口占当地总人口数的比重,直接反映了城镇化建设的规模。该部分的数据来自国家统计局《中国统计年鉴》。

(3) 人力资本。本章选取规模以上工业企业 R&D 人员全时当量作为衡量人力资本水平的外生变量。劳动者素质直接反映了人力资本水平,因此作为高素质劳动者的 R&D 人员数量能够较为精确地反映出人力资本水平的高低。规模以上工业企业 R&D 人员全时当量越高,则说明当地人力资本水平越高。该部分数据来自国家统计局《中国工业统计年鉴》。

（4）开放程度。本章选取外商投资企业投资总额作为衡量开放程度的外生变量。随着我国对外开放程度的不断加深，引入外商投资已经成为扩大对外开放的重要手段之一。因此外商投资企业投资金额可以较好地反映一个地区的开放程度。该部分数据来自国家统计局《中国贸易外经统计年鉴》。

（5）生态环境。本章选取环境整治投资金额占 GDP 比重作为衡量环境规制力度的外生变量。环境规制是指政府为了解决环境污染带来的负面经济发展问题而采取的各种政策措施的总和，其中环境整治投资是反映环境规制力度最直接的指标。该部分数据来源自国家统计局《中国环境统计年鉴》。

7.1.3 随机收敛

随机收敛与 σ 收敛、β 收敛不同，是 σ 收敛和 β 收敛同时存在的充分不必要条件，它关注的不再是增长率的绝对差异，而是被考察对象之间的差距在长期内是否保持一个相对平稳的变化路径，反映了被考察对象之间的长期收敛情况。随机收敛可以用来检验长期内一个变量对另一个变量是否存在持续冲击，或者说区域之间的差异是否会长期存在，从而避免短期内可能存在的收敛趋势。现有的研究中，大多数学者采用卡利诺和米尔斯（Carlino & Mills，1996）、埃文斯和卡拉斯（Evans & Karras，1996）提出的单位根检验的方法（张欢、汤尚颖等，2019）。若存在单位根，则表明经济社会发展在地区之间是发散的；反之，若不存在单位根即平稳，则表明经济社会发展在地区之间是收敛的。

参考上述学者提出的收敛检验框架：

（1）设定 N 个经济单元，当且仅当共同趋势 α_t 与有限个参数 μ_1，μ_2，$\cdots$，μ_N 存在（杨骞、刘华军，2013），使得公式（7-10）成立，那么这 N 个经济单元经济社会发展收敛于共同趋势 α_t。

$$\lim_{k \to \infty} E_t(Y_{i,t+k} - \alpha_{t+k}) = \mu_i \qquad (7-10)$$

$$Y_{i,t} = \ln y_{i,t} - \ln \bar{y}_t \qquad (7-11)$$

$$\bar{y}_t = \frac{1}{N} \sum_{i=1}^{N} y_{i,t} \qquad (7-12)$$

其中，$i=1,2,\cdots,N$；$t=1,2,\cdots,T$；$y_{i,t}$ 表示第 i 个经济单元 t 时期

经济社会发展评价值;α_t 表示 t 时期所有经济单元经济社会发展的共同趋势。鉴于共同趋势 α_t 不可观测,因此公式(7-10)不可直接使用,采用以下方法将 α_t 剔除。

将公式(7-10)两边取平均,如公式(7-13)所示:

$$\lim_{k\to\infty}E_t(\overline{Y}_{t+k} - \alpha_{t+k}) = \frac{1}{N}\sum_{i=1}^{N}\mu_i \tag{7-13}$$

$$\overline{Y}_t = \frac{1}{N}\sum_{i=1}^{N}Y_{i,t} \tag{7-14}$$

其中,公式(7-13)右侧等于0,即 $\frac{1}{N}\sum_{i=1}^{N}\mu_i = 0$。

将公式(7-10)减去公式(7-13),如公式(7-15)所示:

$$\lim_{k\to\infty}E_t(Y_{i,t+k} - \overline{Y}_{t+k}) = \mu_i \tag{7-15}$$

(2) 根据公式(7-15),当且仅当 $(Y_{i,t} - \overline{Y}_t)$ 是平稳序列时,N 个经济单元之间具有收敛趋势。因此,通过检验经济单元面板数据 $(Y_{i,t} - \overline{Y}_t)$ 序列是否平稳来判断经济社会发展是否存在随机收敛,具体可通过公式(7-16)中的自回归参数 β_i 是否为0来判别。

$$\Delta(Y_{i,t} - \overline{Y}_t) = \delta_i + \beta_i(Y_{i,t-1} - \overline{Y}_{t-1}) + \sum_{m=1}^{p}\varphi_{i,m}\Delta(Y_{i,t-m} - \overline{Y}_{t-m}) + \mu_{i,t} \tag{7-16}$$

其中,β_i 表示地区效应;参数 δ_i 和 $\varphi_{i,m}$ 使得 $\sum_{m=1}^{p}\varphi_{i,m}L^m$ 的所有根都位于单位圆外部,其中 L 为滞后算子,$N\to\infty$,公式(7-16)中 μ 在所有经济单元间都不相关。如果 $\beta_i<0$,则 $(Y_{i,t} - \overline{Y}_t)$ 为平稳序列,经济社会发展差距是个平稳的随机过程,表明对所有经济单元来说,外部冲击是暂时的,最终 N 个经济单元经济社会发展趋于共同趋势;反之,如果 $\beta_i>0$,则 $(Y_{i,t} - \overline{Y}_t)$ 为非平稳序列,表明外部冲击是长期的,经济社会发展趋于发散趋势。

根据随机收敛模型,本章采用面板数据单位根和单变量单位根来检验我国经济社会发展的收敛性,并遵循全子集分析路径来识别特定区域内部可能存在的收敛俱乐部。具体检验步骤为:首先,进行面板数据单位根检验。从考察我国经济社会发展的全局性随机收敛趋势开始,对各省域经济社会发展评价值进行对数去均值处理,以此为基础采用 IPS、ADF-Fisher、PP-Fisher 和

第7章 | 基于"五位一体"总体布局的经济社会发展收敛性分析

Hadrid 四种检验方法进行面板单位根检验。其次，进行单变量单位根检验。分别采用 ADF、DF-GLS、PP、NP 和 KPSS 五种检验方法考察分省份经济社会发展的随机收敛趋势。最后，进行随机收敛的俱乐部识别。遵循全子集分析路径进行经济社会发展收敛俱乐部识别。

7.2 收敛性分析

7.2.1 σ 收敛分析

根据公式（7-1），得到 2010~2017 年四大板块及全国经济社会发展的 σ 值及变化趋势，如图 7-1 所示。

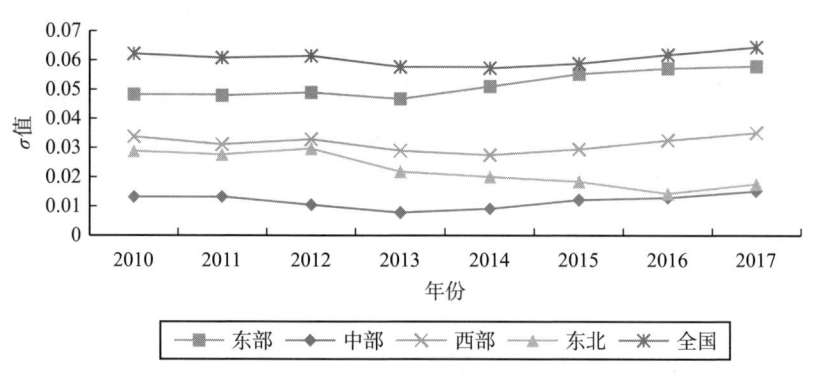

图 7-1 经济社会发展的 σ 值变动

由图 7-1 可知，全国范围内经济社会发展在考察期内不存在 σ 收敛，呈现发散特征，但大体上可分为两个时期：2010~2014 年全国经济社会发展 σ 值略有下降，呈微弱的 σ 收敛趋势；2015~2017 年 σ 值逐年增大，不存在 σ 收敛，呈现发散特征。

在四大板块内部，东部地区经济社会发展在考察期内不存在 σ 收敛，经济社会发展内部差异最大；中部地区 6 个省份经济社会发展在考察期内 σ 收敛趋势不明显，经济社会发展内部差异最小；西部地区 11 个省份经济社会发

展在考察期内 σ 收敛趋势不明显，呈现发散特征；东北地区 3 个省份经济社会发展在考察期内 σ 收敛趋势明显，只是在 2017 年 σ 值略有上升。

在四大板块之间，东部地区经济社会发展的 σ 值始终最高，在 2013 年后与中、西部和东北地区差距逐渐拉大，接近于全国水平，表明东部地区经济社会发展省域间差异始终位居四大板块之首，且在 2013 年后省域间差异远远高于中、西部和东北地区；中部地区和东北地区经济社会发展在 2012 年之前 σ 值接近，2012 年之后东北地区经济社会发展呈现收敛趋势，省域间差异逐渐减小；中部地区经济社会发展 σ 值一直最低，在 2013 年之后省域间差异逐渐增大。

7.2.2 β 收敛分析

由前文可知，全国及东、中、西部地区经济社会发展不存在 σ 收敛，东北地区存在 σ 收敛。该结论只描述了我国经济社会发展差异在每个时点上的状态和既有的变动轨迹，不能说明我国省域地区经济社会发展差异的长期变动规律。β 收敛模型可以从总体上描述一个经济单元内部差异的长期变动规律，即从长期来看，落后地区的发展速度是否会超过发达地区的发展速度，最终与发达地区的经济社会发展达到一个均衡状态。接下来对我国经济社会发展的 β 收敛进行定量分析。

7.2.2.1 绝对 β 收敛分析

（1）空间相关性预检验与模型选择。

根据面板回归模型遴选的原则，采用 Hausman 检验对固定效应与随机效应进行取舍。根据 Hausman 检验结果（如表 7-1 所示），回归模型应当选择固定效应模型。

表 7-1　　　　　　　　　　Hausman 检验结果

Hausman 检验	统计量	p 值
原假设：随机效应优于固定效应	9.99	0.0016

通过 LM-err、LM-lag 以及 Robust LM-err、Robust LM-lag 等统计量检验经济社会发展空间相关性是否存在以及以何种方式存在，即检验空间相关性的显著性和确定空间相关性的具体存在形式。为了确保结果的稳健性，本章选择了反距离矩阵、经济矩阵和经济距离矩阵三种空间权重矩阵来尽可能全面地描述空间临近关系。经济社会发展绝对 β 收敛面板回归模型空间相关性检验结果如表 7－2 所示。

表 7－2　　　　　　绝对 β 收敛模型空间相关性检验结果

空间相关性检验	反距离矩阵		经济矩阵		经济距离矩阵	
	统计量	p 值	统计量	p 值	统计量	p 值
LM-err	89.74	0.0000	135.87	0.0000	164.50	0.0000
Robust LM-err	14.51	0.0000	0.93	0.3350	3.13	0.0770
LM-lag	80.72	0.0000	135.96	0.0000	161.95	0.0000
Robust LM-lag	5.49	0.0190	1.02	0.3130	0.58	0.4450

由表 7－2 中数据显示：第一，三种权重矩阵下，LM-err、LM-lag 统计量均通过了 1% 的显著性水平，表明我国省域经济社会发展存在显著的空间相关性，相邻省域经济社会发展相互作用、相互影响。第二，Robust LM-err、Robust LM-lag 检验结果表明：反距离矩阵下，Robust LM-err 统计量显著高于 Robust LM-lag 统计量，表明反距离矩阵下空间误差模型要优于空间滞后模型；经济矩阵下，Robust LM-err、Robust LM-lag 统计量均不显著，表明经济矩阵下空间效应不明显；经济距离矩阵下，Robust LM-err 统计量显著而 Robust LM-lag 统计量不显著，表明经济距离矩阵下空间误差模型要优于空间滞后模型。

（2）模型估计结果与分析。

根据上述空间相关性预检验结果，我国省域经济社会发展绝对 β 收敛模型存在显著的空间误差自相关性。本章采用空间误差回归模型进行绝对 β 收敛分析。首先，考虑未引入空间效应的绝对 β 收敛模型公式（7－2）。根据 Hausman 检验结果，选择固定效应模型，对我国省域经济社会发展绝对 β 收敛模型进行 OLS 估计。其次，考虑引入空间效应的绝对 β 收敛模型公式（7－6）

和公式（7-8）。根据表7-2空间相关性检验结果，选择空间误差模型，对我国省域经济社会发展空间绝对 β 收敛模型进行极大似然估计。最后，根据面板模型回归结果（如表7-3所示）分析我国省域经济社会发展绝对 β 收敛特征。

表7-3　　　　　　　　绝对 β 收敛面板数据模型估计结果

变量（统计量）	无空间相关性	SEM		
		反距离矩阵	经济矩阵	经济距离矩阵
β	-0.0229**	-0.3253***	—	-0.3154***
λ	—	0.8152***	—	0.8155***
N	210	210	—	210
AR^2	0.1152	0.1083	—	0.1083
Log-L	509.19	583.60	—	584.98
收敛速度（%）	2.3212	39.3487	—	37.8921
收敛周期（年）	29.86	1.76	—	1.83

注：*、**、*** 分别表示在10%、5%、1%的水平下显著；AR^2 为拟合优度系数；Log-L 为对数似然函数值。

由表7-3的模型估计结果可知：第一，未考虑空间因素的固定效应模型中，收敛系数 β 估计值为 -0.0229 < 0，收敛速度为2.3212%，收敛周期为29.86年，表明我国省域经济社会发展存在绝对 β 收敛，但收敛周期较长，各区域经济社会发展差异在较长的时间内一直存在。第二，考虑空间因素的固定效应模型中，对数似然函数值 Log-L 明显高于普通面板数据模型，表明空间计量模型较好地修正了普通面板数据模型；在反距离矩阵和经济距离矩阵下的空间误差模型中，收敛系数 β 估计值分别为 -0.3253、-0.3154，均小于0，收敛速度分别为39.3487%、37.8921%，收敛周期分别为1.76年、1.83年，表明我国省域经济社会发展存在绝对 β 收敛，且收敛特征明显，空间相关性在一定程度上可以加快省域间经济社会发展的收敛，从而缩小地区间差异。

7.2.2.2 条件 β 收敛分析

（1）空间相关性预检验与模型选择。

根据面板回归模型遴选的原则，采用 Hausman 检验对固定效应与随机效应进行选择。根据 Hausman 检验结果（如表 7-4 所示），回归模型应当选择固定效应模型。

表 7-4　　　　　　　　　　Hausman 检验结果

Hausman 检验	统计量	p 值
原假设：随机效应优于固定效应	71.54	0.0000

通过 LM-err、LM-lag 以及 Robust LM-err、Robust LM-lag 等统计量检验经济社会发展空间相关性是否存在以及以何种方式存在，即检验空间相关性的显著性和确定空间相关性的具体存在形式。为了确保结果的稳健性，同样选取三种不同的空间权重矩阵。经济社会发展条件 β 收敛面板回归模型空间相关性检验结果如表 7-5 所示。

表 7-5　　　　　　条件 β 收敛模型空间相关性检验结果

空间相关性检验	反距离矩阵		经济矩阵		经济距离矩阵	
	统计量	p 值	统计量	p 值	统计量	p 值
LM-err	82.37	0.0000	121.82	0.0000	150.66	0.0000
Robust LM-err	4.18	0.0410	0.12	0.7320	1.65	0.1990
LM-lag	90.81	0.0000	132.84	0.0000	154.31	0.0000
Robust LM-lag	12.62	0.0000	11.13	0.0010	5.30	0.0210

由表 7-5 中数据显示：第一，三种权重矩阵下，LM-err、LM-lag 统计量均通过了 1% 的显著性水平，表明我国省域经济社会发展存在显著的空间相关性，相邻省域经济社会发展相互作用、相互影响。第二，Robust LM-err、Robust LM-lag 检验结果表明：反距离矩阵下，Robust LM-lag 统计量显著高于 Robust LM-err 统计量，表明反距离矩阵下空间滞后模型要优于空间误差模型；

经济矩阵和经济距离矩阵下，Robust LM-err 统计量不显著而 Robust LM-lag 统计量显著，表明经济矩阵和经济距离矩阵下空间滞后模型要优于空间误差模型。

(2) 模型估计结果与分析。

根据上述空间相关性预检验结果，我国省域经济社会发展条件 β 收敛模型存在显著的空间滞后自相关性。本章采用空间滞后回归模型条件 β 收敛分析。首先，考虑未引入空间效应的条件 β 收敛模型公式（7-3）。根据 Hausman 检验结果，选择固定效应模型，对我国省域经济社会发展的条件 β 收敛模型进行最小二乘估计；其次，考虑引入空间效应的条件 β 收敛模型公式（7-7）和公式（7-9）。根据表7-5 空间相关性检验结果，选择空间滞后模型，对我国省域经济社会发展的空间条件 β 收敛模型进行极大似然估计；最后，根据面板模型回归结果（如表7-6 所示）分析我国省域经济社会发展条件 β 收敛特征。

表7-6　　　　　　　条件 β 收敛面板模型回归结果

变量（统计量）	无空间相关性	SLM		
		反距离矩阵	经济矩阵	经济距离矩阵
β	-0.0454	-0.3802	-0.3849	-0.3791
ρ	—	0.5991	0.6142	0.6121
N	210	210	210	210
AR^2	0.1466	0.4861	0.4643	0.4453
Log-L	512.99	592.61	597.31	593.22
收敛速度（%）	4.6439	47.8358	48.5970	47.6585
收敛周期（年）	14.93	1.45	1.43	1.45

注：①*、**、*** 分别表示在10%、5%、1% 的水平下显著；②AR^2 为拟合优度系数；③Log-L 为对数似然函数值。

由表7-6 的模型估计结果可知：第一，未考虑空间因素的固定效应模型中，收敛系数 β 估计值为 -0.0454<0，收敛速度为 4.6439%，收敛周期为 14.93 年，表明我国省域经济社会发展存在条件 β 收敛，但收敛周期较长，各区域经济社会发展差异在较长的时间内始终存在。第二，考虑空间相关因

素的固定效应模型中，对数似然函数值 Log-L 明显高于普通面板数据模型，表明空间计量模型较好地修正了普通面板数据模型；在反距离矩阵、经济矩阵和经济距离矩阵下的空间滞后模型中，收敛系数 β 估计值分别为 -0.3802、-0.3849 和 -0.3791，均小于0，收敛速度分别为 47.8358%、48.5970% 和 47.6585%，收敛周期分别为 1.45 年、1.43 年和 1.45 年，表明我国省域经济社会发展存在条件 β 收敛，且收敛特征明显，空间相关性在一定程度上可以加快省域间经济社会发展的收敛，从而缩小地区间差异。

7.2.3 随机收敛分析

7.2.3.1 全局性随机收敛

（1）全局性随机收敛的面板单位根检验。

随机收敛的检验一般采用面板单位根方法，常见的检验方法有 IPS 检验、ADF-Fisher 检验、PP-Fisher 检验和 Hadrid 检验等。相对而言，面板单位根检验比单变量检验更具模糊性，因为 IPS 检验、ADF-Fisher 检验、PP-Fisher 检验拒绝原假设并不意味着所有序列都是平稳的，而 Hadrid 检验拒绝原假设也不意味着所有序列都具有单位根（刘华军、杜广杰，2017）。针对这一问题，崔（Choi，2002）提出了验证性分析方法，通过不同类型面板单位根检验结果的对比得到更为稳健的结论。验证性分析方法（CA）可能出现四种情况，如表7-7所示。

表7-7　　　　　　验证性分析（CA）结果类型

序号	IPS/ADF-Fisher/PP-Fisher 检验结果	Hadrid 检验结果	类型
1	未拒绝	未拒绝	Ⅰ
2	拒绝	未拒绝	Ⅱ
3	未拒绝	拒绝	Ⅲ
4	拒绝	拒绝	Ⅳ

注：①IPS 检验、ADF-Fisher 检验、PP-Fisher 检验原假设：所有序列都存在单位根；②Hadrid 检验原假设：所有序列都是平稳的。

基于上述分析，本章基于验证性分析方法（CA）对中国经济社会发展是否存在随机收敛进行了检验。首先,求得各省域经济社会发展评价值的自然对数值和全国经济社会发展评价值均值自然对数值的差值;其次,对其做面板单位根检验,从而判定全国 30 个省域作为一个整体,是否存在共同收敛趋势。面板单位根检验结果如表 7-8 所示。

表 7-8　　　　全局性随机收敛的面板单位根检验结果

地区	IPS 检验		ADF-Fisher 检验		PP-Fisher 检验		Hadrid 检验		类型
	检验值	p 值	检验值	p 值	检验值	p 值	检验值	p 值	
全国	-0.8900	0.1867	-0.9425	0.1730	-2.0725	0.0191	8.1780	0.0000	Ⅲ
东部	-0.4278	0.3344	-0.9528	0.1703	-1.2752	0.1011	4.3257	0.0000	Ⅲ
中部	0.7948	0.7866	0.9419	0.8269	1.1888	0.8827	3.2944	0.0005	Ⅲ
西部	-0.7341	0.2314	-1.1518	0.1247	-1.6322	0.0513	4.0348	0.0000	Ⅲ
东北	1.7992	0.9640	2.1741	0.9852	3.1546	0.9992	1.7621	0.0390	Ⅲ

注:①全国省域面板单位根检验数据是基于各省域的经济社会发展评价值的自然对数值减去全国均值的自然对数值;②四大板块面板单位根检验数据是基于各省域经济社会发展评价值的自然对数值减去各对应区域均值的自然对数值。

由表 7-8 可知,即使在 10% 的显著性水平下,IPS 检验、ADF-Fisher 检验、PP-Fisher 检验也不能拒绝原假设,而 Hadrid 检验在 1% 的水平下拒绝了原假设,属于验证性分析(CA)的类型Ⅲ。验证性分析(CA)结果显著拒绝了全局性的、相对于全国均值的随机收敛,也就是说相较于全国均值而言,各省域经济社会发展是随机发散的。

(2)全局性随机收敛的单变量单位根检验。

相对于全国经济社会发展均值的收敛趋势,是否存在某些省份呈随机收敛,本章进一步采用 ADF、DF-GLS、PP、NP 和 KPSS 五种单变量单位根检验方法,对分省域经济社会发展的随机收敛趋势进行了定量分析。单变量单位根检验结果如表 7-9 所示。

表 7-9　　　　全局性随机收敛的单变量单位根检验

省份	ADF 检验	DF-GLS 检验	PP 检验	NP 检验	KPSS 检验
北京	-2.8358	-2.4587**	-3.2464*	-0.3509	0.4672**
天津	-1.4145	-1.4756	-1.8976	-1.0501	0.4444*

续表

省份	ADF 检验	DF-GLS 检验	PP 检验	NP 检验	KPSS 检验
河北	-1.3662	-1.5996*	-1.1163	-2.2541	0.4509*
山西	-4.0480**	3.6176***	-3.6633**	-8.3686**	0.5000**
内蒙古	-1.2717	-1.4059	-1.2717	-1.9832	0.3860*
辽宁	-0.7255	-0.8819	-0.5708	-0.3666	0.3757*
吉林	-1.1625	-1.4654	-0.6264	-1.7584	0.5114**
黑龙江	-2.3407	-2.4509**	-3.1043*	-1.9217	0.4042*
上海	-2.7703	-0.6579	-6.5840***	-1.2281	0.4649**
江苏	1.0642	-0.7895	0.5153	-1.5345	0.3785*
浙江	-2.6585	-2.7545**	-1.8223	38.7457***	0.4375*
安徽	-1.0983	-2.1195**	-1.0441	-3.0536	0.4077*
福建	1.1877	-0.0402	-0.1785	-1.0012	0.4986**
江西	0.0698	-1.1452	0.0077	-9.5682**	0.3701*
山东	-2.1307	-2.3084**	-2.0924	-3.2960	0.2416
河南	-3.4879**	3.6198***	-3.5209**	-2.2395	0.2281
湖北	-1.3824	-1.0633	-1.0319	-0.4836	0.3797*
湖南	0.8867	-0.2425	0.3617	-0.3346	0.4192*
广东	-3.1256*	-3.0485***	-6.8636***	-1.4770	0.2634
广西	-1.5285	-1.6709*	-1.4444	-2.9821	0.2337
海南	-1.3227	-1.4171	-1.2300	-1.7874	0.3464
重庆	0.5287	-0.5456	0.1958	-0.7542	0.3573*
四川	-1.0579	-1.4448	-1.0579	-2.7588	0.2483
贵州	-1.2001	-1.2747	-1.4754	-0.6148	0.3578*
云南	-2.9938*	3.1596***	-4.0770**	-1.5663	0.3925*
陕西	6.7971***	7.1537***	-9.0923***	-0.6586	0.2103
甘肃	-3.7453**	-2.4010*	-2.9965*	-0.9778	0.3834*
青海	-4.2315**	3.9771***	-8.9331***	-1.4704	0.5000**
宁夏	-0.5399	-0.7363	-0.3554	-1.6024	0.3848*
新疆	-1.7908	-2.1318**	-1.4323	-2.4280	0.3787*

注：①*、**、*** 分别表示在10%、5%、1%的水平下显著；②其中 ADF 检验、DF-GLS 检验、PP 检验和 NP 检验原假设：至少存在一个单位根；③KPSS 检验原假设：序列是平稳的。

ADF 检验结果显示，在所有 30 个省份样本中，仅有 7 个省份的序列通过了显著性检验，拒绝了存在单位根的原假设，这 7 个序列是平稳的。其中，只有陕西 1 个省份在 1% 的显著性水平下拒绝了原假设，山西、河南、甘肃和青海 4 个省份在 5% 的显著性水平下拒绝了原假设，广东和云南 2 个省份在 10% 的显著性水平下拒绝了原假设。DF-GLS 检验结果显示，在所有 30 个省份样本中，有 15 个省份的序列通过了显著性检验，拒绝了存在单位根的原假设，这 15 个序列是平稳的。其中，有山西、河南、广东、云南、陕西和青海 6 个省份在 1% 的显著性水平下拒绝了原假设，北京、黑龙江、浙江、安徽、山东和新疆 6 个省份在 5% 的显著性水平下拒绝了原假设，河北、广西和甘肃 3 个省份在 10% 的显著性水平下拒绝了原假设。PP 检验结果显示，在所有 30 个省份样本中，有 10 个省份的序列通过了显著性检验，拒绝了存在单位根的原假设，这 10 个序列是平稳的。其中，有上海、广东、陕西和青海 4 个省份在 1% 的显著性水平下拒绝了原假设，山西、河南和云南 3 个省份在 5% 的显著性水平下拒绝了原假设，北京、黑龙江和甘肃 3 个省份在 10% 的显著性水平下拒绝了原假设。NP 检验结果显示，在所有 30 个省份样本中，有 3 个省份的序列通过了显著性检验，拒绝了存在单位根的原假设，这 3 个序列是平稳的。其中，有仅有浙江 1 个省份在 1% 的显著性水平下拒绝了原假设，山西和江西 2 个省份在 5% 的显著性水平下拒绝了原假设。KPSS 检验结果显示，在所有 30 个省份样本中，有 23 个省份的序列通过了显著性检验，拒绝了平稳性的原假设，剩余的 7 个序列是平稳的。其中，有北京、山西、吉林、上海、福建和青海 6 个省份在 5% 的显著性水平下拒绝了原假设，天津、河北、内蒙古、辽宁、黑龙江、江苏、浙江、安徽、江西、湖北、湖南、重庆、贵州、云南、甘肃、宁夏和新疆 17 个省份在 10% 的显著性水平下拒绝了原假设。

综合上述分析，我们可以得出如下结论：第一，单变量单位根检验结果表明全国范围内经济社会发展不存在全局收敛趋势，这进一步验证了面板单位根检验结论；第二，在经济社会发展全局性随机发散的前提下，通过单变量单位根检验，仍存在部分地区经济社会发展随机收敛。

7.2.3.2 俱乐部随机收敛

验证性分析（CA）拒绝了存在相对于全国均值的全局性随机收敛趋势，

第7章 基于"五位一体"总体布局的经济社会发展收敛性分析

仍有部分地区可能存在着随机收敛子集,意味着区域内部可能存在收敛俱乐部,因此,接下来需要进一步识别收敛俱乐部的存在。本章按照四大板块的空间尺度,分别以各自区域的均值为基准对四大板块经济社会发展的随机收敛进行检验,结果如表7-8所示。对于四大板块来说,面板单位根检验结果与全国类似,IPS检验、ADF-Fisher检验、PP-Fisher检验未能拒绝原假设,而Hadrid检验在1%的水平下显著,属于验证性分析(CA)的类型Ⅲ,即相对于各自区域均值来说,各省域经济社会发展是随机发散的。分区域检验结果表明,四大板块分别作为一个整体其经济社会发展是随机发散的,但在区域内部是否存在多个省域经济社会发展朝着某一特定共同趋势收敛呢?对上述问题的解答,能够为统筹推进"五位一体"总体布局政策的制定提供更为客观的理论依据和现实基础,具有重要的理论意义和现实价值。

针对上述问题,本书借鉴刘华军(2017)的做法,遵循全子集分析路径准确识别特定区域内部经济社会发展收敛俱乐部。以四大板块中东部地区为例,基本思路如下:由于东部地区10个省份作为一个整体经济社会发展随机收敛趋势不显著,进而检验东部地区内部经济社会发展是否存在随机收敛子集。首先从东部地区10个省份中依次选择9个组成新的集合并检验其敛散性;如果不存在收敛子集,则选择8个省份构成新的集合并检验其敛散性;如仍不存在收敛子集,选择7个省份构成新的集合继续检验其敛散性……直至存在收敛子集。由此共需检验 $C_{10}^9 + C_{10}^8 + C_{10}^7 \cdots$ 组集合的随机收敛性。

表7-10报告了东部、中部、西部和东北地区经济社会发展内部随机收敛俱乐部识别的检验结果。结果显示,北京、河北、山东和海南4个省份经济社会发展存在随机收敛趋势,构成了东部地区内部随机收敛子集,如果将这一集合中山东替换为广东,则新的集合仍构成随机收敛子集,其经济社会发展向其均值有共同收敛的趋势,但若将替换改为添加,收敛趋向则会破坏;中部地区内部6个省份不存在随机收敛子集,其经济社会发展呈发散趋势;内蒙古、重庆、四川和云南4个省份构成集合的经济社会发展存在向其局部均值收敛的趋势,若将重庆替换为宁夏时,新的集合仍具有随机收敛特征,云南、青海和宁夏这3个省份也构成随机收敛子集,若向这一集合添加任意省份则会破坏集合的收敛性;东北地区内部吉林和黑龙江2个省份是否属于东北地区的收敛子集不能得出一致结论,其内部是否存在收敛子集存在不确定性。

表7-10 东部、中部和东北地区经济社会发展内部随机收敛俱乐部识别的检验结果

地区		IPS 检验		ADF-Fisher 检验		PP-Fisher 检验		Hadri 检验		类型
		检验值	p值	检验值	p值	检验值	p值	检验值	p值	
东部地区	E1	-0.4278	0.3344	-0.9528	0.1703	-1.2752	0.1011	4.3257	0	Ⅲ
	E2=E1-天津	-0.4508	0.3261	-0.9723	0.1654	-1.3552	0.0877	3.9628	0	Ⅳ
	E3=E2-上海	-0.3774	0.353	-0.8433	0.1995	-1.004	0.1577	3.4155	0.0003	Ⅲ
	E4=E3-江苏	-0.3627	0.3584	-0.7859	0.216	-1.5062	0.066	2.7871	0.0027	Ⅳ
	E5=E4-浙江	-0.3027	0.3811	-0.6719	0.2508	-1.4441	0.0744	2.1104	0.0174	Ⅳ
	E6=E5-福建	-0.8129	0.2082	-1.4021	0.0804	-2.248	0.0123	1.4818	0.0692	Ⅱ
	E7=E6-广东	-0.9417	0.1732	-1.583	0.0567	-2.5288	0.0057	1.2517	0.1053	Ⅱ
	E8=E7-山东	-0.6469	0.2588	-1.1416	0.1268	-2.0465	0.0204	0.9839	0.1626	Ⅲ
中部地区	M1	0.7948	0.7866	0.9419	0.8269	1.1888	0.8827	3.2944	0.0005	Ⅲ
	M2=M1-安徽	0.7534	0.7744	0.8927	0.814	1.1198	0.8686	3.0315	0.0012	Ⅲ
	M3=M2-江西	0.441	0.6704	0.4559	0.6758	0.6434	0.74	2.6065	0.0046	Ⅲ
	M4=M3-湖南	0.0974	0.5388	-0.0318	0.4873	0.235	0.5929	2.3935	0.0083	Ⅲ
	M5=M4-湖北	-0.1026	0.4591	-0.2918	0.3852	-0.235	0.4071	1.6902	0.0455	Ⅲ
	M6=M4-河南	0.0524	0.5209	-0.0749	0.4701	0.195	0.5773	1.9638	0.0248	Ⅲ

续表

地区		IPS 检验		ADF-Fisher 检验		PP-Fisher 检验		Hadri 检验		类型
		检验值	p 值	检验值	p 值	检验值	p 值	检验值	p 值	
西部地区	W1	-0.7341	0.2314	-1.1518	0.1247	-1.6322	0.0513	4.0348	0	Ⅲ
	W2=W1-新疆	-0.6527	0.257	-0.9917	0.1607	-1.6956	0.045	3.5784	0.0002	Ⅲ
	W3=W2-甘肃	-0.0713	0.4716	-0.3769	0.3531	-1.3527	0.0881	2.9878	0.0014	Ⅲ
	W4=W3-陕西	-0.227	0.4102	-0.5894	0.2778	-1.4267	0.0768	2.705	0.0034	Ⅲ
	W5=W4-贵州	-0.3458	0.3647	-0.7617	0.2231	-1.6848	0.046	2.414	0.0079	Ⅲ
	W6=W5-广西	-0.2827	0.3887	-0.6422	0.2604	-1.6149	0.0532	1.5012	0.0667	Ⅲ
	W7=W6-重庆	-0.3646	0.3577	-0.7538	0.2255	-1.8282	0.0338	1.529	0.0631	Ⅲ
	W8=W7-宁夏	-0.3291	0.3711	-0.6941	0.2438	-1.7597	0.0392	1.698	0.0448	Ⅳ
	W9=W8-青海	-0.2597	0.3975	-0.5536	0.2899	-1.384	0.0832	0.9234	0.1779	Ⅱ
	W10=W9-四川	-0.322	0.3737	-0.6431	0.2601	-2.1107	0.0174	1.4973	0.0672	Ⅳ
	W11=W10-青海	-0.2196	0.4131	-0.4869	0.3132	-1.3073	0.0956	0.9503	0.171	Ⅱ
	W12=W11-内蒙古	-0.6023	0.2735	-1.0192	0.1541	-1.4475	0.0739	1.1867	0.1177	Ⅱ
东北地区	N1	1.7992	0.964	2.1741	0.9852	3.1546	0.9992	1.7621	0.039	Ⅲ
	N2=N1-辽宁	0.6817	0.7523	0.7957	0.7869	1.2338	0.8914	1.2537	0.105	Ⅰ
	N3=N1-黑龙江	1.2971	0.9027	1.4634	0.9283	2.6643	0.9961	1.4872	0.0685	Ⅲ

注：E1 包括东部地区的北京、天津、上海、江苏、浙江、福建、广东、山东、河北和海南 10 个省份，表中只列出了具有代表性的随机收敛俱乐部检验结果；M1 包括中部地区的山西、安徽、江西、湖南、湖北和河南 6 个省份，表中只列出了具有代表性的随机收敛俱乐部检验结果；W1 包括西部地区的新疆、甘肃、陕西、贵州、广西、重庆、宁夏、青海、四川、内蒙古和云南 11 个省份，表中只列出了具有代表性的随机收敛俱乐部检验结果；N1 包括东北地区的辽宁、吉林和黑龙江 3 个省份，表中只列出了具有代表性的随机收敛俱乐部检验结果。

7.3 本章小结

本章以各省域之间存在空间相关性为前提，对我国省域地区经济社会发展是否存在 σ 收敛、β 收敛以及随机收敛进行了定量分析。首先，利用 σ 收敛检验中国省域地区经济社会发展的绝对收敛趋势；其次，利用绝对 β 收敛和条件 β 收敛分析方法检验中国省域经济社会发展的追赶效应；最后，利用面板单位根和单变量单位根检验方法对中国省域地区经济社会发展的随机收敛性进行了检验，判定中国省域经济社会发展的区域差异是否会长期存在，并遵循全子集分析路径来识别特定区域内部可能存在的收敛俱乐部。主要结论如下：

（1）在样本考察期内，全国及东、中、西部地区经济社会发展不存在 σ 收敛，东北地区存在 σ 收敛。经济社会发展在全国及东、中、西部地区呈现发散趋势，东北地区呈现明显的 σ 收敛趋势。

（2）在样本考察期内，无论是否考虑空间效应，我国省域经济社会发展均存在绝对 β 收敛和条件 β 收敛。未考虑空间尺度效应时，我国省域经济社会发展存在绝对 β 收敛和条件 β 收敛，但收敛周期较长，各区域经济社会发展差异在较长的时间内一直存在；考虑空间尺度效应时，我国省域经济社会发展存在绝对 β 收敛和条件 β 收敛，且收敛特征明显，空间相关性在一定程度上可以加快省域间经济社会发展的收敛，从而缩小地区间差异。

（3）在样本考察期内，我国省域经济社会发展是随机发散的，但仍存在部分地区经济社会发展随机收敛。通过对四大板块的验证性分析得出：东部地区内部存在北京、河北、山东和海南，北京、河北、广东和海南2个随机收敛子集；中部地区内部6个省份不存在随机收敛子集，其经济社会发展呈发散趋势；西部地区存在内蒙古、重庆、四川和云南，内蒙古、宁夏、四川和云南2个随机收敛集合，都形成向集合均值收敛的发展趋势；东北地区内部吉林和黑龙江2个省份是否属于东北地区的收敛子集不能得出一致结论，其内部是否存在收敛子集存在不确定性。

第8章
研究结论与政策建议

8.1 研究结论

发展不平衡不充分问题已成为我国经济社会发展新的瓶颈，统筹推进经济社会发展是解决发展不平衡不充分问题的根本保证，基于此，从两条主线来进行研究，从而为统筹推进"五位一体"总体布局，解决不平衡不充分问题提供支撑。第一条主线是基于"五位一体"总体布局的经济社会发展综合评价研究（主体内容为第2~3章），第二条主线是基于"五位一体"总体布局的经济社会发展非均衡研究（主体内容为第4~7章）。

开展基于"五位一体"总体布局的经济社会发展综合评价研究的具体过程为：以"五位一体"总体布局、综合评价理论、系统论等相关理论和文献梳理为基础，首先从评价指标构建的理论依据、定性和定量筛选、精度、信度和效度检验的科学过程，系统构建了基于"五位一体"总体布局的经济社会发展评价指标体系，在此基础上，综合运用主客观组合评价方法、一致性检验和相对有效检验方法，对中国省域和四大板块在"五位一体"总体布局引领下的经济社会发展的经济建设、政治建设、文化建设、社会建设、生态文明建设五大子系统建设水平和整体水平进行了综合评价，揭示出了基于"五位一体"总体布局的经济社会发展进程、状况、优势短板、所处阶段及其时空演化规律。

开展基于"五位一体"总体布局的经济社会发展非均衡研究是在综合评价研究基础上的进一步延伸，是在综合评价结果基础上的进一步应用，其具体研究过程为：本书分别从系统内非均衡（第4章）和区域间非均衡（第5～7章）两个维度对基于"五位一体"总体布局的经济社会发展非均衡问题进行研究。首先，本书采用耦合度模型和耦合协调模型考察了2010～2017年我国30个省份基于"五位一体"总体布局的经济社会发展五大子系统非均衡状态，通过对全国、四大板块以及省域的经济社会发展五大子系统耦合度和耦合协调度进行等级划分，更加清晰地呈现了基于"五位一体"总体布局的经济社会发展系统内非均衡程度。其次，综合采用对数离差均值、泰尔指数以及基尼系数测度全国及四大板块基于"五位一体"总体布局的经济社会发展区域差异程度，描绘了区域内及区域间差异的动态演变态势，有效识别了区域差异形成的原因。再其次，运用核密度估计方法和马尔科夫链分析方法从时空双视角对我国2010～2017年基于"五位一体"总体布局的经济社会发展区域差异的时空演变趋势及等级变化规律进行了深入研究，并进一步探讨了地理因素在我国区域经济社会动态发展过程中所起到的作用，更加深刻地揭示了区域差异呈现出的分布格局。最后，对我国省域基于"五位一体"总体布局的经济社会发展的 σ 收敛、绝对 β 收敛和条件 β 收敛进行检验，并采用面板单位根检验中国省域经济社会发展的随机收敛性以及识别东部、中部、西部和东北地区内部可能存在的随机收敛俱乐部。综合上述研究，本书得出以下结论：

（1）我国省域基于"五位一体"总体布局的经济社会发展区域差异化明显。就经济建设水平而言，东部地区经济建设水平最高，中部和东北地区次之，西部地区最低；就政治建设水平而言，东部地区政治建设水平最高，西部和东北地区次之，中部地区最低；就社会建设水平而言，东部地区社会建设水平最高，东北地区和中部地区次之，西部地区最低；就文化建设水平而言，东部地区文化建设水平最高，西部和中部地区次之，东北地区最低；就生态文明建设水平而言，东部地区生态文明建设水平最高，中部和东北地区次之，西部地区最低；就基于"五位一体"总体布局的经济社会发展水平而言，东部地区经济社会发展水平最高，中部和东北地区次之，西部地区最低。上述研究结果表明，无论是从经济社会整体或是单个子系统来看，均存在部分地区发展水平较低，即存在发展不充分现象。

（2）我国省域基于"五位一体"总体布局的经济社会发展系统内均衡程度不断提高，协调等级不断上升。研究发现，基于"五位一体"总体布局的经济社会发展耦合度整体呈现出西部＞东部＞全国＞东北＞中部地区的格局，耦合度等级分布由"金字塔"形逐渐转化为均匀分布。基于"五位一体"总体布局的经济社会发展耦合协调度整体呈现出东部＞西部＞全国＞东北＞中部地区的格局，各省份逐渐由失调向协调方向转化，耦合协调度等级分布由"金字塔"形逐渐转化为"纺锤"形。

（3）基于"五位一体"总体布局的经济社会发展区域差异整体呈现下降态势，全国整体范围的非均衡程度有所减弱。从区域内差异看，西部与东北地区区域内差异在波动中呈现缩小态势、东部和中部地区呈现扩张态势，且东部地区区域内部非均衡现象在四个板块中最为突出，西部地区次之，中部地区最后。从区域间差异看，东部－西部、东部－中部、西部－东北、西部－中部区域间差异大体上在波动中呈现下降态势，东部－东北、东北－中部区域差异在波动中呈现微弱的上升态势，其中区域间差异程度可以分为两个梯度：第一梯度为东部－西部、东部－东北、东部－中部；第二梯度为西部－东北、西部－中部、东北－中部。从区域差异来源及其贡献来看，区域间差异是总体空间差异形成的第一来源，贡献率最高，其次是区域内差异和超变密度，后两者对总体差异的贡献率相对较小。

（4）全国及四大板块基于"五位一体"总体布局的经济社会发展分布动态演进具有显著特征。首先，全国经济社会发展水平分布呈现出右移的趋势，说明全国经济社会发展水平在不断提高，主峰的高度呈现出先上升后下降态势，这意味着总体经济社会发展区域差异先变小后变大，同时，全国总体分布曲线呈现微弱的两极分化趋势，经历了"单峰—双峰"的演变过程，这意味着我国经济社会发展存在区域非均衡问题。其次，从不同区域来看，四大板块经济社会发展水平均有所提高，其中东部地区经济社会发展水平要高于中部、西部及东北地区，东部地区和中部地区经济社会发展水平分布主峰高度下降，东北地区经济社会发展水平主峰高度上升，西部地区经济社会发展水平主峰高度无明显变化，这意味着东部地区及中部地区经济社会发展非均衡程度有所加深，东北地区经济社会发展非均衡程度降低，西部地区经济社会发展非均衡程度无明显变化。

（5）全国及四大板块基于"五位一体"总体布局的经济社会发展存在低水平、中低水平、中高水平和高水平这4个趋同俱乐部。经济社会发展水平分布状态具有较高的稳定性，处于不同状态的省域之间缺乏流动性，同时全国及四大板块经济社会发展类型转移大多数发生在相邻俱乐部之间，很难实现跨越式发展，不利于缓解区域发展非均衡现状；地理空间格局在经济社会发展过程中发挥着重要作用，空间溢出效应明显，在不同空间背景下，不同省域经济社会发展类型的转移概率具有差异，与经济社会发展水平较高的省域为邻，其向上转移的概率增加，而与经济社会发展水平较低的省域为邻，其向下转移的概率将增大，即"富裕"地区带动周边地区共同发展，"贫困"地区制约周边地区经济社会发展。

（6）全国及东、中、西部地区基于"五位一体"总体布局的经济社会发展不存在 σ 收敛，东北地区存在 σ 收敛，表明东北地区区域非均衡程度呈现降低趋势；全国地区存在显著的绝对 β 收敛和条件 β 收敛，且考虑空间效应后，收敛特征更加明显，说明从全国的视野来看，低水平发展地区具有追赶高水平发展地区的趋势，并最终达到收敛态势，从而有效缓解区域非均衡现状；全国及东、中、西、东北地区不存在全局性的共同收敛趋势，但区域内部存在随机收敛俱乐部，其中东部地区内部存在北京、河北、山东和海南，北京、河北、广东和海南2个随机收敛俱乐部，中部地区内部不存在随机收敛俱乐部，西部地区内部存在内蒙古、重庆、四川和云南，内蒙古、宁夏、四川和云南2个随机收敛俱乐部，东北地区内部是否存在收敛子集存在不确定性，这表明四大板块小范围内具有达到收敛的趋势，区域非均衡程度可以得到进一步缓解。

8.2 政策建议

（1）优化环境规制手段，持续推进生态文明建设。

根据前文研究结果，基于"五位一体"总体布局的经济社会发展五大子系统中，各省域的生态文明建设水平普遍较高，这说明自中共十八大以来，各省（自治区、直辖市）均将生态文明建设作为统筹推进"五位一体"总体布局的重要内容，以绿色发展理念推动高质量发展。事实已证明，经济建设不能以牺牲环境为代价，只有持续推动生态文明建设，才能实现以"生态优先，持续发展"为导向的高质量发展。环境规制作为治理和改善环境的主要政策工具，对于加强生态文明建设，推动经济实现绿色可持续发展起到了关键助推作用，已经成为推动经济社会发展的重要因素，因此应当不断优化环境规制手段，实现经济社会的高质量发展。首先，要充分发挥政府与市场的双重作用。环境规制主要以政府为主导，应该从制度上规范政府行为，健全环境保护责任机制，依照权责对等的原则合理划分中央政府和地方政府在环境规制中的权力和责任；加强中央政府的引导，合理引导并规范地方政府间的竞争，避免陷入"恶性竞争"陷阱；同时，也应该加强重视市场在环境规制中所起到的作用，应以区域环境承载力为基础，按照区域分工协作的要求，推动各地区依托比较优势合理调整产业布局。不断完善区域环境规制的交易机制，加快引入排污权交易制度，用市场手段优化环境规制质量。其次，应该注重加强区域政策针对性，实施差异化的环境规制政策。不同区域的实际情况不同，在兼顾四大板块区域战略与环境规制政策协调发展的基础上，应当因地制宜，根据资源环境禀赋和生态承载能力，确定各区域环境规制的方向与重心。此外，应该强化各地区环境规制政策的协同推进，在各地区合理确定不同的环境规制政策后，加强共性环境治理问题的政策对接，努力形成"一方牵头、多方参与、协调共进"的环境规制政策体系。

（2）加强政治建设、提升政治能力，推进国家治理体系和治理能力现代化。

统筹推进"五位一体"总体布局是促进经济社会全面协调可持续发展的坚实基础，是实现社会主义现代化建设的现实选择。前文研究表明，基于"五位一体"总体布局的经济社会发展五个子系统中，生态文明建设水平最高，社会建设和经济建设其次，政治建设和文化建设较为落后，子系统之间发展不均衡现象突出，"五位一体"高质量协调发展尚未达成。因此，进一步提升文化建设和政治建设水平，弥补"五位一体"经济社会发展子系统内部短板成为当务之急。加快推进政治建设是落实全面从严治党的内在要求，是进一步加强党的政治领导，进一步夯实政治根基，进一步涵养政治生态的客观需要。提高政治建设水平要结合我国实际和政治建设的具体评价指标，走提升治理效能和改善法治环境的双重路线。要增强政府透明度，设置相关信息法律政策，保障政府信息资源共享的安全性，加大政府信息公开力度，提高政府治理能力。要提高司法公开力度，进一步利用新兴网络平台拓展司法公开方式，加强智慧法院建设，让阳光司法惠及更多群众。要重视法律普及工作，活跃全社会的学法意识，提高百姓的法律维权意识，营造遵法学法守法用法的社会风尚。要落实廉政制度，加强政府单位的教育和改革力度，营造公职人员廉洁的思想防线，减少公职人员贪污腐败现象的发生。

（3）加强文化建设、夯实文化根基，繁荣发展文化事业和文化产业。

加强文化建设是不断满足人民群众日益增长的精神文化需求的需要，是全面实施国家发展战略的需要，是推动经济社会发展的需要。基于我国国情和文化建设的具体评价指标，加强文化建设应从文化投入、文化产出、文化扩散和文化消费出发。要继续加大资金和人才投入力度，配合相关主管部门加快推进地方制定资金实施标准，对欠发达地区加强投入力度。要大力发展文化产业和创意产业，出台推动文化企业发展的政策，增强文化企业对民族文化的自信和认同感，使文化产出成果更加国际化以便走向国外市场。要推动公共文化服务体系，建立全国范围内由点到面的公共文化服务网络，实现文化的均等化扩散，增强文化建设成效。要充分尊重文化消费的市场差异性，重视欠发达地区基本文化消费产品和服务的有效供给，不同区域间相互交流文化资源和文化政策创新区域文化消费。同时，坚持提高社会建设、经济建设和生态文明建设，以社会建设、经济建设和生态文明建设带动文化建设和政治建设，统筹推进"五位一体"总体布局，最终达到经济社会高质量协调发展的状态。

（4）发挥四大板块协同联动效应，助力区域高质量一体化发展。

中国区域基于"五位一体"总体布局的经济社会发展演化路径并不是随机的，而是存在显著的"近邻效应"和"挤占效应"，各区域经济社会发展"马太效应"显著，"诸侯经济"的发展模式严重制约了区域间的协同发展。因此，为减弱区域经济社会发展非均衡态势，要重视以四大板块为核心的区域协调发展战略，明确四大板块的角色和定位，优化提升东部沿海和中部地区的经济社会发展水平，培育西部地区和东北地区的经济社会发展新动能，促进四大板块经济社会发展水平的协同与互补。一方面，高度重视区域经济社会发展的空间近邻效应,有效引导"富裕俱乐部"与"贫困俱乐部"的合作交流。主动承接周边"长三角""珠三角""环渤海"等经济圈的辐射带动作用,突破行政壁垒,经济社会发展"富裕俱乐部"向"贫困俱乐部"输送人才、技术,"贫困俱乐部"为"富裕俱乐部"提供原材料,两者之间实现经济社会发展协调对接。另一方面,根据比较优势选择区域经济社会发展合作对象,推动区域经济社会互动性发展。以经济社会发展良好的地区为典型,支持区域间公路、铁路、航空等基础设施建设,通过点轴式、网络式空间开发模式形成相互联系紧密的块状经济社会发展区域,从而以点串线、以点带面、点面结合的方式协调推进经济社会转型,带动落后地区的发展,实现区域经济社会高质量一体化发展。

(5)创新政府宏观调控机制,统筹区域经济社会均衡发展。

我国经济社会发展的地区差距主要由四大板块之间的差异引起,未来不同地区间经济社会发展存在分化的可能。目前政府推行的西部开发、东北振兴、中部崛起、东部率先的区域发展总战略,对于缩小地区内部差距发挥了积极作用,但缺乏全局框架下的区域间协调政策。政府部门应从全局的视角统筹区域经济社会发展,合理界定全国区域经济社会发展的空间布局,进一步明确划分各区域的主体功能地位、发展方向和调控原则。对于"贫穷俱乐部"的西部地区,政府应继续加大政策倾斜力度,优先安排资源开发的基础设施建设项目,增加财政转移支付和建设资金投入力度,采用更优惠的税收和土地使用政策,改善投资软硬环境,引导内、外资本更多地投向"贫困"地区;对于"富裕俱乐部"的东部地区,政府部门应鼓励其充分发挥科技创新和人才资源优势,增强自主创新能力,依靠创新驱动经济社会发展,增强经济社会增长的内生动力和可持续性。对于中部和东北地区,政府部门应加强区域内软硬环境投资,提升区域技术引进消化吸收创新能力,积极向东部地区靠拢,赢得承接东部产业转移的先发优势,并吸取经验和教训,避免陷入"中等收入陷阱"。

8.3 研究展望

自改革开放以来,我国以超越常规的"中国奇迹"式增长速度迅速崛起为世界第二大经济体。在我国经济高速增长的背后，我国经济社会还面临严峻的区域间发展非均衡问题。经济社会发展持续的区域非均衡给国家统一、社会稳定、人民福利及经济可持续发展带来严重隐患。发展不平衡不充分问题已成为我国经济社会发展新的瓶颈，着力解决好发展不平衡不充分问题是新时代全面和统筹推进基于"五位一体"总体布局的经济社会发展的根本要求。由此，本书应用经济学与统计学理论，从"五位一体"总体布局的视角深入研究经济社会发展的综合评价和非均衡问题，揭示出经济社会发展进程和协调发展规律，从而为解决发展不平衡不充分问题提供决策依据。本书在研究视角、研究内容和研究方法上均实现了一定的突破。然而由于自身研究能力及客观条件的限制，本书的研究仍存在几个方面需要在今后的研究中展开进一步的探索。

从研究对象来看，考虑到统计数据的可获得性与统一性，本书主要以省域视角，以我国30个省域为研究对象进行深入分析。然而，省域视角的研究无法识别出其内部城市基于"五位一体"总体布局的经济社会发展规律。因此未来研究应进一步聚焦大中型城市，开展城市视角下基于"五位一体"总体布局的经济社会发展相关问题的研究，为我国城市群协同发展提供决策支撑。

从研究内容来看，本书尚未开展"五位一体"总体布局引领下的经济社会发展趋势预测，而对发展趋势进行预测可以更加有效地制定经济社会发展规划和针对性政策指导。因此，关于经济社会发展的趋势预测将是进一步的研究方向。

从研究方法来看，由于本书的研究时间跨度为8年，在研究基于马尔科夫链分析的经济社会发展分布动态演进过程中仅考虑了时长为1年的情况，在未来的研究中，随着统计数据的逐渐完善，可以适当增长研究跨度，进而展开多时长的分布动态研究。

参考文献

一、中文部分

[1] 曹玉华，夏永祥，毛广雄，等. 淮河生态经济带区域发展差异及协同发展策略［J］. 经济地理，2019，39（9）：213-221.

[2] 陈国宏，李美娟. 基于方法集的综合评价方法集化研究［J］. 中国管理科学，2004（1）：102-106.

[3] 陈冀平. 谈谈法治中国建设：学习习近平同志关于法治的重要论述［J］. 求是，2014（1）：15-18.

[4] 陈明华，刘玉鑫，张晓萌，等. 中国城市群民生发展水平测度及趋势演进：基于城市DLI的经验考察［J］. 中国软科学，2019（1）：45-61，81.

[5] 陈明华，仲崇阳，张晓萌. 中国人口老龄化的区域差异与极化趋势：1995~2014［J］. 数量经济技术经济研究，2018，35（10）：111-125.

[6] 陈甦，田禾. 中国法治发展报告［M］. 北京：社会科学文献出版社，2019.

[7] 陈晓雪，时大红. 我国30个省市社会经济高质量发展的综合评价及差异性研究［J］. 济南大学学报（社会科学版），2019，29（4）：100-113，159-160.

[8] 迟国泰，王卫. 基于科学发展的综合评价理论、方法与应用［M］. 北京：科学出版社，2009.

[9] 狄乾斌，顾宸. 中国海岛县经济发展水平时空差异及其演变分析［J］.

资源开发与市场, 2017, 33 (11): 1354-1358, 1390.

[10] 范德成, 宋志龙. 基于 Gini 准则的客观组合评价方法研究: 以高技术产业技术创新能力评价为例 [J]. 运筹与管理, 2019, 28 (3): 148-157.

[11] 范逢春. 新中国 70 年社会建设: 实践历程、基本经验与未来展望 [J]. 国家治理, 2019 (31): 9-17.

[12] 范鹏. 统筹推进"五位一体"总体布局 [M]. 北京: 人民出版社, 2017.

[13] 方慧, 孙美露. 文化差异、本地市场效应与中国文化产品出口 [J]. 山东社会科学, 2018 (10): 107-114.

[14] 方文婷, 滕堂伟, 陈志强. 福建省县域经济差异的时空格局演化分析 [J]. 人文地理, 2017, 32 (2): 103-110, 136.

[15] 高汝仕. 论建设现代化经济体系的核心特征 [J]. 中共四川省委党校学报, 2018 (4): 44-50.

[16] 顾海良, 田桥. 坚持和发展新时代中国特色社会主义政治经济学: 访教育部社会科学委员会副主任顾海良教授 [J]. 高校马克思主义理论研究, 2018, 4 (4): 5-16.

[17] 顾先问, 冯南平, 张爱萍. 中国区域"四化"协调发展收敛性研究 [J]. 当代经济管理, 2016, 38 (2): 40-44.

[18] 郭亚军, 马赞福, 张发明. 组合评价方法的相对有效性分析及应用 [J]. 中国管理科学, 2009, 17 (2): 125-130.

[19] 郭亚军. 综合评价理论与方法 [M]. 北京: 科学出版社, 2002.

[20] 郭亚军. 综合评价理论、方法及拓展 [M]. 北京: 科学出版社, 2017.

[21] 韩保江. 论习近平新时代中国特色社会主义经济思想 [J]. 管理世界, 2018, 34 (1): 25-38.

[22] 何传启. 现代化强国建设的路径和模式分析 [J]. 中国科学院院刊, 2018, 33 (3): 274-283.

[23] 贺嘉, 许芯萍, 张雅文, 等. 流域"环境-经济-社会"复合系统耦合协调时空分异研究: 以金沙江为例 [J]. 生态经济, 2019, 35 (6): 131-138.

[24] 胡健, 张维群, 邢方, 等. "一带一路"国家经济社会发展水平测度与评价研究: 基于丝路沿线 64 国指标数据的分析 [J]. 统计与信息论坛,

2018，33（6）：43-53.

[25] 黄蕾，谢奉军，杨程丽，等.基于 Weaver-Thomas 模型的区域低碳主导产业评价与选择：以低碳试点城市南昌的工业产业为例［J］.生态经济，2014，30（10）：50-56.

[26] 郏建，倪建华，杨再贵，等.2005—2014 年安徽省区域经济时空差异特征分析［J］.地域研究与开发，2016，35（3）：23-27，68.

[27] 江孝君，杨青山，耿清格，等.长江经济带生态-经济-社会系统协调发展时空分异及驱动机制［J］.长江流域资源与环境，2019，28（3）：493-504.

[28] 江孝君，杨青山，张郁，等.中国经济社会协调发展水平空间分异特征［J］.经济地理，2017，37（8）：17-26.

[29] 蒋海军，刘云，侯媛媛，等.中关村对首都经济社会发展贡献的评估研究［J］.科研管理，2016，37（S1）：591-601.

[30] 李昶达，韩跃红.健康中国建设与经济社会发展耦合协调评价［J］.统计与决策，2020，36（5）：100-103.

[31] 李娟.公共文化服务水平综合评价与提升路径研究［D］.天津：天津大学，2015.

[32] 李丽辉，温涛，刘达.基于贝叶斯 SDM 模型的中国城镇居民收入收敛性分析［J］.统计与信息论坛，2017，32（3）：18-27.

[33] 李为，周非飞，吴萨.转型期的国土空间优化：现状、需求与应对［J］.宏观经济管理，2018（10）：58-62.

[34] 李晓曼.多民族地区构建经济社会和谐系统评价研究［M］.北京：经济科学出版社，2011.

[35] 李旭辉."五位一体"总布局视角下经济社会发展绩效综合评价研究：以中国"十二五"期间实证为例［J］.科技管理研究，2019，39（6）：63-71.

[36] 李旭辉，朱启贵.基于"五位一体"总布局的省域经济社会发展综合评价体系研究［J］.中央财经大学学报，2018（9）：107-117，128.

[37] 林泽阳，林建华.一种基于盲数的主观赋权法研究［J］.计算机与数字工程，2015，43（6）：1073-1077，1087.

[38] 刘华军，杜广杰.中国经济发展的地区差距与随机收敛检验：基于

2000~2013年DMSP/OLS夜间灯光数据[J].数量经济技术经济研究,2017,34(10):43-59.

[39] 刘华军,杜广杰.中国经济发展的时空格局及分布动态演变:基于城市DMSP/OLS夜间灯光数据的研究[J].中国人口科学,2017(3):17-29,126.

[40] 刘华军,裴延峰,贾文星.中国城市群发展的空间差异及溢出效应研究:基于1992—2013年DMSP/OLS夜间灯光数据的考察[J].财贸研究,2017,28(11):1-12.

[41] 刘华军,孙淑惠,李超.环境约束下中国化肥利用效率的空间差异及分布动态演进[J].农业经济问题,2019(8):65-75.

[42] 刘晶,方创琳,何伦志,等."一带一路"沿线国家城镇化发展质量综合评价:基于经济、制度、社会视角[J].经济地理,2019,39(4):59-66.

[43] 刘亦文,文晓茜,胡宗义.中国污染物排放的地区差异及收敛性研究[J].数量经济技术经济研究,2016,33(4):78-94.

[44] 卢飞,刘明辉.中国中部地区经济空间格局演变及驱动机制:基于ESDA和空间计量方法的实证分析[J].现代财经(天津财经大学学报),2017,37(8):33-45.

[45] 吕有金,孔令池,李言.中国城镇化与生态环境耦合协调度测度[J].城市问题,2019(12):13-22.

[46] 罗宣,周梦娣,王翠翠.长三角地区经济增长质量综合评价[J].财经问题研究,2018(4):123-129.

[47] 骆郁廷.铸魂育人:新时代文化软实力发展战略[J].文化软实力研究,2018,3(6):33-41.

[48] 雒树刚.以高质量文化供给增强人民群众的文化获得感幸福感[J].求是,2018(19):15-18.

[49] 马静,李小帆,张红.长江中游城市群城市发展质量系统协调性研究[J].经济地理,2016,36(7):53-61.

[50] 孟俊娜,黄京,刘炳胜,等.基于ANP的城镇化基础设施项目可持续性评价[J].天津大学学报(社会科学版),2016,18(5):432-438.

[51] 孟祥兰,邢茂源.供给侧改革背景下湖北高质量发展综合评价研究:基

于加权因子分析法的实证研究［J］．数理统计与管理，2019，38（4）：675－687．

［52］倪鹏飞，刘笑男，李博，等．耦合协调度决定城市竞争力：基于欧洲大中城市样本的分析［J］．北京工业大学学报（社会科学版），2018，18（6）：30－38．

［53］聂长飞，简新华．中国高质量发展的测度及省际现状的分析比较［J］．数量经济技术经济研究，2020，37（2）：26－47．

［54］彭勇行．国际投资环境的组合评价研究［J］．系统工程理论与实践，1997（11）：14－18．

［55］漆玲．略论生态文明意识及其建构［J］．道德与文明，2011（2）：125－128．

［56］邱东．多指标综合评价方法的系统分析［M］．北京：中国统计出版社，1991．

［57］裘斌．政治运行法治化是我国政治文明建设的必由之路［J］．牡丹江师范学院学报（哲学社会科学版），2005（4）：20－22．

［58］任保平，宋文月．新常态下中国经济增长潜力开发的制约因素［J］．学术月刊，2015，47（2）：15－22，66．

［59］邵亚萍，昌硕．新时代中国社会建设的逻辑及路径创新研究［J］．北京工业大学学报（社会科学版），2019，19（5）：36－43，50．

［60］沈丽，张好圆，李文君．中国普惠金融的区域差异及分布动态演进［J］．数量经济技术经济研究，2019，36（7）：62－80．

［61］宋贵伦．努力构建新时代中国特色社会建设体系［J］．中国特色社会主义研究，2019（1）：106－108．

［62］宋明顺，张霞，易荣华，等．经济发展质量评价体系研究及应用［J］．经济学家，2015（2）：35－43．

［63］苏为华．多指标综合评价理论与方法研究［M］．北京：中国物价出版社，2001．

［64］谭延博，吴宗杰．山东省城镇居民文化消费结构探析［J］．山东理工大学学报（社会科学版），2010，26（2）：20－23．

［65］陶晓红，齐亚伟．中国区域经济时空演变的加权空间马尔可夫链分析［J］．中国工业经济，2013（5）：31－43．

［66］涂建军，李琪，朱月，等．基于不同视角的长江经济带经济发展差异研

究 [J]. 工业技术经济, 2018, 37 (3): 113 - 121.
[67] 王成新, 孙冰, 刘照胜, 等. 我国经济社会发展不平衡性的结构化分析: 1978—2016 [J]. 干旱区资源与环境, 2019, 33 (12): 16 - 21.
[68] 王辉, 延军平, 王鹏涛, 等. 多民族地区经济差异的空间格局演变: 以云贵地区为例 [J]. 长江流域资源与环境, 2018, 27 (7): 1525 - 1535.
[69] 王蕾, 孜比布拉·司马义, 杨胜天, 等. 北疆城市化发展的经济社会资源环境耦合协调关系分析 [J]. 数学的实践与认识, 2019, 49 (4): 43 - 53.
[70] 王乾, 冯长春, 甘霖. 中国城市规模的空间分布演进及其动力机制 [J]. 城市问题, 2019 (6): 14 - 23.
[71] 王晓玲, 周国富. 山西省县域经济发展差异的时空演化分析 [J]. 地域研究与开发, 2013, 32 (3): 32 - 37.
[72] 许宪春, 关会娟, 张钟文. 新时代中国经济社会统计的创新与发展 [J]. 统计研究, 2019, 36 (9): 3 - 17.
[73] 杨朝峰, 赵志耘, 许治. 区域创新能力与经济收敛实证研究 [J]. 中国软科学, 2015 (1): 88 - 95.
[74] 杨明海, 张红霞, 孙亚男, 等. 中国八大综合经济区科技创新能力的区域差距及其影响因素研究 [J]. 数量经济技术经济研究, 2018, 35 (4): 3 - 19.
[75] 杨骞, 刘华军. 中国地区二氧化碳排放的随机收敛研究: 基于两类碳排放指标的再检验 [J]. 经济评论, 2013 (4): 73 - 80.
[76] 杨志成. 中国特色社会主义教育学理论体系发展的新境界: 习近平教育思想研究 [J]. 中国教育学刊, 2017 (5): 1 - 8.
[77] 姚利民, 张军歌, 张淑莹. 中非贸易对非洲经济增长收敛性影响的实证 [J]. 统计与决策, 2020, 36 (4): 127 - 130.
[78] 易昌良. 2015 中国发展指数报告: "创新 协调 绿色 开放 共享" 新理念、新发展 [M]. 北京: 经济科学出版社, 2016.
[79] 袁旭梅, 张旭, 祝雅妹. 基于 ANP 理论的科技项目绩效评价模型及应用 [J]. 科技管理研究, 2015, 35 (21): 82 - 86.
[80] 曾宪报. 关于组合评价法的事前事后检验 [J]. 统计研究, 1997 (6): 56 - 58.
[81] 张发明. 一种基于偏差熵的组合评价方法及其应用 [J]. 技术经济,

2011, 30 (5): 77 - 79, 114.

[82] 张红凤, 吕杰. 食品安全风险的地区差距及其分布动态演进: 基于 Dagum 基尼系数分解与非参数估计的实证研究 [J]. 公共管理学报, 2019, 16 (1): 77 - 88, 172 - 173.

[83] 张欢, 汤尚颖, 耿志润. 长三角城市群宜业与生态宜居融合协同发展水平、动态轨迹及其收敛性 [J]. 数量经济技术经济研究, 2019, 36 (2): 3 - 23.

[84] 张卫枚. 农民工公共文化服务现状、问题及改善途径: 以长沙市为例 [J]. 城市问题, 2013 (7): 64 - 68.

[85] 张学波, 陈思宇, 廖聪, 等. 京津冀地区经济发展的空间溢出效应 [J]. 地理研究, 2016, 35 (9): 1753 - 1766.

[86] 张震, 刘雪梦. 新时代我国 15 个副省级城市经济高质量发展评价体系构建与测度 [J]. 经济问题探索, 2019 (6): 20 - 31, 70.

[87] 赵成林. 习近平总书记关于青年发展重要论述探析 [J]. 上海党史与党建, 2019 (8): 50 - 54.

[88] 赵立平, 张亨溢, 蒋淑玲, 等. 湖南区域经济发展空间差异及结构优化策略研究 [J]. 经济地理, 2019, 39 (8): 29 - 35, 43.

[89] 周立. 以新发展理念引领经济社会协调发展 [J]. 人民论坛, 2019 (29): 20 - 21.

[90] 周绍森, 胡德龙. 现代经济发展内生动力论 [M]. 北京: 经济科学出版社, 2010.

[91] 周小亮, 吴武林. 中国包容性绿色增长的测度及分析 [J]. 数量经济技术经济研究, 2018, 35 (8): 3 - 20.

[92] 朱启贵. 全面深化改革视野下的评价机制设计: 对当前我国经济社会发展考评体系的思考 [J]. 人民论坛·学术前沿, 2014 (20): 50 - 61, 81.

[93] 朱子云. 中国经济增长质量的变动趋势与提升动能分析 [J]. 数量经济技术经济研究, 2019, 36 (5): 23 - 43.

二、外文部分

[1] Anselin L, Syabri I, Kho Y. GeoDa: an introduction to spatial data analysis [J]. Geographical Analysis, 2006, 38 (1): 5 - 22.

[2] Barro R J, Sala-I-Martinx. Economic growth and convergence across the United States [J]. Social Science Electronic Publishing, 1990 (8): 1 – 61.

[3] Diakoulaki D, Mavrotas G, Papayannakis L. Determining objective weights in multiple criteria problems: the critic method [J]. Computers & Operations Research, 1995, 22 (7): 763 – 770.

[4] Gallo L J. Space-time analysis of GDP disparities among European Regions: a Markov chains approach [J]. International Regional Science Review, 2004, 27 (2): 138 – 163.

[5] García-Melón M, Gómez-Navarro T, Acua-Dutra S. A combined ANP-delphi approach to evaluate sustainable tourism [J]. Environmental Impact Assessment Review, 2012, 34 (1): 41 – 50.

[6] Guo Y T, Wang H W, Nijkamp P, et al. Space-time indicators in interdependent urban-environmental systems: a study on the Huai River Basin in China [J]. Habitat International, 2015, 45 (1): 135 – 146.

[7] He J, Wang S, Liu Y, et al. Examining the relationship between urbanization and the eco-environment using a coupling analysis: case study of Shanghai, China [J]. Ecological indicators, 2017, 77 (6): 185 – 193.

[8] Herrerias M J. Weighted convergence and regional growth in China: an alternative approach (1952 – 2008) [J]. The Annals of Regional Ence, 2012, 49 (3): 685 – 718.

[9] Kumar S, Russell R R. Technological Change, Technological catch-up, and capital deepening: relative contributions to growth and convergence [J]. American Economic Review, 2002, 92 (3): 527 – 548.

[10] Rey S J, Dev B. Sigma-convergence in the presence of spatial effects [J]. Urban/Regional, 2004, 85 (2): 217 – 234.

[11] Rey S J, Montouri B D. US regional income convergence: a spatial econometric perspective [J]. Regional Studies, 1999, 33 (2): 143 – 156.

[12] Shen L Y, Ochoa J J, Shah M N, et al. The application of urban sustainability indicators—a comparison between various practices [J]. Habitat International, 2011, 35 (1): 17 – 29.